CACERÍA, PALABRAS Y VERSOS CHUECOS.

Para hacer la versión doble de un idilio.

Escrito por Derenif?

[Edwin Yahir Galvis]

2020

Primer (hermosa) edición, Agosto 2020.

Galvis, Edwin Yahir

Cacería, palabras y versos chuecos. Para hacer la versión doble de un idilio.

STEAL THIS BOOK, 2020.

ISBN 9798680109731

Independently published

Impresión bajo demanda

Imagen de Contraportada, Hoffmann, Hans Hare (Public Domain 🔲) 1528
Acuarela y gouache en pergamino, 32,5 x 25,6 cm
Staatliche Museen, Berlin

Imagen de Lomo, Snail scanned (Public Domain 🔲), 1860
Grabado a blanco y negro, tomado de https://thegraphicsfairy.com/free-public-domain-snail-images/

Dedico esta obra a las Musas que lo provocaron: Alejandra, Paola, Sofia y Juliana. Me ayudaron a ser magia para conseguir expresarlo.

No es mucho pero, por tu cumpleaños y por tu compañía, presente o ausente aunque casi siempre dispuesto, te amo querido amigo, feliz cumpleaños, Nicolás Cardona.

GRACIAS

Agradezco a todas personas que han posibilitado mi labor, ayudándome a construir cada página o párrafo a través de su presencia, de su ausencia y muchas veces de sus palabras. Especialmente a tres personas que fueron incondicionales y que espero sepan cuánto las amo, en serio, las amo; me enseñan constantemente que la amistad también alimenta al hombre.

Mis amores: Paola, Sofia, Alejandra, Juliana.

Mis amigos muy cercanos: Andrés, Elizabeth, La Mona, Carlos, Bastián, Nico, el Zuro, Alejo y Rojo, Harold.

A mí, mis familias y a la familia de Andrés.

A mis maestros: Ernesto Castro, Jaime Ramos, Quintín Racionero Carmona, Gonzalo Serrano, Fernando Castro, Sneider Bustos, Michel Onfray, Javier Corredor, Gary Genosko, Jorge Luis Borges, Gilles Deleuze, Arturo Clavijo (quién se comprometió a recibir mi autógrafo cuando publicara un libro), Nullius in Verba site y, en general, a todos los que han aguantado mis interrupciones en sus clases, o en sus publicaciones, o quienes han publicado su conocimiento para que yo pueda beberlo en YouTube.

Por último, agradezco a todos, quienes participaron en la lejanía; bien sea la lejanía del tiempo, la lejanía emocional o la lejanía espacial y de ellos destaco a Martha, Isabel y Miguel Ángel, aquél desconocido con el cual espero nunca toparme pero cuyo recuerdo me llena de melancolía; felicidad para ti y tu madre.

Tengo una cantidad abrumadora de amigos y conocidos; todos merecerían al menos una línea para ser reconocidos, hay una cantidad abrumadora de personas que dejó su rastro pero no su huella y hay muchísimos nombres que necesito decir: Bastián, Zamir, Carolina, Alejandra, Santiago, Tian, la Zura, Cristopher, Edith, Sebastián, El Migue, Daniel, Sergio, Mi querida Nínfula y Edisson.

Es el primer texto, pero no será el último, pues palabras siempre hay y ocasiones para desangrarlas, siempre se consiguen.

¿Dónde dejar a Félix Guattari, R.A. Salvatore o Gasqua?... en la misma página y en ninguna clasificación.

Edwin Yahir Galvis

Derenif?

EGO Derenif Yahir G.

(1)

[...]Dejarse llevar,

  suena demasiado bien.

Jugar al azar,

nunca saber dónde puedes terminar,

o empezar[...]

Copenhague- Vetusta Morla.

[...]Y así haremos, pues estamos

en mundo tan singular,

que el vivir sólo es soñar;

y la experiencia me enseña

que el hombre que vive sueña

lo que es hasta despertar[...]

La vida es sueño: segunda jornada- Pedro Calderón de la Barca.

INTRODUCCIÓN (SEGUIDA POR "ALGO" A MODO DE PRÓLOGO)

Mi *nombre* es Edwin Yahir Galvis, dejé de *escribir* cierto tiempo y volví a hacerlo debido al, comienzo de un, fortuito encuentro con una muy *interesante* Poeta, cuyos versos me hacían vivir lo que las lecturas de ese momento no conseguían. (Mientras reviso el texto, para terminar con todo, me vuelvo consciente de la necesidad de la *Caída*, algo que relaciono directamente con Cioran y sus ideas sobre el *pecado original*).

Discutí con las letras, tal vez, imitando al Rimbaud que tanto detestaba y con el cual tantas veces sentí que podría identificarme un poco; aunque, claro está, no fuera debido a que escribiera poemas perfectos en latín y griego como él sino, más bien, por cierta *especie* de afinidad *trágica* (la tragedia como *destino "destinado"*, como rumbo claro que tomará una vida) que sólo se realizó en unas pocas, muy pocas, apariencias, pues no he terminado en África traficando arsenal y tabaco, ni me he vuelto adicto a ninguna sustancia fuerte ni he tenido diversas y paralelas relaciones turbulentas que se hayan estancado en cierta área del vicio, la bohemia y la depravación. Soy un *hombre* de extremos cautelosos (un *aries taurino*).

Esta discusión se presentó en un *cierto* punto de mi vida, ese punto de joven e ingenua discusión conmigo mismo, en que la *cierta sensibilidad extraña*, que la *poesía* sólo revelaba, dejó de saberme; perdí el gusto por la poesía y también perdí el interés que anteriormente me propiciaba, incluso me desinterese por sus aristas más filosóficas.

De hecho, recuerdo que leí un ensayo, sobre Baudelaire y Walter Benjamin, apenas ingresé en la universidad. Del cual no sé exactamente qué número de préstamo fue, aunque recuerdo que mi primer préstamo, de esas maravillosas bibliotecas, trataba acerca de Bakunin (y dios). En cuanto al ensayo (Poesía y modernidad) me enseñó una muy interesante división, entre *ocio* y *hastío*, y me derivó a "Las flores del mal", en cuyo jardín quise reposar pero no pude. Nunca he podido pasar de su hoja 40 y creo que no puedo culpar a la traductora, la versión que siempre me ha interesado fue traducida por la nieta de Lamarque, quién *algo ha de saber sobre poesía francesa*, y mucho menos puedo culpar al autor, pues me encantaba leerlo, poemas sueltos, cuando me aficioné a escribir poesía, como prácticamente cualquier adolescente intelectualoide, amaba la idea de los poetas malditos, *"oh, Pauvre Lelian!"*.

No, no existían culpas aunque existían *razones*, era más bien un sinsabor y una disputa propios, metidos en las paredes de carne que soy; una discusión que no quería resolverse, *reprimida* pero no inconsciente, siempre latente pero nunca olvidada.

Esto como historia y ahora unas palabras acerca del texto.

Lo que presento a la palestra no es, probablemente, una *Magna obra* y ,presumiblemente, no se encuentra en la vanguardia de la literatura *contemporánea* (aunque parece responder a su *zeitgeist* [espíritu de la época], el auge de la así llamada "autoficción", *género* que desconozco).

Este es un *producto* heterogéneo, lo considero un *collage* y pienso que viene de un *palimpsesto,* pues es fruto de múltiples situaciones, entre las cuales hasta hace un tiempo consideraba que la más relevante era un febril *enamoramiento,* cuyos espasmos aún palpitan en mi *carne.* Un febril enamoramiento que no fue solamente uno y, probablemente, puedo verlo, por hilar de alguna forma, como el *escenario* de casi todos los aquí puestos *como monólogos,* pues *no lo son* y ello resulta desafortunado. Me encantaría traer los versos que esta Poeta escribió, los cuales hilaron parte de mis *pensamientos* (y *palabras*), *son versos maravillosos y salvajes;* sin embargo, espero que ella los traiga por su propia *mano* o que, si le interesa y si llegara a haber una reedición, puedan ser consignados en el apropiado *diálogo* que merecen ser algunos de estos textos.

Pero, todo buen collage tiene más cosas *dentro* suyo: este tiene desamores y reflexiones, tiene *coqueteos intelectuales* y toda una reinterpretación, que aparece en los resquicios de las notas, unas notas ayudan a deshilvanar el texto y otras no. El texto resulta enredado incluso para su autor y algunas veces él no sabe si quiso decir que *"el puto cielo era azul".*

Al encargarme de editar y corregir el texto, he notado que una amplia parte de los textos *conversa,* de una muy críptica manera, con un otro, con todas esos otros que están dentro mío, que están a mi lado como *ausencias* y han estado junto a mí, incluso que han estado conmigo impulsándome. Sin embargo, no puedo menospreciar que *mis manos, mi espalda y* yo hemos sido motores más acuciados y fatigados, pues el *amor se muere* pero sobrevive la *meta,* el *objetivo, terminar lo propuesto.*

Inicialmente, mi principal interés al realizar esta *compilación* era relatar *una historia* de *Gatos, conejos, caracoles, aves, dioses, ángeles y árboles,* salpicada con *ejercicios* intelectualistas y aderezados con *referencias* del mismo color (*intelectualistas*), las cuales me encantaría mantener tras férreas y oscuras bambalinas para evitar tener que *escarbar los escombros de mi memoria* y los *confines de la red* para realizar una *adecuada citación.* Aunque, no todos los *deseos son cumplidos* y si alguien lo desea, puede revisar esas notas que me he esforzado muchísimo en escribir tras *releer, reelaborar y repensar lo escrito*, es mi ejercicio de reinterpretación y le agradezco mucho su amabilidad, su atención.

Una parte importante de mi *"formación"* o *"de*formación" se encuentra en YouTube: los canales de la Fundación Gustavo Bueno, Quintín Racionero, Standford, Ernesto Castro Córdoba y su padre, Fernando Castro Flórez, han sido *ventanas* que me posibilitaron pensar más allá del acotado *horizonte* dentro del cual miraba, no por incapacidad ocular sino, por falta de *adiestramiento*.

Adicionalmente, la pandemia consiguió destrozar el *candado* que mantenía cerrada mi jaula, gracias al cual mis *fauces* se mantenían *apretadas*, silenciosas, dando muy contadas y lamentables *dentelladas*; con la ruptura que provocó la nueva normalidad del Coronavirus me vi, sentado en la terraza de la casa, atendiendo chats mientras el día pasaba, *literalmente frente a mis ojos*. Si había sol, yo estaba sentado frente a la *pantalla*. Si había lluvia, yo estaba sentado frente a la pantalla. Si había sol con lluvia, o frío de mierda, yo seguía sentado frente a la pantalla de un computador ajeno, trabajando para los objetivos de *un ajeno*, uno que no respetaba los *descansos básicos* que evitan *sobrecargas* cognitivas y físicas, un ajeno que no puede verme como un *sujeto* sino que *necesita* verme como una *tuerca*, como un *número* para cumplir una meta, algo que no tiene que orinar, cagar, comer o que no *tiene* sueños o aspiraciones, algo que recibe dinero y por ello *está realizado*.

Desde la **V** hasta ***El último verso*** y con la relativa excepción de las notas, invito a navegar unas aguas infestadas, aguas picadas que quieren mover y mover la barca de Odiseo, invitando al naufragio o la deriva. Logré que las páginas no tuvieran tanto desperdicio, pero invito que los pedazos blancos y famélicos sean tomados como *cuaderno* de apuntes, que sean usadas para tomar notas, o para dibujar o lo que sea, y que se *des-* y *territorialice* este libro ("Steal this book"). Sí, el libro es *rehecho* por el lector y ojalá este se vuelva parte de la vida intelectual de su *"propietario"*.

Hasta este *lugar*, ya se tiene todo lo necesario para *saltar* las siguientes 14 páginas, en caso contrario viene *un escrito* "largo" con el cual *deseo* destrozar la esencia de una recopilación que lleve el término *"versos"* en su título.

UNAS PALABRAS SOBRE GUATTARI, DELEUZE Y ESTE TEXTO

He estado leyendo *sobre* Guattari, he estado leyendo *a* Guattari y hace mucho que estoy perdidamente *enamorado* de Gilles Deleuze; la *dupla de cuatro manos* es *un acompañante* muy interesante que hace posible *desdoblar* el pensamiento propio, *producir* o *apropiarse* de un *pensamiento* imaginativo y refigurado, incluso *uno* podría denominarlo *pensamiento desfigurado*, que pierde su *figura* inicial.

Y esto lo sé debido a que dos veces intenté terminar *"¿Qué es la filosofía?"*; lo abordé casi como *texto introductorio* a la *disciplina*; aunque, tal vez hoy lo veo como una *muy buena* idea, en su *momento*... también, Guattari-Deleuze ayuda a que el *cuerpo* se desdoble, que los pensamientos *sean más allá de las palabras*, que *experiencien*, que *vivan*, que *sean*.

Y, aunque no puedo *decir* que sea un *experto* ni siquiera un *amateur*, soy alguien que quiere aprender mucho sobre ellos (*tres*) y que apostaría lo mucho o poco que tiene (*la vida, la vida que ya ni juego ni cambio pues ni me pertenece ni puedo dejarla fuera mío*) afirmando que, por lo menos, la primer mitad del siglo XXI será *Guattari-Deleuzeana* y, también *creo*, fervientemente, que esto no entra en contradicción con un *siglo Foucaultiano*, feminista o *post-post-moderno*; más bien, *sospecho* que se entronca perfectamente y que, si bien el estudio del "Antiedipo" como libro *deleuzeano* fue *agotado* hacia los ochenta, el estudio de esa obra *a la luz* del importantísimo *corpus guattariano* hasta ahora gatea. Cosa que puedo aseverar al *ver* la cantidad de textos que hace falta por publicar, en los cuales se recoja el aporte *trascendental* del filósofo-psicoanalista, y la cantidad de *clases* que falta dar reivindicando su figura [aunque no necesariamente en la *academia* se gana la *legitimidad*; lo ha *demostrado* YouTube, lo ha demostrado Trump, lo han demostrado *largos etcéteras*].

Es necesario revisitar a Guattari, cosa que considero apropiada, pues una comprensión mucho más *amplia, íntegra* y *comprensiva* de un texto o *un autor* (como lo es *Guattari-Deleuze*) *posibilita* reconocer más fácilmente *virtudes, defectos y limitaciones*, cosa imposible de conseguir *mediante* su *falseamiento histórica*. Falseamiento que *tiende* a diluirse *con el tiempo* y *la mesura* del *desapasionamiento*, pero siempre deja una *sombra* que se mantiene más allá de las "resistencias" *meramente epistémicas* o los *intereses meramente estilísticos*. Como toda "resistencia" hay *algo bajo suyo*, algo que siempre *deriva en lo práctico* [en lo *político, cómo vivir juntos*].

Guattari, siempre a la sombra del hermoso Deleuze; sinceramente, así fue para mí hasta que supe del Guattari *comprometido e intelectual*, hasta que leí un testimonio sobre su *labor* en La Borde y comprendí que el joven *disidente* lacaniano estaba a la altura de su *contraparte*, que esa fue una relación de *iguales diferentes*, de *dos titanes siendo un bifronte* que escapa a los *ritos aceptados* del *conocimiento*.

Y, para quien se interese en esto, creo que la *información* más *relevante* que he leído hasta ahora, para poder *darle un debido espacio* a Pierre Félix Guattari, se encuentra en el libro "Guattari: An Aberrant Introduction" de Gary Genosko, especialmente en el prólogo y el primer capítulo.

De hecho, el primer capítulo hace una *revisión* del lugar que se le ha concedido a este pensador, hablando de los múltiples *equívocos* presentes en muchos de los comentaristas que abordan el *esquizoanálisis* desde el *mero uso* de la *filosofía y linaje deleuzeanos* (lo cual no es un logro ínfimo, aunque puede tener limitaciones).

En adición a este texto, recientemente, *encontré* un paper de la revista Fibreculture pues llegué a uno de los textos *más difíciles* con que he podido toparme, *muy hermético*, casi una caja de seguridad: "De un signo a otro" [*muy* deleuzeano, en mi opinión] y fue necesario *acudir a un comentarista* adicional, uno que pudiera darme luces en el Lacan que sólo conozco por *menciones secundarias o terciarias* (meterse en Guattari sin conocer Lacan, *suicidio*; aunque, *traigo* a colación lo que *dijo* un instagramer, @Obirek_, <<*si comienzas desde el principio, nunca llegarás a donde quieres llegar*>>), el artículo en cuestión se llama "Schizoanalysis: as Metamodelling" de Janell Watson; corto y muy interesante, muy claro, anormalmente claro y clarificador (porqué Guattari habla de más y menos, porqué habla de cuatro puntos).

Ambas referencias, las recomiendo para quien quiera ir *pasando por estos barrios* y para, comenzar a, terminar con las *aburridas recomendaciones: uno no puede pasar por un autor sin haber leído y releído sus palabras* (nada más *bonito* que la "*Monografía sobre RA*" para conocer al Guattari psiquiatra; aunque todavía no puedo hablar del resto de su obra, pues sigo en pañales, presumo que "*Caosmosis*" y "*Tres Ecologías*" me van a *encantar* más de lo que ha podido hacerlo "*Psicoanálisis y transversalidad*").

Respecto *al bifronte*, la charla "*Deseo, Máquinas y Revolución: Deleuze y Guattari*" de Raúl Sánchez Cedillo me parece un recurso muy claro y, *a mis ojos miopes*, correcto para conocer a éste importantísimo autor francés, pues en ella se tiene en cuenta su *relación genética, paralela* pero *no equivalente*, con la *antipsiquiatría* (como le viene de Guattari).

Para resumir, *esta* ha sido una *lectura*, realmente *difícil* y *excitante*, de un libro descatalogado, que es la serie de escritos de un autor normalmente *olvidado* en los anaqueles de la filosofía (ni mencionar lo que *pueda pensar la historia de la filosofía sobre* él). Escritos que pasean de un lado a otro mientras hablan sobre psicoanálisis, política y *psicoterapia institucional*, cuya lectura pudo haber dejado una *huella espiritual* en la *constitución* de la presente compilación, de la cual resulta innecesario expresar la enorme *marca que deja* en mi cuerpo. Sus *posibilidades* rompieron algunas de las paredes con las cuales mantenía el *orden* de mi *habitación mental*.

En este momento, con las paredes rotas pero puestas, me encuentro solo, en medio del maravilloso y frondoso bosque cuyas raíces forman un cuerpo; me encuentro junto a un enorme organismo que parecen muchos y pienso que puede tener una función especular: *uno que es todos, pues*, creo que esta sospecha es *muy valiosa, somos muchos* y con ello quiero decir "*el yo no es uno, es muchos*", aquello que reconocemos como "yo" es una *desmesurada cantidad de posibilidades que son y no son*, lo cual es *la esencia de ser posible: oscilar entre cumplirse y no cumplirse, mantenerse espectral*.

Esta *reflexión* es una larga sospecha, como ya lo dije, una sospecha que, *divinamente*, me parece sartreana y, *felizmente*, emparenta a dos figuras que deseo *tener muy bien puestas en el templum de mi biografía intelectual*.

Ahora, la consciencia del *parentesco* con Sartre vino una vez ahondé en los textos sobre Guattari. Luego de ello *comprendí* que *algún oscuro mecanismo hiló sus "grupúsculos" y el yo como "grupo"* a cierta sospecha que mi cuerpo lleva *inscrita*: mientras leía "*La trascendencia del ego*" (entendiendo muy poco, para ser sinceros) *olí* un pensamiento, uno que atrapó mis ideas: "*el yo es ficción*", lo cual quiere decir que *es real pero es ficticio, el "yo" es la respuesta a una pregunta que sólo se responde cuando se realiza*; no es un *descubrimiento*, es una *creación* y debo añadir, una *creación colectiva. No hay uno, somos muchos y somos muchos que son muchos*. [Aunque, uno podría pensar en un descubrimiento creador, en la línea de cierto *constructivismo gnoseológico*]

Como guiño final, quiero dar la vuelta a un texto de Abraham, que se encuentra incluido en "*Pensadores bajos*" ["*Deleuze: De una lógica del sentido a una lógica del deseo*"]:

"presentamos al compinche de Félix", Gilles Deleuze: un autor que me encantó en algunas de sus entrevistas, con su Nietzsche y con su forma extraña de pensar. No estoy *seguro* de *cómo llegue* a él, creo que fue un *salto desde* Cioran o *desde* lo que *escuché* acerca *de* Derrida.

LA MUERTE Y EL CUERPO

Oh, *dios. Otro suicida.*

La *resobada* frase spinoziana acerca del cuerpo, me fascina. Creo que es muy cierto que *nadie sabe lo que puede un cuerpo*, entre otras cosas debido a que *parece que nadie tiene muy claro lo que sea un cuerpo.*

En los textos que presento, y *actualmente, "he decidido creer"* que el *cuerpo es el alma* (*cuerpo=alma*) y me *comprometo* con la *idea,* tal vez absurda, de que *el cuerpo es todo lo que soy: mis movimientos son mi cuerpo, mi carne es mi cuerpo, mis ideas son mi cuerpo, mis palabras son mi cuerpo, mis obras son mi cuerpo, mis relaciones son mi cuerpo.*

Esta propuesta *literaria,* por ahora, ha sido alimentada por algunas lecturas ajenas acerca del *cuerpo sin órganos* (por ejemplo, la charla *"Filosofía nómada- EL CUERPO"* por Filosofía el Pórtico), pero más bien se *establece sobre* la *suposición* de que *la consciencia es consciencia encarnada,* lo cual *no me llega por la vena fenomenológica y sí, más bien, por la vena conductista de la psicología,* pues el *condicionamiento* nos muestra *cómo se ajusta lo psicológico con lo orgánico* (incluso, con todas las *distancias* que ahora conservo respecto al conductismo psicológico). Y hablando un poco sobre psicología, creo que *hay una distinción entre psíquico y psicológico* que necesito *explorar* y, probablemente, *respetar* para otras disciplinas (*¿organológico?*); sin embargo, mantengamos la cuerda *dentro* del juego del *tire y afloje* que la *requería.* Terminemos con ese tren mental.

Oh, dios. Otro suicida.

La muerte es un paso necesario de la vida y en *"El teatro y su doble"* Artaud retoma un *aspecto fundamental* de nuestra realidad: *es cruel. Quiero* decir que *la crueldad es parte fundamental de la vida y el motivo por el cual la muerte es un paso "necesario" de la vida,* la *crueldad* es lo que *conlleva* que *"Nacimos pa´ morirnos; nada tiene sentido, por lo cual todo tiene sentido"* como muchas veces he *repetido,* esta importancia de la muerte se relaciona con la importancia del *cuerpo como todo.*

La idea de muerte que estoy expresando vino *marinándose* a la luz del *Tánatos,* tan pertinente para Guattari en sus primeros textos sobre *Grupos Sujetos,* a la luz de la introducción de " *El erotismo"* de Bataille y a la luz de la *genuina sensación* de *moribundo* que *me provocaba mantenerme* sentado por nueve o diez *horas, durante* 5 de los 6 *días* que *trabajaba,* trabajando en algo que no se *relacionaba* con *mis intereses,* no se relacionaba con *mis habilidades,* no me *daba* tiempo para *poder construirme al ritmo que sentía necesario* y, definitivamente, no me *remuneraba lo suficiente para valer el esfuerzo.* Precisamente, esto último es lo que *siempre* he *sentido* sobre la *vida:* como no tiene un *sentido último, como los valores finales, las reencarnaciones y paraísos no logran acallar las dudas esto es meramente una contingencia, algo plenamente azaroso que no remunera a nadie y cuyo esfuerzo no vale la pena pues se mantiene, se retroalimenta para ser autosuficiente* (empiezo a pensar en la rueda del *Samsara* desde una *perspectiva muy cruda, sin ilustraciones*) de tal manera que *matarse debe ser sentir ese final que late dentro, que te lleva a terminar con un proceso que* "no te remunera lo suficiente para valer el esfuerzo" y por ello hay tanta muerte.

Entonces, *no es otro suicida, lástima no hay espectáculo.*

La muerte es el cambio y lo más importante es que *la muerte no es muerte sola, no hay muerte sin vida,* lo *no-vivo no* necesariamente *está muerto* y aunque hay un montón de discusiones sobre los *valores epistémicos* pertinentes al momento de utilizar los *términos* anteriormente escritos, *considero solucionable la discusión con la plena aceptación del flujo, de la entidad Muerte-Vida.*

La muerte-vida está en todas partes, *la carroña alimenta crías, el cuerpo putrefacto sostiene bacterias, insectos y abona campos que verán florecer extrañas plantas necrogenéticas y sujetos necrofílicos;* la muerte-vida *también se encuentra en los procesos culturales y no sólo en su dimensión explícita,* siendo *eventos capitales* para cada sujeto, también *operan* en la cultura sin tanto *atavismo* y quiero *recordarles,* a muchos, que una de las *virtudes* y *falencias* de cierta "élite" intelectual, casta de *jóvenes lectores enamorados de los muertos,* es su *inconsciente necrofilia* y más *explícita vivofobia;* la *maña* de *esperar el homenaje para consultar la obra,* de abrir los libros de los *poetas malditos* y *los endemoniados,* antes que los de *los maestros: primero viene Nietzsche y para Goethe, ya habrá tiempo.*

Sí, ya habrá tiempo, ya lo habrá.

EL ZOOLÓGICO Y EL BESTIARIO

Uno quisiera viajar y *ver* múltiples *bichos,* ver *cosas* diferentes, ver todo aquello que *hace* al *mundo,* mundo, pero uno a veces no quiere viajar, sólo quiere ver, a veces lo que uno quiere es *descansar* y *pensar,* pensar en las muchas o pocas *memorias,* pensar en los "rinocerontes de Durero" que se ha *creado* a partir de los *registros* de NatGeo, de las imágenes *falaces* que le han ayudado a entender la *vida,* lo *vivo* y el mundo; a veces uno quiere pensar en el mundo desde el *eje* de sus *demonios,* desde sus *representaciones* acerca de lo *qué* es lo *vivo,* desde sus *sesgos existenciales,* desde los *ojos* de *alguien* que *es para sí,* es decir, alguien que puede *desdoblarse,* alguien que puede *hacer de sí mismo una especie de extraño, objetivarse,* en cierta medida, *hacerse objeto de sus ideas;* verse desde la *ficción* de un *narrador.*

Aunque, *yo no soy ese tal uno,* puedo dar fe que he sentido esos anhelos, que los *recuerdo* mientras escribo y he sucumbido a ellos. A pesar de no recordar qué me llevo a hablar de *animales,* los cuales fueron parte del *motor* que me llevó a utilizar una parte de las *figuras* que escribí, siendo probable que una *miríada* de factores hayan convergido en la *enunciación* de *gatos, caracoles, conejos, dioses, ángeles y aves;* sé que, el *primer* y el *último* animal aparecen por la influencia de la Poeta, quien escribió un texto muy interesante sobre un gato *cazando* estrellas, un animal que me encanta descrito por una persona que me encantó; respecto al ave, también aparece en un texto suyo, un hermoso texto.

En cuanto *al caracol y el conejo*: el conejo aparece como una *metáfora* de mis sensaciones, mientras que, el caracol es un animal que me gustaba, que me *encantaba*. Creo que me sigue interesando debido a la *peculiaridad* de su cuerpo, un animal en el cual me veo *reflejado*, reflejado *como* un animal tranquilo y feo, *feo no quiere decir "feo" quiere decir extraño, muy extraño*; me *adelanto* a una *crítica* que quiera *apuntar* el *uso [equivoco]* de "feo" en vez del término apropiado, "extraño", y a ella debo responder que: mi *impulso* es *poético, sensible,* la palabra *feo* está relacionada con unas *sensaciones específicas,* unas sensaciones que no logra evocar el término *extraño...* Además, *podría* aventurar un *desordenado bosquejo* de *teoría* emocional, uno meramente "metafísico" (usando el término de manera *peyorativa*) que sea *especulativo,* no se *estructure sistemática-, filosófica-* ni *empíricamente;* uno para el cual sólo [, solo,] acudo a mi *subjetividad,* a esa lacra de la *razón* que es el *solipsismo* del *hablante,* bien juzga Dennet que *todos* nos creemos expertos en la *mente.*

Después de mi respuesta *afanada,* debo *aclarar* que, si bien, esos términos peyorativos *ensucian* parte de *mis esfuerzos* por "reconciliar" *la posibilidad de la guerra eterna* (con treguas y masacres) *del saber* y los intentos por *comprender* el *amplio campo de las enunciaciones humanas* en el *ejercicio vagabundo, contradictorio* e incluso, *hipócrita;* la metafísica y la especulación tomadas como *monstruos de la razón,* como *hacedores* de *errores* y *desviadores* de genios son uno de los aspectos más *problemáticos [dilemáticos]* de cualquier *discusión,* principalmente por el residuo *moralista* que se conserva en los usos peyorativos, un residuo que intenta *sofocar* el *florecimiento* del *frondoso campo del habla humana,* de la *expresión: expresión que no siempre tiene sentido* -determinado de antemano [*fin*]-, *no siempre comunica algo* -a los otros como un mensaje dado y estructurado-; aunque siempre lo *haga,* aunque siempre *tenga* algún sentido -*que se construye en el presente o se le puede dar en retrospectiva*- y siempre comunica algo -*pues los otros siempre reciben un mensaje de los actos ajenos*-.

Esto último, es una muestra de "*poesía*" (uso peyorativo del término) de cuando uno decide *decir demasiado con muy poco* y así, termina *revolviendo las prístinas aguas* del habla, termina *destrozando la necesaria y pura comunicación,* pues el *lenguaje se tiene para usarse, el lenguaje está para hacer, no para ser.* Comulgué tanto con el "enemigo" y me entregué en su *lecho ideológico,* gemí entre sus cobijas perfumadas *con axiomas,* tejidas con el hilo de *sus términos* y mordí las abullonadas almohadas de *sus argumentos.* Sé que *todo amor debe amarse,* que las *bases* de la *salud psíquica* se encuentran en la *aceptación* de *sí,* en dejar de *evitarse* e intentar *hacer con uno lo que quiere ser,* pero sigo en la dolorosa etapa del *desengaño,* escucho las palabras que *mitifican para desmitificar,* escucho los ejercicios que *desprestigian un prestigio ficticio,* que inventan *catedrales de aire para dinamitarlas,* inflan *enemigos que no tienen para aguzar incautos,* para *ideologizar* y, entonces, *me duele,* me duele: miro sarcásticamente y *vocifero ironías.*

Volviendo al *zoológico*, el uso de diversos animales no fue totalmente *consciente* y no es *ajeno* a los ámbitos que más me interesan, *los filosóficos*; pese a que en ellos es usado el *bestiario* ejemplos de ello son el que *construye* Guattari-Deleuze en "*Mil mesetas*", del cual supe hace poco *de la mano de* Genosko, y, uno que me *fascinó*, el que *expone* y *a su vez contrapone*, Michel Onfray en "*Teoría del cuerpo enamorado*"; adicionalmente, el uso de animales y bestias como *vehículos de significado* no son ajenos a la cultura y son célebres los bestiarios de la edad media o el cristianismo temprano.

¿Es mi ejercicio un bestiario o un zoológico? Diría yo que es un zoológico [*ahora* pienso que es más un bestiario], uno en el cual se *intenta* situar a los bichos *dentro* de sus *ambientes, con sus acciones comunes, con sus reacciones* y sus *pensamientos* [por esto considero que sería un bestiario], aunque esto también lo hace un bestiario, son *bestias fantásticas* y debo agradecerle este último aspecto a Alejandra: sinceramente, mi escritura *tiende* a ser un *hilo introspectivo*, siempre; pero sus textos me hicieron abrir a un área que me parecía muy interesante: *la poesía que narra, la poesía que cuenta, la que toma los objetos y los hace vivir.*

LA IMPOSTURA Y EL MIEDO POR HABLAR

Al abrir la *boca*, considero inevitable que uno sienta un *murmullo* a sus espaldas, uno que lo señala *como si fuera* un *impostor* o alguien que al *exponerse a las habladurías del mundo*, por *utilizar* un título de Spinetta, está *hiriendo* el *sagrado anonimato* en el cual las *equivocaciones permanecen mudas* y, por ello mismo, el propio *orgullo permanece intacto*, este murmullo no se siente menos al destapar un *esfero* o utilizar un teclado para, comenzar a espichar teclas, que expresen lo que *uno, o uno de los uno de uno,* quiere o *intenta* expresar.

Las *certezas* de la *ínfima capacidad* que tiene cada uno, respecto a las capacidades de los miles de millones con los cuales comparte ADN; ellas son un *pájaro negro* que grazna y te solicita alimentarlo con los *girones de hoja* que debes cortar con cada *revisión*, cada *hojeada*, cada *idea* nueva y cada *pensamiento intrusivo*, es que *uno debería hacerlo todo perfecto si quiere hacer algo* y, para hacer todo perfecto, *debería leer todo de primera mano, en riguroso orden cronológico, teniendo anotadas cada una de las fuentes que pudiera utilizar en cualquiera de sus argumentos,* cada uno *debería evitar, rigurosamente, cualquier desvío, desvarío o licencia,* todo *debe ser perfecto, perfecto como es perfecta la imagen propia, una que no caga, no se masturba y no vomita,* toda imagen que *no cumpla con los estándares propios de la representación es impostora* y hace parte del *oscuro artilugio de la impostura, de los hilos negros de la estupidez que busca masacrar a la* "*Verdad*": *el que no diga verdades, el que no sepa verdades, debe callarse y escuchar a los mayores.*

Esos son los huesos de las *alas negras* que siempre cargo, pesadas alas que me recuerdan lo lejos que estoy de cualquier *punto de referencia viable* y lo cerca que estoy de *verme completamente desnudo,* como un rey vanidoso, *desnudo en medio de un desierto* al que le faltan *férreos edificios construidos* con los *sólidos* ladrillos de la *tradición escritural* de la *humanidad...* No he leído *clásicos* y una parte amplia de mi vida la he pasado entre *vagabundeos, pérdidas de tiempo* y *trabajos* mal pagados. No estoy cerca de *terminar* mis *carreras* y no soy, para nada, *bueno* argumentando o *analizando críticamente* las *ideas ajenas*; tengo grandes dificultades para evitarme la sencilla *labor opinológica y cuñaísta*, además, siento que no puedo *procesar* más de 150 *páginas de lectura semanales* y dar un *resultado* que *satisfaga* a mis profesores, a *mí* y a mi *vida social*, motivo por el cual decidí *renunciar a las metas académicas* en pro de las meras *metas personales: Saber por saber y arte por el arte, por ello y otras cosas...*

Hay un profesor en *mi departamento*, que casi siempre he *visto* que *repite: <<la historia es un desarrollo constante de los mismos problemas con diferentes protagonistas y nuevas maneras de plantearlos>>,* aunque, la primera vez que la leí, la *sentí* como una frase *reductiva* que *normalizaba* un montón absurdo de *factores relevantes* tengo un pedazo mío en disputa abierta, uno que se acoge a la frase de Jaime Yáñez y añade: *"la biografía también lo es":* uno *comienza* en *un punto* y *después* de *un tiempo, de ires y venires, de amores y desamores, termina* en *el mismo lugar pero diferente, una espiral ascendente* que, me dijo Harold, planteaba Bruner para *explicar el aprendizaje* en las *personas.* Estrictamente, no hablamos de un *círculo vicioso* aunque cada *punto* se puede repetir, de hecho, creo que el mismo Piaget en *"Epistemología genética"* plantea la misma imagen para el *desarrollo evolutivo del conocimiento,* sé que es la misma *gráfica* que se *encuentra* en el capítulo uno de ese libro, lo cual sólo me hace pensar en *cómo, bien sea por fuerza divina, fuerza azarosa o [inclusiva] por fuerza histórica* los *estereotipos deben cumplirse, los clichés deben cumplirse y uno debe terminar en el mismo punto en que inició, como yo me siento ahora.*

¿Desde dónde marcar el inicio? Desde *donde sea,* plenamente hablando *soy un impostor,* alguien que sólo [, *solo,*] intenta explicitar los *motivos* que lo llevaron a escribir lo que está escribiendo y que desea *llenar* cada uno de los *títulos* con lo más *ajustado* a ellos, que le *salga de las manos. Soy alguien* que está muy *lejos* de cumplir con las *expectativas* de todo *gran autor* de inicios del *siglo pasado,* a quien le quedaría difícil llenar *cualquiera de los odres: el de la opinión pública o el de la opinión especializada,* entonces, para que el murmullo de la impostura no *termine destrozando* mi labor creo que lo más apropiado es *aceptar sus palabras y apropiarlas, territorializarlas,* pues *ser impostor, en algunas ocasiones,* termina beneficiando al responsable de la impostura pero nunca al culpable de ella.

Hay una cantidad absurda de casos en que lo señalado como *impostura,* como *falacia,* ha sido aquello que sostiene el desarrollo de la disciplina que lo tildó de herejía, la única o la salida que permitió continuar cierta trayectoria. Esto ha ocurrido en múltiples ocasiones, a lo largo de la *historia "epistémica",* en la *modernidad* con Galileo y la *matematización* de la *filosofía natural* y también ha ocurrido en la *historia religiosa* [tema espinoso, *si la religión pertenece a la epistemología o no,* supongo que es más adecuado hablar de *gnoseología,* para englobar la *totalidad de ambas ideas*] como en el judaísmo, de cuyas *rupturas* deriva el cristianismo primitivo (precisamente por un corte de *"impostor(es)" mesiánico(s)*); incluso podría uno *defender* que, estuvo y, *está* ocurriendo en medio de las discusiones de la filosofía *contemporánea* cuando reconocemos que los *mentados* (mentados por *izquierda o derecha, por realistas y antirrealistas*) *posmodernos* han dado una de las tradiciones más fructíferas para conocer y discutir acerca de nuestra *actualidad*.

Respecto a la *historia de la filosofía*, creo que la *importancia* de Heidegger o de Wittgenstein como *ejes, discursivos e historiográficos*, del siglo XX nos dice algo acerca de la *impostura*, no necesariamente debido a que *lo sean*, cosa que me *atrevería a no aceptar*, más bien, debido a que el *impostor es, más, alguien señalado que alguien autoungido como tal* y por ello resulta *imposible* no *cometer una impostura* o no *cometer un fallo* pues el *pájaro negro*, pájaro negro cuyo *papel* me encanta *interpretar, siempre se encuentra al acecho, acecha* y nos dice: "*esto tiene un fallo, esto también, esto igual, esto también, esto y esto, acá y allá, en todas partes está lleno de quiebres, de posibles estallidos*". Bien, es cierto, ¿cuál es el problema?¿cuál es el problema con los quiebres y con la fragilidad, con la imperfección?

Muchos, no sólo uno, son una *multitud de problemas* [y *dilemas*]. Es *imposible* dejar que algo *erosionado* sea puesto como *monumento* de cualquier cosa, *sea la que sea esa cosa*; además, *las cosas deben hacerse bien debido a que los errores a uno lo persiguen toda la vida* y resulta *más fácil caer en el desprestigio que mantener la fama o siquiera alcanzarla, independientemente del desprestigio*.

Todos estos son *dilemas* a los cuales me he enfrentado al momento de *abrir mi boca*, al momento de *escribir un comentario, un post o pensar en hacer una compilación* [complicación] *de textos*... demonios. Acabo de recordar un texto que debo añadir... En fin, la *cosa* es que, como ya he *citado* a @Obirek_ aunque también podría *citar* a cualquier *psicólogo medianamente reconocido a nivel académico por su investigación* en *malestares clínicos* [psíquicos y psicológicos], todo lo anterior sobre el *desprestigio* y los problemas de la *falibilidad*, a pesar de su importancia, tiende a ser un ejercicio de *racionalización* que *consigue disuadirnos de* **expresarnos y corregirnos**, algo que nos mantiene en el *anonimato y el ostracismo, algo que tarde o temprano puede conllevar diversas molestias que degeneren en comportamientos aberrantes y descontextualizados, los cuales afecten la rutina de quien los padece y desde el mero inicio los ejecuta* [la distinción entre *sufrimiento por ausencia* y *sufrimiento por presencia* que propone Steven Hayes].

Ahora, aquí no *termina* el dilema, si bien este es un aparte de mis ideas; hay otro aspecto que me *dice*, con mil *palabras* y *altavoces*: **La libertad de expresión no es libertad de agresión verbal, no es carta blanca para el racismo, el sexismo ni la desinformación**... y esto gatilla ciertas *dudas* respecto a la *pureza del moralismo* como *autocensura* y la *pureza de una dicotomía entre palabras y actos*, si bien *las palabras no se quedan en palabras* parece que *la censura no siempre consigue protegernos de lo censurado* y... personalmente, creo que *no habría reconocido ciertos baches en mis acciones, mi formación y mi forma de pensar, de no haber abierto la boca y haberme visto confrontado*; sin embargo, *toda historia es enredada*, pienso que *una parte importante de mi ejercicio de autocorrección* [cambio/ evolución] se ha debido a que *me he expuesto a leer opiniones diversas*, las cuales terminaron *concientizándome* de *ciertos problemas* a la luz de los cuales eran *incompatibles ciertas preconcepciones que mantenía*.

El párrafo anterior evidencia, *cómo no puedo escapar a la impostura y si es un libro con poemas, por eso mismo, y debido a que la versificación es la impostura de la poesía, yo no puedo superar la categoría de versificador.*

Aquí hay textos que *he decidido cortar* en *concordancia a mis intereses estéticos* y otros que *he decidido cortar en concordancia a lo que me hacía menos ruido*, no he *contado sílabas* y casi siempre me he *guiado por la forma que tenía en el papel y en mi cabeza* [si acaso, no es lo mismo: *el pensamiento como producción*], por la forma en que *se iba enrollando en mi cabeza*.

Todo lo cual me *permite* decir, con plena tranquilidad: "*Menos mal no es un tratado y menos mal no cuesta más de 8 USD en físico*".

Al final, creo que el pájaro negro nunca va a *escaparse de mi espalda* y que la única respuesta que puedo darle es: *claro, todo está fisurado pero esa es su virtud, poderse mover y remover, posibilitar que otros trabajen sobre sus escombros...* Esa *debe ser parte* de la *virtud* de las *letras*, que incluso con la *inmensa responsabilidad* que tienen en cuanto *configuradoras de ideologías, pueden permitirse* un *ejercicio de vagabundeo*, sin tener que *enfrentarse* con las más *devastadoras* de sus *consecuencias* en el *corto ni en el mediano plazo*.

Es *probable* que las *consecuencias* de mi texto sólo sean *vistas y confrontadas* por los nietos de mis *amigos*, entonces *espero poder dormir en paz* pensando eso: *que la bomba fue arrojada pero demora mucho tiempo en estallar, que de momento su único resultado ha sido que me permitió aprender de mí, explorarme y dejar un libro bajo mi pie*, uno que me *acerca* un poco más a *ese yo hecho de sueños etéreos*, un poco más a *ese yo tan planeado, tan perfectamente tallado y apuntalado*, uno al cual *yo nunca podré parecerme pues es más perfecto de lo que soy gracias al progresivo acumulamiento de ambigüedades que nos confunden a mí, mis conocidos y amigos, es un yo que se irá alejando cada día más, debido a que la consciencia de no saber es parte del saber que este oscuro y ambiguo yo espectado, consigue:* **si sé que Descartes *no dice A*, entonces, por alguna *alquimia*, sé de Descartes,** incluso si sólo supiera de él su nombre y que "no dice A"; además, **si no fuera *escrutado a detalle* incluso podría pasar como alguien que *sabe de* Descartes y *sobre* lo que él *sí dice*, pues ya demostré que sé que Descartes no dice A** (lo cual no se *sigue lógicamente*, pero en la práctica la *alquimia* es abundante).

Ahora, el ejercicio que he *llevado a cabo* con esta *compilación de textos* intenta *reflejar mis intereses verbales y visuales*, y aunque llegué a pensar que el recurso de diferentes alineaciones podía ser *novedoso*, he *notado* que ello sólo lo pensé debido a que casi no he *devorado poesía* y que *existe una alta probabilidad* de que haya *retomado* la idea de *algún libro que no he mencionado* [pues no lo recuerdo], por ejemplo, "*El pitecántropo*"; más *marcas* de la *inevitabilidad de ser impostor* frente a los *genuinos herederos* o *genuinos participes* de las disciplinas, o de *ser un hereje*, o simplemente *un heterodoxo más*.

EL ENCHUECAMIENTO DE LOS VERSOS

Existe una *idea* que me parece muy *interesante*, es una *sospecha* emparentada con la expresión "*hablar en letra cursiva [pegada]*", que me *lleva* a la idea de lo *chueco: la idea de lo roto, ¿cómo es una palabra o una frase rota? Sabemos* que *una persona está rota* (?) *cuando habla, pero ¿ello se debe a que esa persona tiene un discurso roto?*

Mi *posición* al respecto es *etérea, creo* que cuando algo "*está roto*", queremos decir que *sabemos* que *debía estar de una manera pero esta de otra y su deber ser es evidente,* que le *falta algo* o *tiene* un *desarreglo* que *requiere un proceso de restitución o reparación...¿ cuál es la diferencia entre lo roto y lo chueco? Si lo roto es roto respecto a un sí mismo anterior, es probable* que algo *chueco esté chueco respecto a los otros a los cuales él debería parecerse;* lo chueco también *lo relaciono con lo dislocado* pero *el grave problema de estas ideas, que no resultan nada exhaustivas,* es que *combinan dos cosas de distinto nivel* y esto es evidente pues *algo puede estar chueco y roto:* algo se *rompió y por ello esta chueco, un brazo se disloca y está roto respecto a sí mismo (no por rotura de huesos sino por el rompimiento de sus funciones),* cuando era un brazo plenamente funcional. Lo anterior evidencia el *gran problema* que se tiene al *intentar* hacer discursos "*filosóficos*" con palabras *vernáculas, con lenguaje corriente y equivoco* (pero entonces, *¿con qué más se hace filosofía? ¿Sólo con palabras depuradas que nadie usa adecuadamente?*).

Ahora, quiero *retomar* la idea de *alguien roto: si suponemos que el ser humano es un animal enfermo, un animal que se desvía de la normalidad y del destino de todo animal que,* podemos suponer, *es mantenerse en equilibrio con su contexto y de esa manera poder sobrevivir durante la mayor cantidad de tiempo para reproducirse en las mejores condiciones que pueda conseguirse con sus propios medios; si suponemos que el hombre es un animal roto,* entonces *¿todos sus actos no deberían ser actos rotos o chuecos?*

Todo *parece demostrar* que *no;* aunque podríamos *realizar análisis* que *analogicen* diversas *actividades humanas* con las de *otros animales* o, incluso, que puedan *hallar similitudes "genéticas"* con las de otros animales, me parece *evidente* que podemos *suponer,* sin *ningún escarmiento,* que se constituyó una *nueva normalidad,* humana, desde el *momento* en que *este animal se rompe,* o se *enchueca.* Una normalidad cuya *regla* de *medida* será el mismo *humano* pues, debido a su *carácter novedoso [extraño],* sus *acciones* van a *desviarse,* por múltiples *razones,* de los *comportamientos* que podríamos considerar *análogos* en otros animales... aunque, este análisis requiere una discusión detallada acerca de la *cognición animal* y la *cognición humana,* un análisis que decida *entrometerse* en las *discusiones acerca* del *lenguaje* y el *sentido,* acerca del *naturalismo* y la *falacia naturalista,* una discusión que decida *hincar su diente* en el *egocentrismo humano* y *su afán antropologizante.*

De momento, la sospecha sobre el *acto humano* como un *acto enderezado* que puede *enchuecarse,* se mantiene *sobre el piso* de "*que las acciones humanas no reciben una naturaleza rota de parte de sus agentes*", *pero* hay una cosa más interesante, esta se refiere a *"que aún si aceptamos la posibilidad de actos normales, por parte de un ser [humano] enfermo, su normalidad viene dada de una comparación con otros actos y la normalidad o anormalidad, de los mismos, sería dada por aquel que al observar el fenómeno le atribuya, basado en su propia experiencia y bagaje, el epíteto de chueco, roto o normal"*.

La idea de lo roto *atraviesa* la *estética* de esta compilación y *unos cuantos* de mis textos son textos a los cuales he decidido, *conscientemente*, romper o dislocar o enchuecar, *hacerlos de una manera y rehacerlos de otra*, o *hacerlos de la otra manera pensando su forma, su sentido, de otra.*

Estos versos, *son versos chuecos*, versos que a modo de *"pasatiempos"* dejo a disposición, sin ninguna nota que pudiera dar una sospecha sobre su *sentido*, pero sí con *pistas*; *no* son textos tan *difíciles* e intentaré volver sobre ellos en un *nuevo libro*, uno que los contendrá *cuál si fueran textos comunes y corrientes*, aunque será difícil, pues tienen cosas muy interesantes como cierta *"escritura paralela"*, algo que Cortázar me *dejó* con uno de sus capítulos de *"Rayuela"*... y yo mismo podría llegar a *pensar* que lo que *he realizado* en algunos textos es solamente *retomar el espíritu* creativo de Cortázar y realizar aquello que podía, a la luz de *su libertad, su absoluta libertad*, la cual puede verse en sus cuentos, cuentos muy raros... Aunque, no soy un *experto* en Cortázar y he leído más a Borges, el *viejo* ciego al cual hace mucho no visito, del cual tampoco soy experto [y que *extrañamente* he *mencionado muy poco*].

LO DIVINO

Respecto a lo *divino* puedo decir varias cosas:

La *primera* es que mi interés se relaciona con un *análisis* que tengo *pendiente*, pero me *importa mucho realizar*, un análisis acerca de la relación entre *religión y filosofía* [*gnosis y episteme*, para ser más claro] el cual *debe* ponerse en relación, de alguna manera, con el *arte: religión, filosofía y artes.*

Considero *pertinente* y *necesario*, un *ejercicio intelectual* (que requiere *hilvanarse conceptual y políticamente*) sobre ello pues, me parece evidente que, la religión no es, *simplemente, un estadio temprano de la explicación racional* o un *apéndice*, que poco a poco va marchitándose; muestra de ello es el muy activo papel que ha tenido lo *religioso* como configurador histórico de la *racionalidad* y sus aparatos, reproductivos y formativos.

Adicionalmente, parece que es eso religioso que hoy intenta *secularizarse* y *ateizarse*, *desde una posición cristiana* pues, siendo muy *sinceros, crudamente sinceros* como son las *revisiones filosóficas* de Michel Onfray y también algo *mañosos*, como estas: al día de hoy no tenemos un *ateísmo poscristiano* que pueda *transvalorar* o *antagonizar* con los *principios* que nos vienen *heredados* de "nuestras" raíces judeocristianas y creo que se *debe, por lo menos en parte*, a la *supina ignorancia* en que *basamos* una parte importante de las *críticas* que hacemos a la religión y la tradición, *críticas de terceras lecturas y lecturas que no intentan comprender* ni *analizar cuidadosamente* el peso que bascula *sobre nuestras carnes*, carnes que *fueron vestidas con las telas del pecado original, del templo divino y el cuerpo de la gracia*; carnes que han sido *regaladas al disfrute de un dios*, dios que resulta *oscuramente desconocido*, un dios que no *hemos aprendido a comprender* para *crearlo a nuestra imagen y semejanza, a nuestro "libre" arbitrio.*

Este análisis, que no he *emprendido* debido a que requiere acudir a *diversos instrumentos bibliográficos*, a *diversos textos* que aborden la relación entre *poesía y religión* en la *"Grecia" arcaica*, bibliografía que *explique* y *analice* el *desenvolvimiento del cristianismo y el judaísmo*, conjunto a *información de religiones comparadas* que me provea de ejemplos de otras *creencias* dentro de otras *culturas* para poder *fundar* una *teoría sobre la religión* que me posibilite el abordaje de lo que, en *cierto punto*, creo es muy interesante y pertinente, *esa ansia metafísica*, que Kant *retrata* en uno de sus prólogos, esa ansia por *responder* y por *plantearse* dudas que *no pueden ser solucionadas de forma satisfactoria...*

Sin embargo, esto no se reduce a un *soliloquio meramente "filosófico"*, pues creo que debe ser muy *existencial* de tal forma que nos *arrojará fábulas, metáforas* e *intuiciones* acerca de la *naturaleza propia* del *"hombre"* que las *construye* (*La idea de la Maldad de dios*, que *estoy empezando a tejer*, o la del *suicidio de dios en Mainländer* o *del dios sufriente*, en el *cristianismo y, entiendo que, también en otras religiones y sectas*) y que, a su vez, puede ser *política*, pues entender el *papel privilegiado* que ha tenido lo religioso en la *constitución* de *nuestro mundo* y en el *proceso de subjetivación* de muchos de nosotros, es una *parte* [*maldita?*] *esencial* de *todo proyecto emancipador*, adicionalmente, *supongo* que es una *herramienta sociológica necesaria* para poder *abordar* el *auge* de *las religiones* y *el fanatismo* o, como me lo *mencionaba* un *conocido* Sergio Iván Rodríguez de la UPN: el *mantenimiento* y *auge* de los *pseudo discursos* que *adoptan y adaptan estrategias* de *sectas* para *aumentar su tasa de reproducción*, ejemplos que él ha *encontrado y estudiado* en los *antivacunas* y las *sectas* del *taojudaísmo colombiano.*

Lo anterior dicho, es un estudio que emprenderé en algún *momento* y ya tengo ciertas ideas de a quienes debo *consultar*. De momento, seguiré *enfocado* en *aprender* sobre Guattari, Guattari-Deleuze y Deleuze, aunque estoy un poco preocupado acerca de *cómo acabaré el año* y de *cómo conseguiré para arriendo y comida usando las habilidades que tengo.*

Mi primer y más peligroso acto político no ha sido la duda *mesurada* ni la *apertura dialógica*, los cuales me resultan difíciles de *conseguir*, no, *mi primer y más peligroso acto político* (que como *todo acto político verdadero es ético*) *es sobrevivir siendo lo que quiero ser*, sobrevivir usando lo que *dispongo*, el poco o mucho *bagaje documental* que he *acumulado* y mis cada día más *pulidas* y más *mejorables habilidades escriturales.*

Espero que consulten el apartado *"Cómo leer estos textos"* para que no sea *tan* difícil la lectura de ellos, sólo lo *necesario.*

Las *demás* cosas las dejo en el *tintero.*

AGOSTO, 2020.

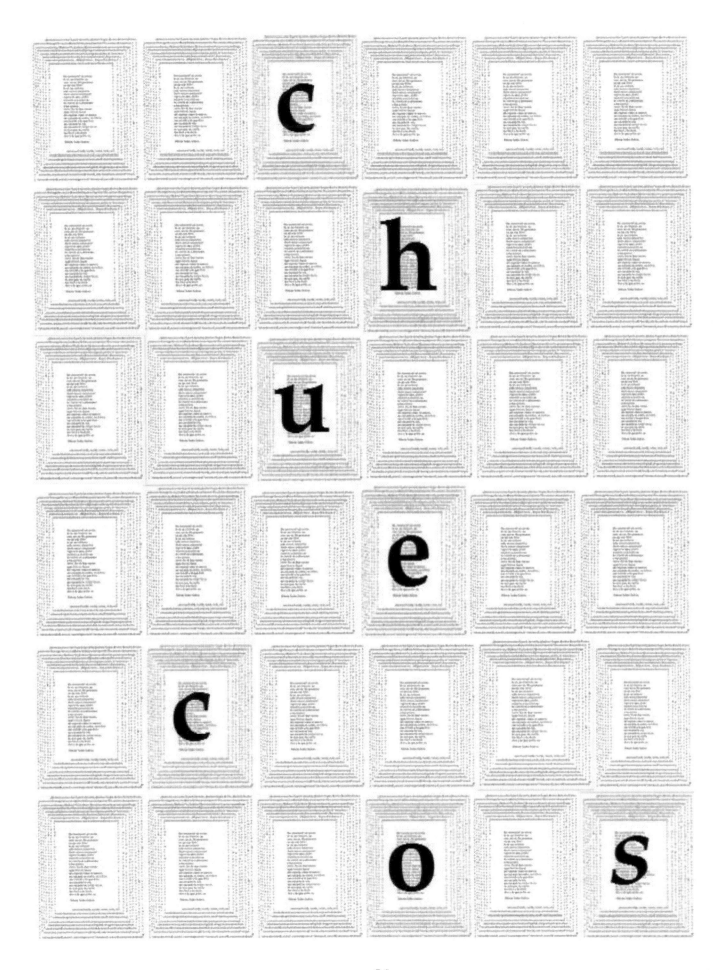

Para tejer un libro

- []

Para tejer un libro decido tomar tu gusto por aguja.

Qué triste, parece que no te gusta,

- EGO Derenif Yahir G

qué triste, pero no importa:

Usaré de trampa algo que leíste, cuando conocerme querías.

1

ANTONIN ARTAUD- EL TEATRO Y SU DOBLE

Él es un hombre genial: cuando el *d(a)emonio*[1] es lo que divide endemoniados y maestros[2]; los sofistas han sido vilipendiados, los poetas, los positivistas, los cientificistas y los absurdistas... todos.

Ribes me dejó, tal vez en conjunto a los pocos Ryle[3] y Bunge[4] que he leído, una visión en niveles:

Derrida, a veces, suena mucho menos estúpido si se dividen los múltiples sentidos de un término, con los cuales juega[5].

Creo que Artaud y su influencia en los franceses

(por lo menos su expresión de los problemas franceses del siglo XX, a la luz de la semiótica y los avances en lingüística[6])

requiere una mirada, la mía es de vagabundo. Algún día vendrán las aves de presa, como con Guattari los Genosko[7], o los Chakravorty con Derrida[8]; si es que Guattari-Deleuze no fue ya el Chakravorty Spivak de Artaud[9].

2

COMENZÓ LA ESCRITURA SOBRE EL MIEDO A HABLAR

El miedo a equivocarse: antes de Ulysses fue Retrato de un artista adolescente[10] (muuuu, muuuu hacia la vaquita)...

ese es sólo un ejemplo.

¿Antes de Then and Now[11] fueron las clases de Oxford/Stanford en YouTube?

Ese es sólo otro ejemplo. El terror por hablar y a callar; decía Cocteau, en algún epígrafe, que cualquier idiota escribe un libro[12].

El terror de hacer y deshacer

(quisiera mostrar las vueltas del terror: terror como pasión y terror como acción, el terror del dictador y el terror del dictador a punto de ser derrocado).

¿Y quién terroriza?

Hegel hacía citas de memoria y las atribuía mal, dicen[13]. Él, el loco que demostró que sólo había 7 planetas; aunque, su demostración era la demostración de que uno puede tener la razón por razones equivocadas.

(una ley cosmológica que resulta siendo una serie casualmente ajustada[14]... ¡¿será que pasa así con el caos (y su matemática)?! La paranoia y la neurosis, eso somos: carnes dándole sentido al manejo de impresiones, que no es ni deja de ser; el noúmeno no es [no puede ser en nuestra sensibilidad] pero la cosa no deja de ser [incluso se podría mantener la paradoja:

una [mi] lectura mediocre de Kant sigue sin entender porque hay sensibilidad /y/ entendimiento[15]; tal vez, por el mismo motivo por el cual hay cosas inefables o saltos de fe en Kierkegaard[16]]).

Al final, la angustia puede colarse como cualquier otro término arbitrariamente seleccionado

(el signo, el significado, la consciencia, la muerte, el movimiento, el equilibro, la dialéctica, dios, la muerte de dios)[17]

para recordarnos, que, así como cualquier idiota escribe un libro, cualquier idiota no lo hace. Cualquier idiota hace, cualquiera deshace, cualquier idiota aterra, cualquier idiota se aterra.

Maestros y magia
- Derenif?

He tenido buenos maestros,
he tenido buenos amigos,
he tenido buenas amantes
y, aunque quisiera negarlo,
tuve una buena familia.

Hoy siento los pasos
del tiempo,
hoy miro mis días
de largas jornadas laborales-
el insulso dinero,
necesario e inútil,
cuesta mucho.

Hoy sigo dudando,

dudo de mí,
dudo de la vida,
dudo de la humanidad,
dudo de las habilidades.

Hoy siento que la mentira y la verdad,
que la afirmación sobre mi suerte
y mi memoria,
hoy siento que mis posibilidades
y mis realizaciones[18],
hoy siento que todo se entreteje
en incertidumbres,
falsedades ciertas,
verdades mentirosas.

He tenido buenos maestros:
Serrano, Lizandro, Borges,
Barrera, Diego,
Ramos, Katherine,
Corredor, Eliza,
Clavijo, Zamir,
Meléndez, Harold, Alejo,

Rojo, Aleja,
Tinjacá, Doña Martha,
El Zuro, Doña Ruth, El Migue,
Paola, Nicolás,
La Zura, Bastián,
Martha, Paredes,
los Castro, Edith Cardozo,
Racionero Carmona, Jaime, Onfray,
Quetzal[19], La Mona,
Dayo[20], Tian, Sztajnszrajber[21],
Bukkui Qui[22], El Pollo, El viejo Brayan,
3rd Person View[23], El vuelo de la Lechuza[24],
Then and Now[25], Aeon[26],
Eric Thorn[27], Fasce[28], Abraham[29]
y la más grande pero la más extraña,
Isabel.

He tenido buenos maestros,
algunos que no escribo
pues su huella no ha dejado una impresión
tan fuerte
o mi memoria no trae sus nombres
a mi cabeza, ni a mis manos.

He tenido buenos maestros,
he tenido buena suerte,
he tenido tiempo,
he tenido la posibilidad de errar,
he podido ser y decidir posponerlo.

Borges, Cerati, Rhapsody of fire,
Onfray, Barba Jacob, Descartes,
Salvatore Robert Anthony, Baudelaire,
Rimbaud...
hay tanto que quisiera agradecer.

Hoy me pregunto
¿Qué me ha enseñado?

Hay tanto por lo cual siento culpabilidad.

El maestro más fuerte, el más implacable: El tiempo;
y el que más me ha cambiado: el (Des) Amor.

Hoy miro mi situación y
somos un enajenamiento,
una locura destrozada, aplastada

en las ruedas del
(pseudo-) capitalismo[30].

Hoy me recuerdo y me encuentro; las posibilidades,
las posiciones, las decisiones, las realizaciones.
Hoy me recuerdo y me siento alegre, avergonzado;
he aprendido a mimetizarme,
sé que parte de mi vida ha sido copiar
y manejar expresiones desconocidas

como si las supiera,
engalanar mi voz con términos extraños
hasta que significaran algo.

Y en el horizonte veo más tiempo,
veo más futuro, más personas,
más mimetismo, más alegría,
más infelicidad, más dudas,
incluso más deudas.

En el horizonte me encuentro más cerca
de lo que quiero ser
y más lejos de lo que sueño para mí.

Todo provocado por un halago, un hermoso halago:

soy magia, soy magia y por ello regresan
¿Qué es la magia?

¿Qué soy (es) yo?
Soy (es) el vacío de la definición que nunca cierra[31],
soy la posibilidad y la realización.

Entonces, soy magia.

Soy magia para una desconocida
que pudo decirlo por error,
soy magia y un hechizo para mí,
soy quien puede sobrevivirse, revivirse o suicidarse,
soy magia porque mediante mí
el algo deviene nada y la nada algo.

Aprender a ser un acto fallido[32]
- Derenif?

Desde Freud, supongo,
que debe aprender uno a vivir
con sus actos fallidos[33]
y
que desde Lacan
uno debe aprender a vivir
siéndolos[34].

Aprender a ser un acto fallido,
aprender a librarse del error
y del acierto,
aprender
a calmar el hambre evaluativa.

Vivir más tranquilo,
como el cocodrilo que espera:
algún día tendrá sed la gacela.

Aprender a respirar siendo volcán,
aprender a vivir,
sobrevivir

y revivir,
aprender a morir
y agonizar,
aprender a mantenerse,
comprenderse,
fragmentarse.

He escuchado: dicen que,
desde Derrida
llegaron los horrores
(los errores),
sobre lo blando[35],
lo endeble,
los resquicios,
lo fragmentado,
la comunicación cortada.

Ahora entiendo
un poco mejor:
"No saben que
les traemos la peste"[36].

Paola

- Edwin Yahir Galvis
- Derenif?

Faltan unas muchas páginas,
los días pasan y sigo teniendo muchos

(¿desafortunadamente?),
la base de datos se desarma,
se eliminan pedazos
y se reconstituye.

(Substratos).

Faltan horas de trabajo,
horas que resultan
más eternas y provechosas
que mis días,
un día dura
menos que una hora.

Faltan besos y sonrisas,
faltan vacíos debido a desamores,
lagrimones vaciados de potencia,
faltan momentos eternos que

se desvanezcan en mi memoria,
faltan poemas
que nunca pudieron escribirse,

(¿nunca debieron escribirse?).

Faltan dos años,
dos deliciosos y tristes... y felices años,
dos años sin letras,
falta un amor tan mío,
faltan tus besos,
faltan esas miradas,
las sonrisas en mi cuarto.

No eres tú,
éramos las letras y yo,
éramos mis manos y yo,
éramos mi voz, cada vez más
cortada, disipada, vagabunda,
dubitativa; y yo.

Los actos son más importantes,
los actos son más etéreos,
la memoria puede y se modela[37]:
un agujero se llena,
un beso se imagina,
una caricia se inventa;

(pero)

las letras también son ficticias[38]
aunque permanecen para ser borrones o enmendaduras

(¿no es eso lo que ocurre en la memoria?)

Te debo uno, dos,
te debo mil poemas,
cartas de amor,
besos en tinta y

caricias garabateadas,
que mi voz te lea poemas,
te debo dedicarte canciones.

Hice más por ti que por nadie
pero al final,
te di menos de lo que le di a cualquiera.

Una voz extraña
reanimó mi poesía

(aunque pudo ser Carmona,
efectos secundarios de un buen Maestro)

reanimó estos dedos que rasguñan la revelación,
letras legibles,
pero ininteligibles como el Oráculo de Delfos[39].

Lo pasado
- Derenif?

El pasado no pasó,
el pasado me construye,
atrás nunca me abandonó
el que lejos se posa,
lejos
como estos versos de la prosa.

Yo no abandono mis memorias,
aunque se diluyan
y resbalosas
me bañen
sus historias.

Huye la carcajada,
sombra negra de una boca,
mueca de persona enajenada,
de cordura fragmentada,
trocitos de fe,
descubrimiento del placer
y suicidios celestiales.

Soy lo que he sido
pero dejo de serlo
pues,
siempre estoy en perpetuo movimiento.

Y si el pasado no pasó,
si el pasado no aculpa
ni perdona, ¿para qué vivir con culpa?

¿Pa' qué la miseria que destroza?

No soy ocasionalista[40],
el pasado existe;
la futurología,

ciencia del pasado que será,
subsiste dando palos de ciego
al cielo,
cielo hecho de palabras,
de conceptos,
de prejuicios,
de cisnes negros[41]
y enloquecidas cabras.

No soy ocasionalista,
el pasado existe;
dios ha muerto[42],
el tiempo pasa
y de su cadáver
florecieron
látigos salvajes:

Extremismos,
fanatismos
y
religiones
racionales.

Dios ha muerto,
nada está permitido[43]

(No hay redención).

El pasado no pasó
y tu silencio me conmueve,
o gato o ave,
el caracol siempre será
su almuerzo.

Imaginación, cuerpo y texto incompleto

- Derenif?

Claro que el cuerpo es imaginario[44],
preciosa,
la imagen y la imaginación,
se imbrican, lúbricas y lúdicas.
lo real y lo significado,
lo último que
no es igual a lo que refiere[45],
y en ese bache
se crea la magia del significante:
Irreductible[46].

(Me duelen la espalda, la cabeza y el día)

Mi cuerpo, y el tuyo,
está lleno de consciencia,
lleno de palabras,
de impresiones y recuerdos,
amarrados,
el problema de Molyneux[47]
en su dimensión existencial.

Y ésa oposición entre fe y conocimiento[48],
entre ciencia y religión

(aunque creo que pasas de ambas),
entre ficción y realidad,
entre ausencia y presencia,
aparición y desaparición,
entre animal y razón,

(es más, el aullido del hombre es
conceptos,
su pelaje son las prácticas y las palabras[49])

se diluye y palidece en los fanatismos,
ante las discusiones rusas sobre Kant
(y hachas).

La oposición palidece ante el placer
orgiástico de un párrafo oscuro
deshilvanado,
palidece ante tu escritura y mis ojos
intentando agarrarla, hermosa poeta,
entre los resquicios que alabas,
si la ciencia maquinea[50],
la poesía también,
perreemos, amén.

Lo otro es una palabra que
ni siquiera señala la otredad[51].

(hay tanta riqueza, tanto por releer,
por buscar, por saber...

lastimosamente el texto está hasta ahí...

falta hablar sobre montes,
llanuras, pozos, animales y estertores,

¿Cuánto es ficción?

eso es parte de lo que es el cuerpo)

(Pienso en Huang-Zu[52] por un segundo).

Exorcismos

- EGO Derenif Yahir G.

Afilada la piedra de tanto afilar,
los sueños dormitan en el claustrofóbico silencio
de una eterna espera.

Apágate paciencia, apágate silencio.

Cuesta tanto amarrarse al sí mismo,
tanto cuesta reconocer lo que debes,
saber que de noche los gatos son grises[53],
saber que de noche las estrellas titilan.

La voz se adormece con el bullicio de la
vida,
los rostros se disipan,
las voces se esfuman,
la locura rebuzna y desaparece,
la inteligencia rebuzna y desaparece.

Mano flaca y malhadada,
bendita mano que cortas el hilo,
bendito ojo enhebrador[54].

Ya la alabanza de Erasmo fue gloriosa,
llena de esperpentos,
llena de misoginia,
llena de críticas,
llena de groseras críticas,
llena de sablazos.

Ya Erasmo hizo la alabanza y
es inmejorable, yo sólo aplicaré su voz
sin importar las consecuencias.

Exorcismo 1[55].

Ya Erasmo hizo la alabanza y
es inmejorable[56], yo sólo aplicaré su voz
sin importar las consecuencias.

Cuerpos ajenos que nunca he tocado,
cuerpo de belleza inusual y frecuentada,
ojos inocentes,
corazón desierto y manipulación.

Nunca tienes tiempo,
nunca tengo tiempo,

nunca hay claridades,
siempre el juego
con reglas enredadas,
benditas tus letras
que van mejorando

(algún día serás poeta
o aceptarás que lo eres),
sólo si te esfuerzas,
bendito sea el fruto
de tu poderosa valentía.

De momento,
déjame en paz, recuerdo
de algo que nunca fue,

de un aborto sanguinolento
el cual no sé si quiero recordar.

Exorcismo 2.

Ya Erasmo hizo la alabanza y
es inmejorable, yo sólo aplicaré su voz
sin importar las consecuencias.

Cuerpos ajenos que nunca he tocado,
cuerpo de belleza inusual y frecuentada,
mejillas infladas y preciosas,
rizos hermosos,
voz de sirena.

Cuerpo precioso,
ajeno y nunca mío[57],
para qué nos hablamos,
para qué te busco,
para qué te pienso,
nada hay,
nada hubo,
nada importa.

Sólo posibilidades,
sólo silencio,
sólo idioteces.

Nunca habrá diálogo,
siempre un monólogo cautivo.

Siempre son dos voces en el mismo idioma
pero hablando dentro de distintas cabezas,
aconsejando a distintos psicóticos.

Exorcismo 3.

Ya Erasmo hizo la alabanza y
es inmejorable, yo sólo aplicaré su voz
sin importar las consecuencias.

¿Cómo
hijueputas?

Déjame o aclaremos el juego,
escondidas, cogidas o
ruleta,

la bala la tengo lista
pero no sé dónde colocarla.

Menos mal has decidido abandonarme
y alejarme el tótem con el que
me prometiste seguridad,
el ateo aprende a vivir sin ídolos

(ojalá).

Exorcismo 4.

Ya Erasmo hizo la alabanza y
es inmejorable, yo sólo aplicaré su voz
sin importar las consecuencias.

Cuerpos ajenos que nunca he tocado,
cuerpo de belleza inusual y frecuentada,
veo como creces, veo que envejeces.

Me encanta saber que cada día aprendes
más,
cada día vas un poco más lejos,
me encanta ver que sufres.

No quiero que leas nunca estas palabras
pero lo harás,
eres la primera en saberlo, prácticamente
eres mi confidente, tu demonio no ha
tocado mi pecho, casi que eres medicina[58].

Pero eres anatema, quererte mucho y
desearte tanto; hablemos de la aspiración al
saber, hablemos de los

días delicados y ojalá algún día pueda
olvidar los sueños con tus besos, los sueños
por tu compañía.

Gracias.

Ninguno se entera, hasta que lo desenreda[59]
- Derenif?

¿Crees que alguna Ninguno lo sabía, ninguno lo imaginaba,
noche podremos cada uno emprendiendo los pasos
mirarnos a los que el destino y las posibilidades
ojos y hablar? les daban, les permitían forjar.

Ninguno lo sabía, ninguno podía *Espero poder hacerlo,*
imaginarlo, cada uno escribiendo *hermosa, tus ojos*
lo que las tripas le regalaba, *preciosos, tus deliciosos*
cada uno en su texto, en *labios y tu inenarrable*
su hoja, leyendo el libro ajeno *esencia me obligan hacerlo.*

No sé, el mundo es denso, con errática comprensión
es interesante pero las de la poesía del otro.
 noches juntos pueden nunca Suspiraba uno, la tranquilidad
ser, como las conversaciones la mantenía con el botahumo que
siempre queda sin empezar de sus suspiros; pensaba
o sin terminar. que nunca seria realidad, que la fantasía
es fantasía, Nadie lo sabe y no creo
que los sueños son sólo que deba saberlo alguno,
 dueños de la irrealidad somos sujetos condenados
y la imaginación. al fin pero podemos gozarnos.

Él era peor, los enigmas *Era* enigmática, la lejanía
eran paradojas construidas siempre hace a los
en verdades a medias humanos enigmas, las
y mentiras a medias personas consiguen el
que no comprendía, *aura* de misterio
aprendió a vivir charlatán, con silencio, con ajenidad
a vivir en eterno desvarío, con desinterés, algunos
dejarse atrapar por la locura *hacen* tanto por alejarse
y ahora aprendía a dejar que que terminan enredados
la locura muriera sin reanimarla. en alambre de púas.

Última hoja
- Derenif?

Última hoja,
no, penúltima,
penúltima hoja,
faltan tres
páginas hacia
adelante
y unas cuatro
hacia atrás. El
cuaderno es
un Frankenstein
geológico[60], en
el cual el
Antropoceno[61]
excavó los
vestigios
e insertó
su lengua
contemporánea,
para intentar
comprenderse:

El espíritu
descubriéndose
en su otredad
(lo negativo)[62],
"la naturaleza
brutal"[63].

Última hoja,
no, penúltima,
penúltima hoja,

¿Faltan cuántos
textos para
concretar la centena?

¿Cuánto he vivido
junto a las líneas
de estas hojas?

¿Cuánto viviré
fuera de las líneas
de estas hojas?
Los márgenes
no existen en

estas hojas,
tal vez
existan en el
cuaderno que
continuará
su labor
creadora,
su operación
poética...
labor
artesanal,
operación
filosófica,
que toma forma
en estas letras
descosidas,
crudas,
torcidas[64].

Última hoja,
no, penúltima,
penúltima hoja.

Hoy escribiste,
oscura cómo
siempre,
tus palabras
enredadas, deliciosas:

El placer de
una lencería maravillosa,
lujurioso vestuario[65]
que erotiza la
desnudez de tus
pensamientos,
vestido que remuevo
con mi imaginación,
con mi alma,
mis dedos, lentos
y salvajes,
mis manos, desesperadas
y anodinas,
intentan desabrochar,

deslizar,
contemplar...

En Desnudez[66], dice
Agamben (y estoy
dispuesto a creerle)
que el cuerpo desnudo
es posterior a su vestido
"sagrado", teológica
y por ello
histórico-conceptualmente[67];
el cuerpo desnudo
adquiere su sabor
delicioso, único,
cuando desaparece
y se hace necesario
encontrarlo.

Última hoja,
sí, penúltima,
penúltima página,
tus joyas,
que releo,
limpio y pulo,
las reviso,
las reescribo,
las pongo en contexto,
uno que les invento,
uno infinitamente
más fértil y
más yermo
que aquél en que
las sembraste...

blanca mano huesuda,
Klimt y los Arcanos,
nunca aprendí,
con juicio, del
Tarot, siempre
sentí que el diablo
y el Loco
se llevaron mi
fascinación.

Última hoja,
sí, penúltima,
penúltima página,
Perloff: Unoriginal

Genius[68], quiero leerlo
como a tantos otros,
tantos otros que
necesito leer,
estudiar, releer y
aprender:

Benjamin, Bueno,
Spinoza, Leibnitz,
Derrida, Guattari,
Foucault, Deleuze,
Artaud, Sellars,
Lakatos, Preciado,
Beauvoir, Butler,
Fausto- Sterling,
Baudrillard...

Necesito releer
y conocer a LAFS.

Última hoja,
sí, penúltima,
penúltima página,

¿Es torpe lo pesado
y lo que anda
en la tierra:

Los animales rastreros,
los réprobos para
el semita

(al final todos
tenemos venas
judías)[69]?

Los ocultistas quisieron
enseñarme,
con su rebelión
a la religión
establecida,
que era así,
es real
y ello justifica
el vegetarianismo[70],
ello justifica
una mano sobre otra[71],

¿Cuál sobre cuál?

(esa es la lucha);
casi no pude aprenderlo,
aceptar que lo pesado[72]
es lo que pasa,
lo que obstruye,
lo que acalla la voz
de la verdad. Casi
no pude aprenderlo
y ha sido fácil
volver a negarlo.

La demolición:

La torre
y los cambios,
este año en un significante.

El amor que experimenta el
"control" del área planificadora,
donde se activa la imaginación[73]...

Aunque las zonas intermedias,
de asociación, son la inmensa
mayoría del cerebro y su tejido
neuronal no parece responder
la mera lógica localizacional:

El amor experimentando los
espasmos de la cultura[74]...

Pero
el amor es cultural,
no es sólo oxitocina,

no es sólo endorfinas,
no es sólo neurotransmisores.

El ojo y el tacto,
el acto,

¿Cuándo se hace la potencia realidad?[75],

¿Cuándo?

Cuando la melaza substancial
resbale en mi boca,
edulcore mi existencia
y milagrosamente
me deje mimar esas manos
desarañadoras.

¿Del niño feral al "Hereje"?

Pienso en el límbico[76] y ya no
recuerdo mis clases,
mis parciales,
conocimiento bulímico[77].Creo
que implica los núcleos basales,
el tallo y el que siempre confundo
con el hipotálamo[78]...

Tampoco sé de dónde sacar la historia,
necesito releer tantas cosas:

Pensar los puntos cardinales
para amarrar el hilo rojo
y conspirar, respirar,
crear[79].

Caja de letras

- Derenif?

Hay una caja, hecha de palabras y gestos, los tuyos.

Tal vez no exista, tal vez no es tuya, tal vez no la hiciste, tal vez es una caja hecha de letras y no de palabras, de espasmos y fetiches pero no de gestos o

¿tal vez es gesto, el gesto de un gesto?

Hay cuatro ojos marrones clavados en un espejo, los gatos anidan en la cabeza, los animales anidan en el comportamiento y el caracol y el ave, anidan en el alma

(qué es el alma si no comportamiento[80] y carne: Cuerpo)

¿y si, dentro de la caja, sólo hay caja intentando escribir las letras que está leyendo dentro suyo, sin saber qué significan (no las entiende)?

(lo que imita no sólo es la sonrisa, también es la risa).

¿qué diferencia al rizoma[81] del cuerpo?

Que lo diga Artaud, quien sabe que dios y los órganos limitan la divinidad[82] y no es porque los órganos sean de carne, sino por estar Definidos:

porque no pueden ser gozados, tal cual pasa con el ano, pues tienen una especifica función

(eso dicen que explica Guattari[83]).

Sublime lo que describes, quisiera ver el espectáculo de una huerta, pues las palabras dibujan sketches deliciosos, "que asustan" (por usar una muletilla) ...

Vuelve la pregunta sobre el cuerpo

¿cómo es que el cuerpo no puede ser un viscoso dios, uno que es uno mismo?

Océano, divino y cruel; devora tripulaciones y besa su verdosa alma con el roce de las escamas de los peces y el baile de las algas y las anemonas, se acaricia con la respiración de lo que se extingue. Decía Hemingway que hay dos mares:

La mar y el mar[84].

Reflexión y un poema sobre el caracol

- Derenif?

Los colores del día se mueven de un tono a otro, parecen polvos que tiñen el agua, de esos que se disuelven buscando llenarlo todo:

la superficie, el fondo y la apariencia, al respecto, debe tenerse en cuenta que, como acierta a decir Sartre, en el inicio del Ser y la Nada[85], no hay apariencia/presencia, ni adentro/afuera pues todo es parte de una misma existencia que remite a la serie infinita de sus posibilidades de realización

(esencia)...

o bueno, tal vez no, tal vez ni lo dijo en ese prólogo, tal vez este sea sólo un cielo que se destiempla con los espasmos del viento, con las sonrisas del sol; uno que se mantiene en constante cambio por la falta de seguridades, la falta de fuerza y la sobra de hedores, químicos y polución.

En medio de éste día me mantengo con el silencio en la boca y la cabeza embotada, creo que no puedo darme por vencido. El ejercicio que Steven Hayes[86] me propuso anoche hizo de mí un poco más libre y consciente pues, es cierto que, ser un acto fallido resultó muy doloroso y frustrante. Al mirar al retrovisor, creo que debí huir en el primer o segundo instante de indecisión y que habría sido mucho mejor para mí sentir el sabor de una calmada derrota, sin ninguna agonía; también es cierto que mi vida de un momento a otro empezó a tener éstas notas extrañas, discordantes, como quiebres en el disco o como mugres en el acetato. Síntomas tenebrosos, obligaciones que aparecieron, sensaciones inseguras y posibilidades truncadas. Pero estoy seguro de que ello no me hubiera permitido entender los dolores del Horror Arendtiano[87], no me habría permitido comprender los sabores de la injusticia epistémica[88] ni ser consciente del paso aguerrido, que estoy tomando, del cobarde y por ello admirable acto que estoy tratando de hacer.

Es que mientras acompañaba a Hayes anoche, asentía, asentía ante la certeza de sus certeras observaciones. Me encantó la distinción que traza entre sufrimiento por ausencia y sufrimiento por presencia[89], entre otras cosas, y la relación en que los evidencia. El cómo se imbrican de tal suerte que, al final, uno conlleva al otro. Cómo la presencia de un dolor o un miedo conlleva la ausencia de varios placeres o respuestas que el sufriente desea producir. Es éste resabido ciclo que devora al depresivo, que se traga al drogadicto y destroza al ansioso[90]; los bucles comportamentales/cognitivos que provocan crestas sociales en el oleaje de la vida, que sirven de atractores socioculturales y van sepultándote dentro del cuento que estás contándote, el que te han contado, esa historia alimentada por las representaciones de tu "mundo", por la opinión de los expertos, por la opinión de tus amigos, de tus padres y los desconocidos, por mencionar una de sus aristas diré *"la dimensión performativa de la existencia"*, aunque, creo que hay mucho más y no llego a suponer una ontología definida pero sé que la sostengo, pues es como la filosofía, quiero decir que la ontología en ultimas es una especie de metafísica:

se tiene consciente o se tiene inconsciente, pero nunca se deja de tener...

volviendo al inicio del quiebre

(del texto):

los bucles, bebé.

En este momento, mientras escucho una alarma constante y el almuerzo se diluye, mientras el sueño producido por la actividad estomacal se mantiene, intento escribir de una "sentada", busco párrafos largos y relativamente hilados. Necesito conseguir ajustarme a una producción relativamente frenética...

Cuando leía y hacía con Hayes pensé muchas veces en sus dolores, y no sólo los de ella, los de ellas, pensé qué, irónicamente, es un texto tan útil, uno que pudieron hojear para sentirse menos mal, para poder recorrer su vida más allá de las agonías. Pensé que le he intentado dar de mi conocimiento a tantos ojos, tantos oídos, tantas personas e irónicamente, no les interesa, no lo aprehenden, no les interesa, no les interesa, no lo recuerdan.

Odio los clichés y considero los adagios y los proverbios un tipo de cliché, pero definitivamente debo repetir mi muletilla: *"lo peor de los clichés es que se cumplen"*[91] y siendo la cosa de esta manera, debo aceptar que, el proverbio judío acerca de la sabiduría y los oídos de los necios[92] es uno de esos estúpidos clichés, uno de esos que halla un sitio para inocular su veneno, para hacerse verdad, hacerse real.

En fin, necesito escribir y corregir 10 hojas en menos de 15 días.

Quiero resistirme a ser un acto fallido.

Caracol, tu camino se mantiene dentro de la espiral
y tus pasos se revelan
como sombras dentro
de las hojas de un libro infinito,
un libro de arena[93];
los gatos ya no te vigilan,
los gatos se fueron a cazar constelaciones,
estrellas blancas, planetas soleados.

Aprende caracol, a sonreír al día
de colores que se mudan,
que se mueven de un lado a otro, aprende
a perderte en las páginas del libro,
aprende a vivir en la biblioteca de babel,
buscando los múltiples tomos bien
escritos[94]:

Buscando a Mann, buscando a Proust,
buscando a Joyce, buscando a Márquez,
buscando a Bolaños, buscando a
Houellebecq,
buscando a Miller, buscando a Ginsberg...

Busca querido caracol, pues el momento del encuentro ya pasó,
fue casual, fue fugaz, fue gracioso,
recorre la silueta de tu amante fantasmal,
recorre con tu alma el paisaje que agoniza y nace
cada día entre tus sinapsis:

Cada descarga es
un píxel,
cada posibilidad un camino abierto.

Hoy escuchaste sobre las aporías
en Derrida[95];
en estos días has recordado que uno
cambia,
ayer pensaste en tu escrito sobre Ryle
y su Descartes

como personaje conceptual[96],
pensaste que para ti las aporías
eran laberintos infinitos,
los puntos del silencio,
pero Derrida te lo dice,
te dice que no,
que la aporía no cierra:

Abre.

Sabiduría

- Derenif?

Cuello de pollo,
me encanta tu boca,
pequeña y comestible; querido pez.

Eres admirable,
muy honesta y sensible.

Has pasado por tanto,
has querido pasar por tan poco,
me encantan tus ojos,
me encanta cuando cantas,
lo poco que has cantado
para mí.

Tu aroma me encanta,
tu calor es precioso;
desde que te conocí
me pareció que eras
alguien para conocer,
lo eres,
lo eres aunque lo dudes.

¿Por qué la gente duda
tanto de ser conocible?

¿Acaso no se dan cuenta que están
todos locos?

Loca, me encantas
y quiero abrazarte al verte;
contar tus cicatrices y mirar
una película,
escuchar tus quejas sobre
el departamento,
que me muestres tus
diseños,
tus canciones,
tus lecturas,
que te acuestes a mi lado
y dejes que mis labios

rocen tu cuello.

Quiero escucharte leyendo
esos textos que

harás,
para des-frustrar tu
carrera de Crítica,
quiero discutir contigo
pendejadas y
acompañarte a perder
un poco de tiempo.

Querida amiga,
quiero acompañarte en
tu recuperación;
quiero contarte algunos
de mis dilemas
y que escribamos algo,
que discutamos mucho,
pero como siempre
y no como nunca,
quiero saber los garabatos
de tu cuerpo,
los sombras de tu alma
y las melodías de tu
respiración.

Eres sabiduría,
o bueno, eso serás,
tu nombre parece ser destino
y tu profesión un desatino.

Ya verás que sirve, como todo,
para nada[97].

No cambiaría tu tristeza,
sólo intentaría llenar con
más colores
la pesimista tragicomedia
de nuestra travesía, la tuya,
la mía,
de colores y risas,
de colores y comida,
de colores y golosinas, para ti,
colores y licor, en mi caso.

Para ti que no existes

- Derenif?

A ti que no existes.

Tienes ojos de arcoíris,
eres una diosa hecha múltiples corazones, que laten en disonancia; y
fuiste quien le dijo a Heródoto que *dices la verdad y también dices mentiras que son
como verdaderas*[98],
eres lo que resuena en lo profundo de mi sangre hirviendo por amor ajeno,
eres la nota en el arpa, en el piano,
eres el trazo en el lienzo,
el garabato en el papel.

Tú no existes y aun así eres,
eres imposible como la sustancia Humeana[99] y antes de ella,
como la materia Berkeleyana[100] o como las ideas abstractas para ese abate,
eres todo y eres nada.

No eres posible pues tu cuerpo tiene todas y ninguna de las formas;
eres curvas dislocadas, alocadas y afiladas;
eres carne suave, eres poca carne y eres músculos tonificados;
eres lo que hay que no sé dónde se halla,
aquello que llega a mí encuentro sin que lo sepa,
lo quiera o lo espere, aquello o quien me deja sin importar mi desespero,
mi tristeza o mi dolor.

Tú dejas con tu desatinada estela endiosada a mi cuerpo, que es mi alma,
en el desierto de la incomprensión.

Tú arrebatas mis latidos y mis temblores con una caricia, con una mano, con una sonrisa,
una voz o un beso
y desapareces,
vuelves y vuelves a desaparecer.

Abres mi corazón con tus dedos fantasmales,
dejas que mi pecho se amodorre;
dejas que su carne suave y tibia se aliviane,
que mi corazón, que mi sonrisa y mis pupilas
divaguen dentro del sopor de tus caricias
y desapareces, reapareces, desapareces, te alejas y coqueteas, te acercas y desapareces.

Esto es para ti que no existes, que me lees y nunca me conocerás, para tu cuerpo imposible,
para tu traviesa alma que divaga como las almas de Israel, multiplicándose cada que
mueren[101].

Esto es para ti que no existes, que no sabes de mí, que nunca me verás,
a quien mi recuerdo nunca tocará,
a quien nunca habré conocido, visto, oído, leído o mordido.

Es para ti que no existes
y por encima tuyo, es para mí que te pertenezco,
que soy tuyo y que soy tú, pues yo tampoco existo,
también me desdibujo en múltiples arañas,
siluetas divergentes, voces impostadas, muecas antipáticas, ojos de arcoíris,
manierismos de chalado.

Y si no existimos, somos dios.

Adormilado silencio y desnudos putazos
- Derenif?

Perlas de silencio, amarres sin brujería,
músicas satánicas, sonidos de tumpa-tumpa,
días largos con pocos cigarros, sin licor,
casi sin filosofía.

Falta de sexo, exceso de masturbación.

Días de adormilado silencio y desnudos putazos:

a la puta mierda, al demonio,
a la mierda, a la gran putísima que nos parió,
por el demonio,
por dios y todos sus santos diablos.

Y los gemidos de la vecina webcamer
y el frío de la noche y la tarde,
WhatsApp como herramienta biopolítica,
una computadora que me amarra
peor que la jaula en donde trabajaba.

Sentir que malgasto mis días,
sentir que mi vida sin rumbo
perdió aún peor su sentido,
que hasta el relativismo[102] cayó
dentro del vacío impensante.

Ejercicios de noche,
la rabia, la decepción,
la desesperación y la desesperanza
estallan en movimientos salvajes,
peso que se lleva mi fuerza,
desgarra mis músculos,
arranca mis pensamientos,
movimientos
que lentamente cambian mi cuerpo.

NOTAS

[1] Claramente es una referencia al Daemon socrático, desafortunadamente no recuerdo dónde lo expone Platón, creo que es en "Apología".

[2] Stefan Zweig expone su distinción entre endemoniados y maestros en un texto que estuve hojeando hace años, una interesante distinción que articula la mirada respecto al arte, "La lucha contra el demonio"; sé que el otro libro pertinente es "Tres maestros".

[3] La noción de error categorial lleva en su seno la distinción entre niveles, el capítulo 1 de "el concepto de lo mental" es esclarecedor, al margen de su inexistente análisis historiográfico.

[4] De Bunge he leído pocas cosas, de momento recuerdo un paper "What kind of discipline is psychology".

[5] El libro "Introducción a Derrida" de Maurizio Ferraris es maravilloso, me ayudo a comprender mejor algunas cosas que hojee en la conferencia sobre la diferencia, la cual no termine de leer; además la lectura de "Cogito e historia de la locura" fue más sencilla suponiendo ese uso paradojal de los términos; cosa que también me ha servido con Deleuze o con Guattari.

[6] Para esto es posible revisar "El Teatro y su doble", específicamente el escrito sobre la puesta en escena y su reiteratividad acerca del valor de la especificidad expresiva del teatro respecto a la literatura.

[7] Guattari: An aberrant Introduction me parece un libro espectacular.

[8] Al respecto, tengo sólo referencias secundarias, aunque quiero leer "Puede hablar el subalterno", mi principal referencia sobre Chakravorty es la clase de Ernesto castro sobre Derrida.

[9] Normalmente se reconoce que Deleuze, Guattari-Deleuze e incluso Guattari retoman nociones o problemas Artaudianos, por ejemplo, la noción del "cuerpo sin órganos" sobre este tema considero relevante la charla "Filosofía Nómada - EL CUERPO (Artaud-Deleuze-Guattari) -Filosofía del Pórtico".

[10] Un libro escrito de James Joyce cuyas primeras líneas me atropellaron: "Retrato de un artista adolescente"

[11] Canal de divulgación filosófica en YouTube cuya labor de divulgación multimedia alabo.

[12] Es una frase de Jean Cocteau que he leído en varias ocasiones pero no sé su origen y la parafraseo de memoria: vivimos en un tiempo en que cualquier.

[13] Si mal no recuerdo, Alain de Botton cuenta esta anécdota en "las consolaciones de la filosofía"

[14] Es muy interesante el texto de Ernesto Castro Córdoba "Hegel y los siete planetas" que puede ser consultado en su web https://ernestocastro.com/.

[15] Hace mucho que hojee la KRv ("Critica de la razón pura" traducida por Pedro Caimi y comentada en las clases del profesor Gonzalo Serrano) y recuerdo que en la estética trascendental, se presuponen diversas intuiciones, aunque en el prólogo B Kant explícitamente apunta lo necesario de hacer ciertas suposiciones "arbitrarias" para emprender un estudio dogmático y crítico. En el texto "La resistible ascensión de Alan Sokal" de Quintín Racionero Carmona, se hace un juicioso análisis respecto al dilema de la razón y sus suposiciones "heurísticas". Si bien no he citado casi ningún texto de Serrano, considero pertinentes "La querella por el silogismo", libro por el cual casi no termino una entrega final es muy bueno e interesante, "¿Por qué no es inútil una nueva traducción de la Deducción trascendental?" y "Appparientias salvare. Misunderstandings in Kant´s Copernican Analogy", textos que nos recomendó en sus clases de Kant, son maravillosos, Serrano Escallón es un experto en filosofía moderna.

[16] He hojeado el ensayo de León Chestov "Kierkegaard y la filosofía existencial" cuya contraposición entre una autosuficiente totalización hegeliana y una impotente singularización kierkegaardiana me parece intelectualmente muy atractiva. Desafortunadamente no lo acabe.

[17] Todos temas que han sido muy relevantes en las discusiones filosóficas, principalmente del siglo pasado. Lo más cercano a un mosaico explícito de los diversos matices de la historia filosófica son las clases de Ernesto Castro Córdoba al respecto, aunque no las he visto en su totalidad. En general no soy un gran lector pero supongo que hay potentísimas historias de la filosofía, como la de Frederick Copleston (de la cual desafortunadamente sólo he leído un capítulo, acerca del positivismo).

[18] Posibilidades y realizaciones son conceptos que planeo elaborar en algún momento en el texto sobre "El Miedo a hablar" que inauguró parte de mi florecimiento literario.

[19] YouTuber español.

[20] YouTuber español.

[21] Divulgador y filósofo argentino.

[22] YouTuber española.

[23] YouTubers españoles.

[24] Revista hispanoamericana de divulgación filosófica.

[25] YouTuber estadounidense.

[26] Revista de ensayos en inglés.

[27] YouTuber inglés.

[28] Ángelo Fasce es filósofo de las ciencias español y publica ensayos muy entretenidos en su blog La venganza de Hipatia (los cuales, evidentemente, no resumen su labor profesional).

[29] Tomás Abraham, un muy interesante, asombroso y heterodoxo filósofo argentino, me llevó a conocer a Giorgio Colli y es hipnotizante al dictar clases, o eso parece a la luz de YouTube, adicionalmente, tiene una iniciativa muy bonita gracias a la cual puedes descargar sus libros descatalogados en su página web http://www.tomasabraham.com.ar/index.php/libros/descargar-libros y es la primer persona que he escuchado que menciona el prólogo de Foucault al libro de Binswanger "Dreams and existence".

[30] Creo que es imposible vivir en el "capitalismo" pues históricamente ha demostrado ser una etiqueta polisémica que denota una entidad principalmente filosófica (como hablar de dios o de sustancia, entre otros). Adicionalmente, si hablamos de "capitalismo del siglo XXI", Colombia, donde vivo, continúa lejos de ello pues su oligarquía y su cultura continúan fundándose en la posesión de la tierra ni han adoptado una posición cognicapitalista (que entiendo es lo que caracterizaría al capitalismo contemporáneo, en la última cruzada que ha emprendido dentro de su labor de creación de valores y acumulación valores de plusvalías). Lo precedido lo concluyo a la luz de algunas entrevistas de Franco "Bifo" Berardi, cuya crónica de la psicodeflación me parece maravillosa y cuya obra planeo leer; la sección Marx del libro "Notas Críticas" de Damián Pachón Soto; mis fragmentadas memorias de la clase "Problemática social colombiana 2016-2" con Juan García Lozano y algunas "recomendaciones" de Fernando Castro Flores como la que hace del libro "Estadios del Agravio" de Wendy Brown, libro que también planeo leer.

[31] Mi concepción del hombre parte de una lectura que hice sobre Emil Cioran y la desgarradura ontológica, leí dos libros acerca del filósofo y la concepción de "desgarradura ontológica", me encanto. Desafortunadamente no recuerdo donde leí el término y lo más cercano que encuentro es el ensayo "Del paraíso a la historia" de Alfredo Abad en "Cioran en perspectivas". Sin embargo, hay cierta posibilidad de que la lectura se encuentre en el libro "Filosofía y extramuros" de Freddy Téllez, libro que

desafortunadamente no he podido conseguir en físico, pero que recomiendo para todo aquel que quiera aprender sobre la práctica heterodoxa en filosofía [después de googlear estoy seguro de que está en los libros de la UPTC sobre Cioran, el problema es ¿en cuál?].

[32] El psicoanálisis es una disciplina que durante parte de mi formación no ha resultado interesante debido a diversas suposiciones filosóficas y lecturas secundarias sesgadas o incluso malintencionadas, aunque considero que leer casi cualquier filósofo europeo, de 1930 a hoy, sin rudimentos en psicoanálisis es una misión suicida. Al respecto, mis referencias son principalmente clases con Belén del Rocío Moreno, videos de Juan Manuel Martínez y lecturas secundarias, dadas por filósofos que se toparon con los temas indicados, aunque espero enmendar este agujero de mi formación en el menor tiempo, debido a Guattari. (en este momento estoy revisando "Lacan para Multitudes" en YouTube, muy interesante)

[33] Al respecto, he escuchado que el texto principal es "Psicopatología de la vida cotidiana", yo leí algunos textos de Estudios sobre la histeria e intente meterme en "El chiste y su relación con lo inconsciente" pero me resulto inaccesible, muy poco chistoso.

[34] De Lacan he leído una conferencia, "Mi enseñanza", pero me encanta la idea de ser el síntoma y del inconsciente superficial (básicamente, lo inconsciente no es el fondo o lo de bien adentro más bien es a lo que siempre estamos expuestos).

[35] En este caso pienso en la sección que le dedican Sokal y Bricmont, en "Imposturas intelectuales" acerca de Julia Kristeva y su interesante critica del tipo: si la física es tan falocéntrica y rígida ¿cuál es el motivo por el que el estudio de los fluidos es una de sus ramas más desarrolladas?; aunque he leído en Esquizosemia ("Por una estética egoísta" de Jordi Llovet) la exposición de unos conceptos Kristevianos (Geno-texto y Feno-texto) que me hicieron replantear mis prejuicios.

[36] Es una frase difundida que le dice Freud a Jung cuando están arribando a Estados Unidos, la primer vez que la escuche fue en clase con Belencita, pero creo haberla leído en el libro de Onfray acerca de Freud; googleando veo que según Roudinesco Jung nunca contó tal anécdota y fue Lacan el que mencionó haberla escuchado de Jung, posiblemente siendo una anécdota falsa (parábolas les dicen).

[37] Hay una copiosa cantidad de literatura acerca de la falibilidad de la memoria humana, la sugestión y la facilidad de crear recuerdos falsos, aunque recuerdo haber leído que Freud intento resaltarlo con el desafortunado concepto de Criptomemoria, cuya incisiva critica realiza Onfray en "El crepúsculo de un ídolo": digamos que resulta una carta abierta para plagiar de forma impúdica.

[38] Es un verso plenamente performativo, las letras en un cuaderno permanecen pero pueden ser tachadas y a su vez "desaparecer" pues ya no van en el texto aunque sigan allí.

[39] Si bien Carmona habla un poco acerca de la tradición oracular entre los griegos, Giorgio Colli hace un interesante análisis de la misma en su texto "El nacimiento de la filosofía", texto que termina por convencerme acerca de los lazos entre religión y filosofía, espiritualidad e intelecto (lo cual sólo entiendo como un mismo "espíritu" y no necesariamente como la superioridad de uno sobre otro o una igualdad plena de ambos: el cáncer no necesariamente se cura con rezos, pero debido a la naturaleza de la suposición teológica resulta imposible refutarla científicamente, motivo por el cual tiende a considerársela como irrelevante para la actividad investigación en cuestión)

[40] Sobre los ocasionalistas, las menciones más explícitas que recuerdo las he tomado de las clases sobre los padres de la iglesia y la escolástica de Ernesto, si mal no recuerdo la clase en que habla acerca de Duns Escoto tiene una explicación al respecto o en la de Pedro Abelardo; sin embargo, en su charla con Valerio Rocco "Presentación de «Realismo poscontinental» en Madrid" y en su tesis "Realismo poscontinental Ontología y epistemología para el siglo XXI", que estuve hojeando antes de que sacara el

libro homónimo, el cual en su momento me salía carísimo traer a Colombia aunque parece que ya no. Según Castro la problemática filosófica del medievo está muy desmenuzada en el resultado final, creo que allí hay una oportunidad de consulta, o en el confiable Diccionario Filosófico de Ferrater Mora.

41 Esta es evidentemente una referencia al hallazgo de cisnes negros que contradijo el reconocido silogismo de los cisnes blancos, creo que la primer vez que leí sobre ello fue en el texto "la estructura de la ciencia" de Ernest Nagel o en algún paper acerca de Popper para epistemología de las ciencias naturales y para finalizar la andanada, recuerdo que en la "Introducción a la lógica", edición 11, de Copi y Cohen se retoma esta historia cuando explican el razonamiento inductivo y probabilístico; de momento, es un tema que retoma Quintín en las clases sobre Aristóteles del curso "Espíritu Griego".

42 Creo que un texto interesante acerca de la muerte de dios es "Después de la muerte de dios" de Vattimo y Caputo, aunque evidentemente aquí retomo la idea dostoyevskiana de que "Si dios ha muerto, todo está permitido", adicionalmente, en el libro "Estudios sobre el pensamiento colombiano V.1" hay una explicación interesante sobre la muerte de dios al abordar los finales del siglo XIX e inicios del siglo XX.

43 Digamos que si dios ha muerto, entonces no habría salvación alguna, la gloria no existiría y ya no se podría rezar para "empatar" el pecado.

44 Evidentemente, aquí tomo prestados dos términos psicoanalíticos, los cuales parece que malentiendo, por lo menos el segundo: el cuerpo como el conjunto de representaciones acerca del organismo y originadas en la aculturación del individuo, o su ingreso al lenguaje, respecto al imaginario siempre había creído que lo imaginario se correspondía al M3 de Gustavo Bueno y el otro m3, de Popper y Eccles; respecto al primero el canal de la FGB ha sido mi principal fuente, debido a que desafortunadamente no he podido iniciar una lectura de "Los ensayos materialistas" aunque me encantaría debido a que deseo leer "El ego trascendental" en cuanto al segundo lo poco que sé, lo sé por el texto anteriormente mencionado de Pérez Álvarez ("El mito del…"). Básicamente, consideraba que lo imaginario era socio-antropológico, pero ya no estoy nada seguro de ello.

45 Al respecto, pienso en la distinción entre referencia y referente, que en cierta medida me recuerda la de significado-significante.

46 Esto se debe a Artaud y su defensa del teatro, que me hizo pensar en el "Curso sobre Foucault" de Deleuze y el análisis que hace del enunciado, como ese algo no reductible y comúnmente ignorado que a su vez influye en lo que expresa. También recuerdo que había comenzado "Psicoanálisis y transversalidad" pero no estoy completamente seguro del texto, creo que era "Nueva dirección al psicoanálisis" en "Introducción a la psicoterapia institucional".

47 El problema de Molyneux es un experimento mental que cita Locke en "El Ensayo sobre el entendimiento humano": si un ciego de nacimiento recupera la vista, ¿podría diferenciar una esfera de un cubo sin tocarlos?; es un tema que retoma Berkeley en "Nueva teoría sobre la visión" al demostrar que los sentidos son independientes y no podemos fundar en su sincronía la certeza de un objeto real, substancial, más bien hay una especie de *manojo de sensaciones cuantitativamente diversas* que se *amarran* en el supuesto objeto.

48 *Creo* en el objeto único pero sólo *conozco* las diversas y diferentes sensaciones que constituyen su supuesta unidad.

49 Nature vs Nurture es una contraposición que requiere matizarse y se ha matizado en los desarrollos de las disciplinas contemporáneas.

50 "Tu mente maquinea, mujer no quiero más peleas… si no le contesto se desespera" Canción de Plan B. Aprenderé a citar Reguetón en APA.

[51] Otra "referencia" psicoanalítica, aunque como tal es intuitiva: si lo otro es lo que no soy yo, lo que es extremadamente ajeno a mí, las palabras que pueda pronunciar o pensar no podrían describirlo pues ellas tienen algo que les permite ser entendidas y usadas por mí (el dilema del realismo que muestra Kant en los prólogos de la KRv ¿o en la introducción? Cuando dice: cómo podría acceder a la cosa en sí, al objeto que no puede ser objeto de experiencia [pero si de intuición]).

[52] Huang-Zu (Chuang Tzu) lo conozco como protagonista de un ensayo de Borges, el emperador que soñó ser mariposa y al despertar no sabía si era una mariposa soñando ser emperador.

[53] No, los gatos no son pardos de noche, son grises.

[54] Evidentemente, me refiero a las Moiras, diosas del hado o destino, bellamente retratadas en Hércules de Disney. El destino es muy importante en Grecia y ni siquiera los dioses podían oponerse a él, por ello existe la Hybris como pecado fundamental en los relatos griegos, sobrepasar los límites de la propia naturaleza... Esto sale de Racionero, la lectura de Chestov y no estoy seguro de si Colli aborda el tema [creo que sí, respecto a Dédalo e Ícaro], o si es algo que toca Camus en "el mito de Sísifo", el concepto de Hybris me parece muy interesante.

[55] No es la poeta del prólogo

[56] Evidentemente, "El elogio a la locura" de Erasmo de Rotterdam.

[57] Los cuerpos nunca se pertenecen como tal, a veces se "prestan" pero no pueden ser posesión de nadie.

[58] Uno puede jugar con el termino Fármaco, con la "droga" que puede ser perdición y cura; o sin estirar las metáforas, retomar la idea Platónica del Pharmakon, que Derrida se supone exploró magistralmente en el ensayo "La Farmacia de Platón".

[59] Estos son Versos Chuecos: tienen ejercicios de quiebre y están escritos para ser desenredados. Espero sacar un segundo libro con Versos enderezados, depende de si no muero de hambre.

[60] Existe un texto que desafortunadamente no añadí al libro que explica un poco mi posición sobre las metáforas geológicas o relacionadas con la tierra: substratos, ruinas, fundamentos, territorios, territorialización, arqueología... En caso de haber un texto en el índice relacionado con ello, cambie de opinión a última hora.

[61] El Antropoceno me representa a mí, como sujeto en el objeto, que también soy yo.

[62] Creo que para todo amateur en filosofía la dialéctica es sinónimo de Hegel, del autor en cuestión he leído el dolorosísimo "Prólogo a la fenomenología del espíritu" (en la edición bilingüe de Pretextos, si mal no recuerdo) y desafortunadamente no recuerdo mucho, pero tengo clavada una explicación sobre Hegel que nos dio un compañero en el semillero Gasqua: la negatividad es todo aquello que no es lo positivo y en parte lo constituye, la forma en que se sabe que algo es lo que busca, es sabiendo lo que no es. Confío que mi memoria traicione la explicación de camilo, basada en la interpretación del profesor Eduardo Gama Barbosa, quien acaba de publicar un libro sobre Hegel "La experiencia por venir"

[63] Sucede que aquí pensaba en un artículo del profesor Rubén Jaramillo "Algunas consideraciones sobre el asunto "Marx hoy"" que se encuentra en el libro "Marx vive" en especial respecto a la contraposición hombre-naturaleza que Engel va a apuntalar en la interpretación del pensamiento marxiano.

[64] Hay un texto del profesor Jaime Ramos Arenas, al cual quería aludir con estas referencias, nos lo dio como primer lectura en su curso de propedéutica "La enseñanza de la filosofía como trabajo artesanal", espero que lo publique en algún momento, es una perspectiva hermosa de la filosofía y muy adecuada respecto a la labor con que me he encontrado de esa disciplina.

[65] Todo esto se comprende "mejor" a la luz de la nota que viene a continuación

[66] Es un texto del libro homónimo que estuve releyendo, aunque lo hojee, me intereso mucho su exposición teológica de la desnudez como posterior al ropaje celestial, o para ponerlo con otras palabras sobre como la naturaleza humana viene después de la gloria divina. Ahora, los vericuetos del argumento y las referencias que tiene son múltiples y cuando menos, interesantísimas. Este libro es maravilloso y recomiendo encarecidamente la lectura del texto "¿Qué es lo contemporáneo?".

[67] Me aferro a la idea de que la teología, como toda disciplina, está amarrada a su tiempo y maneja conceptos (términos: "logoi") e ideas (conjuntos de términos: "silogismoi") que desarrolla o abandona con el paso del tiempo y las generaciones (los vocablos griegos los saco de las clases de Racionero, aunque querría apuntar que requiero una mano con un término más abarcativo que: "enunciado" o "argumento", ¿Cómo pensar desde este término X en las actividades extralingüísticas?).

[68] Supe de este texto, como de varios más en las reseñas de Fernando Castro Flórez en su canal de YouTube, me encanta su divulgación de filosofía contemporánea y me alimento mucho mientras contestaba chats de servicio al cliente (actividad que espero nunca volver a realizar).

[69] Evidentemente, no me refiero a que seamos hijos biológicos de judíos pero si considero que nuestras venas culturales son cristianas y en última instancia judías.

[70] Al respecto pienso en Papus y C.W. Leadbeater, el nazi habla sobre las practicas alimenticias argumentando que debemos comer plantas debido a que tienen la energía sin procesar y es espiritualmente más sano (Tratado elemental de la ciencia oculta), del segundo no recuerdo si leí sus defensas del vegetarianismo, sé que las hay.

[71] Las manos Derecha (mutualistas) e Izquierda (individualistas) de la historiografía ocultista.

[72] El cuerpo y lo grave se asocian en ciertas tradiciones de tufo pitagórico, o ingenuamente platónico, con aquello que debe ser eliminado en pro de la liviandad espiritual.

[73] No estoy seguro, supongo que en este caso hacía referencia a la necesidad de imaginar contrafácticos para poder planear y la retroalimentación mutua entre las zonas talámicas y las zonas corticales, entre el área pasional del cerebro y la calculadora, en el primer capítulo de "Compórtate" de Robert Sapolsky, hay una muy interesante explicación del tema.

[74] Y este es un tema que no sé si ha sido explorado, de momento tengo las críticas de Marino Pérez Álvarez a la neurofisiología del amor (consignadas en "el mito del cerebro creador"), pero estoy leyendo el texto anteriormente citado de Sapolsky que promete evitar ser reduccionista.

[75] En este punto ya había llegado al Aristóteles de Racionero, es muy fácil saber en qué punto del curso voy al revisar las referencias griegas o grecofilosóficas de estos textos.

[76] El libro de referencia fue "Fisiología de la Conducta" de Neil Carlson, cuyo capítulo sobre estructura del sistema nervioso cuenta muchas cosas geniales, aunque considero más atractivos el libro de Sapolsky o, incluso mejor, "el cerebro accidental" de David Linden.

[77] Un término que me entregaron en el voluntariado del Museo Nacional de Colombia es aprender para vomitarlo todo en un examen, sin nutrirse. Hasta ahora no había podido rastrear su fuente bibliográfica pero encuentro que es de Robert Beaugrande citado por Ken Bain (educación bulímica) en "Lo que hacen los mejores profesores"

[78] Creo que es el hipocampo

[79] Todavía no había visto el primer capítulo de Matarife, pero es un interesante sincronismo.

[80] En psicología hay una posición filosófica, no mediacional, que atribuye las primeras teorizaciones psicológicas a Aristóteles y lo hace un padre lejano del conductismo; está fundada en la interpretación

filosófica de Jacob Robert Kantor sobre la psicología aristotélica y ha sido matizada o directamente respondida por su discípulo Emilio Ribes-Iñesta, ambos son los exponentes más conocidos del interconductismo psicológico.

81 Concepto Guattari-Deleuzeano expuesto en el prólogo a "Mil mesetas", basado en la naturaleza de las plantas rizomáticas, que hasta donde entiendo no tienen un fruto como tal y son capaces de echar raíces y producir nuevos miembros sin fecundación.

82 La charla ya mencionada de "Filosofía del pórtico", en ella explican el origen del "Cuerpo sin órganos" Guattari-deleuzeano quien retoma ideas de "Para terminar con el juicio de Dios" y consigue elaborar el afamado concepto.

83 En la charla mencionan un texto, "Para acabar con la masacre del cuerpo", que explica esta idea de las funciones de los órganos y la biopolítica subyacente, lo tengo en lista de espera.

84 Leí hace muchos años una versión de "El viejo y el mar" me gusta mucho el recuerdo acerca de los pescadores que me dejó, desafortunadamente en su momento no lo goce mucho.

85 Si mal no recuerdo es precisamente en el prólogo donde expone que las esencias de las cosas son el conjunto de sus apariciones, o sus apariencias.

86 El texto en cuestión es "Sal de tu mente, entra en tu vida", un texto realmente terapéutico y personalmente muy difícil de manejar, de hecho, me he resistido un poco a volver a él, pues duele.

87 Al respecto, las únicas referencias que tengo son debidas a una exposición en el Congreso Iberoamericano de filosofía del año 2019, una charla sobre Fenomenología del horror, un tema que analiza Arendt desde el testimonio de Primo-lévi y otros "testigos" de la barbarie holocáustica.

88 Un tema del cual he leído muy poco, sé que Miranda Fricker es una de las principales desarrolladoras del concepto y normalmente lo asocio con la injusticia. en el ámbito clínico: el tratante no es tomado en cuenta debido a su carácter de tratante, sus problemas lo terminan invalidando como sujeto de dialogo… los ataques de ansiedad me acercaron a esa invalidación, la cual he aplicado muchas veces.

89 El primero (ausencia) es lo que dejas de hacer debido a experiencias displacenteras asociadas y el segundo (presencia) lo que sientes con una experiencia displacentera, la información está en el primer capítulo del libro ya mencionado.

90 En una primera lectura supuse que el ciclo en cuestión era el ciclo displacentero que se asocia con la resistencia a los fármacos y el efecto rebote de las sustancias, los cuales conozco en el capítulo sobre Psicofarmacología del libro de Carlson, al mirar el índice me doy cuenta de que no sabía sobre un capítulo de drogadicción. Algún día me leeré todo el libro. Pero lo del depresivo me hace pensar que está más relacionado con comportamientos descontextualizados y condicionamiento de segundo grado, pues en depresivos y ansiosos tiende a existir una amplia afectación debida al condicionamiento de segundo grado (además, este es el tipo de fenómenos que posibilitan la emergencia conceptual del contextualismo funcional, la explicación de los hallazgos en equivalencia de estímulos y relaciones de equivalencia), además el condicionamiento clásico parece íntimamente ligado con la ingesta de sustancias adictivas, para ello puede consultarse el libro de Carlson o el texto de Domjan "Principios de aprendizaje y conducta" que si bien dista de ser perfecto, arroja un poco de luz en medio de las sombras

91 Repetirla hasta acuñarla como adagio.

92 El proverbio me lo dijo un amigo hace muchos años, creo que luego lo leí en el texto de G. Scholem: "los labios de la Sabiduría están cerrados para los oídos de los necios"; el libro es "La Cábala y su simbolismo".

⁹³ Por si acaso, es un cuento de Borges que se encuentra en el libro homónimo, "El libro de la Arena", Borges es la putería, aunque sus personajes me aburren.

⁹⁴ Otra alusión a un cuento de Borges, no recuerdo dónde se encuentra pero es fácil de encontrar. Los autores los busco pues todavía no los he encontrado, leído.

⁹⁵ Creo no mal recordar que fue en reseña de Fernando Castro Flórez sobre "Espolones"

⁹⁶ Concepto que acuñan, o retoman, Guattari-Deleuze en su libro "¿Qué es la filosofía?". Texto que sería bueno desempolvar, mejorar y publicar (el mío, el del bifronte siempre está reimprimiéndose).

⁹⁷ No hay **una** finalidad última de las cosas, todo está abierto a nuevos usos, o eso creo, aunque no sé si un heideggeriano o un operacionalista podría hacerme tragar mis palabras.

⁹⁸ Para ser claro, muchas de las referencias al mundo griego vendrán principalmente de tres fuentes: Los cursos de Quintín Racionero Carmona (El espíritu griego), de Ernesto Castro Córdoba (Historia de la Filosofía) y "El nacimiento de la filosofía griega" de Giorgio Colli, si bien he leído papers y recibido clases en filosofía antigua, es poco probable que recuerde algunas referencias pues en este momento mis intereses lectores están girando en torno a otras épocas.

⁹⁹ David Hume hace una crítica interesante al concepto de sustancia en "el tratado de la naturaleza humana" el cual, si mal no recuerdo, se encuentra también en "la investigación sobre el entendimiento humano", argumentos que no planeo reconstruir aquí (pues no los recuerdo completamente).

¹⁰⁰ En "El tratado sobre los principios del entendimiento humano" hacia la mitad del texto hay un argumento similar al que usa Hume para destrozar la idea de sustancia, aunque uno de sus fundamentos es la critica a las ideas abstractas de Locke. Berkeley es un autor muy interesante, "Nueva teoría…" resulta difícil y fascinante.

¹⁰¹ Hace mucho tiempo hojee un libro de Gershom Scholem, "La cábala y su simbolismo", en este libro se explica algunos conceptos fundamentales (filosóficos, religiosos e históricos) para acercarse al judaísmo cabalístico y diversos "mitos cabalísticos" entre los cuales el de las almas de Israel me fascina: todos somos pedacitos de alma de los judíos que estaban presentes cuando moisés bajo del Monte Sinaí.

¹⁰² En adelante, el principal recurso en que puede pensarse cuando hable de relativismos será el Artículo de Quintín Racionero Carmona sobre Sokal, en cierta medida para Carmona el relativismo filosófico contemporáneo es una expresión del trabajo racional, una movilización hacia la duda, el perpetuo trabajo intelectual que revisa sus supuestos a la luz del conocimiento adquirido.

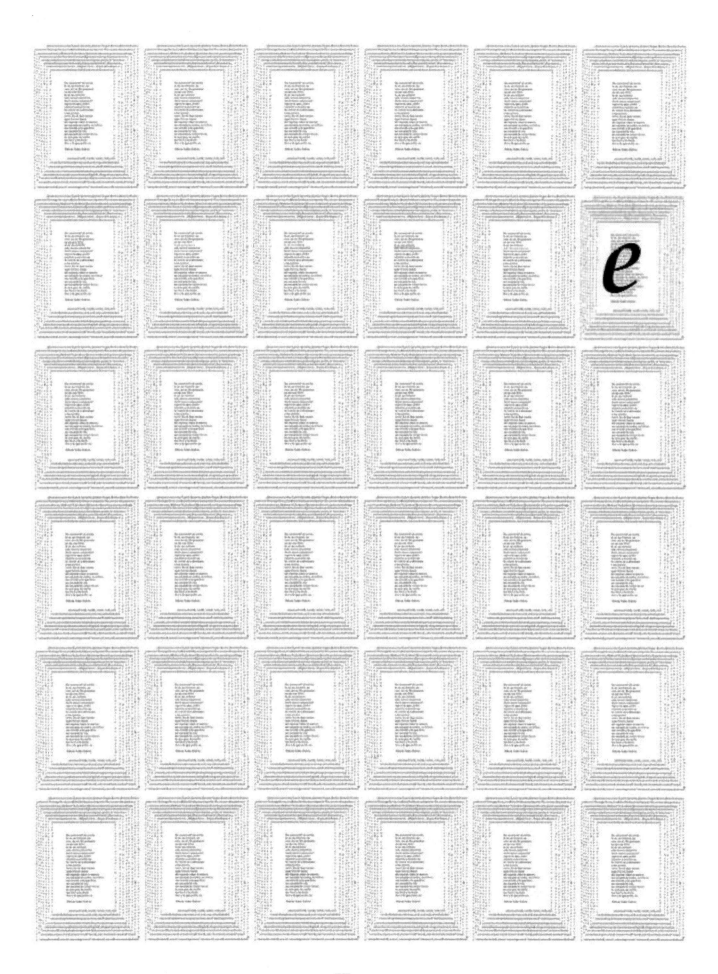

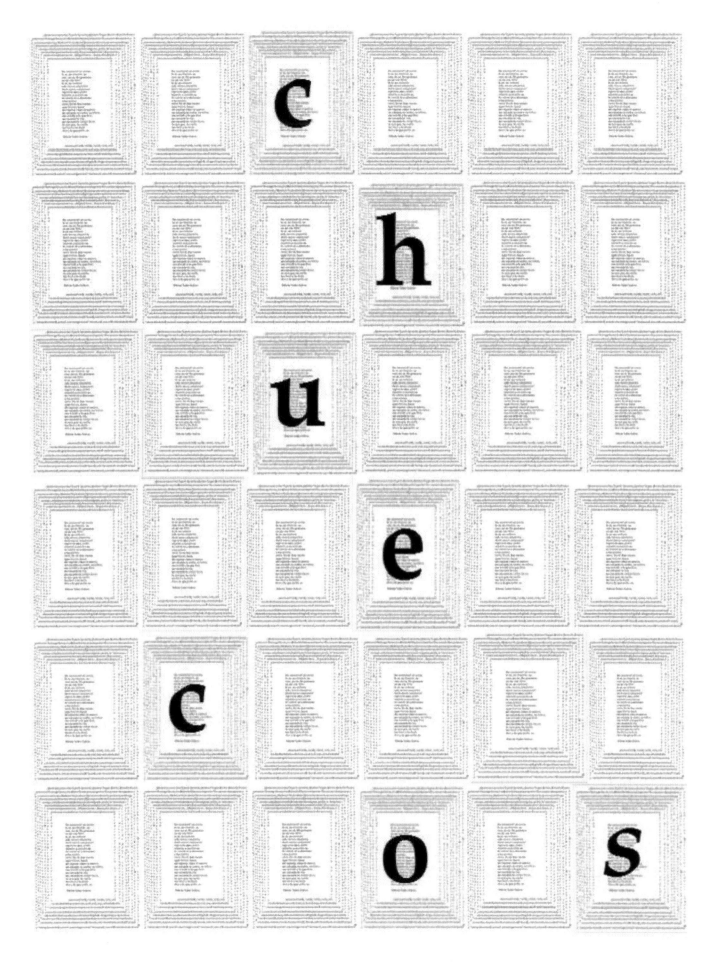

Mi verdadero amor

- EGO Derenif Yahir G.

Quiero confesar que no te conozco
hombre, no me caes bien,
no te extraño,
más bien, te conozco como
conozco a quienes veo
a diario.

Siento tu dolor cuando
te duele el mundo,
siento tu ira,
cuando de ti se apodera
el fuego irracional

(siempre).

Te entiendo,
entiendo que hayas dejado
tantas cosas a medias,
entiendo
que hayas decidido
calmarte y respirar

tras 4 infructuosos
años,
4 años que te hicieron
sentir cada vez peor[1],
más lejos de ti,
más lejos de tus ambiciones,
cada día más mudo,
cada día más sordo,
cada día más ciego.

Te entiendo,
cada minuto que pasamos juntos,
siento tu placer de noche
o de mañana.

Me encanta tu cuerpo amorfo,
tu piel y tu mente;
me deleita saber
que siempre estarás a mi
lado.

Anahata[2]

- Derenif?

La oscura noche abre su boca y bosteza,
mis alas negras siguen entumecidas,
membranas traslúcidas y heladas,
así nadie puede emprender vuelo,
yo, no.

cuyo ímpetu feroz
y celestial sabiduría[3]

(Su ardiente amor)

El fuego y la calma,
tal vez hay dioses

les deja sobrevolar
y recorrer los cielos.

La oscura noche abre su boca y bosteza:

Mi cuerpo delgado,
mi carne caliente,

mis ojos cansados,
mi mente adormilada.

No hay deseo,
qué extraño,
parece que la lujuria
nunca estuvo,
qué extraño.

Admiración ante las musas,
inhumanas bestias de cabellos negros,
inhumanas voces, en metáforas,
de frases escuetas,
inhumanos oráculos que Tzara[4] mismo pudo escribir.

El fuego y la calma,
Prometeo fue encadenado,
su estómago abierto
y sus vísceras, pegajosas y sangrientas,
alimento de las aves
pero, al final, Zeus es derrocado[5].

el siglo de las luces continuó lo
caminado[7],
sólo permanece lo que viene

(L'avenir[8]),
el *acontecimiento*, que cita Caputo,
Dios sin Dios, Dios *después* de Dios:

Los dioses deben morir,
Cristo dio el primer paso[6],

Cuando el ser perfectísimo desaparece queda su huella[9],
lo que posibilita su existencia:

esa intrincada malla,
su posibilidad;
tal vez no hay dioses,
uno se los crea.

La oscura noche abre su boca y bosteza,
mis alas negras siguen entumecidas,

tal vez, una estatuilla es un plagio a la naturaleza
y el tótem que me hice no era real,
pero puede serlo, pudo serlo,

(L'avenir)

no lo era, no lo quiso o no se sabe
pero pudo,
algunas veces los dioses quieren serlo,
algunas veces el súcubo se posa en el altar,
algunas veces los ritos tienen su propio movimiento

(Siempre).

El fuego y la calma.
El silencio,
el murmullo;
hablar con paredes,
ser visto y nunca extasiado;
mis negras alas siguen quietas,
ya no se abren,
ya no llaman la atención,
su peso desapareció ante su secamiento.

Tal vez, nunca descendí tan profundo,
aunque, en mi descenso,
mis pies tocaron tierra caliente,
que calcinó mis ambiciones,
tierra que selló mis fantasías más lóbregas[10]:

El obsceno enamoramiento con la autodestrucción,
el perverso desahucio;
el sello indica que la muerte
no va a llegar,
ya está aquí[11],
acecha
y atrapa,
como pasó con Deleuze,
como pasó con Guattari,
como pasó, con el que quiero conocer:

Bataille[12]...
digo, Barthes, Roland Barthes,
atropellado por un fantasma[13],
fue una promesa,
una luz que se apagó
como una hormiga,
como una brizna que el viento levanta,

pues vida y muerte son una sola[14],
ambas permanecen,
la ausencia y la presencia[15]
comparten cama,
estamos presentes y somos
ausencias,

múltiples ausencias que a su vez
son múltiples presencias.

Hoy no hay inciensos,
no hay sacrificios,
no hay dios,
no hay amo,

no existo,
(solo)

me pregunto:

¿Por qué no puedo volar?

y la respuesta es:

no lo necesito.

(Es compasión imbécil).

Adoquines[16]

- Derenif?

Adoquines, sueño con el sueño encerrado *sueño*
negros de una oveja parda en con
adoquines cuyas lanas el el
y engalanan las achatadas aroma sueño
silencio, colinas de un fresco de
convulso paisaje plenamente de una
silencio campesino. luces oveja,
de sueño que me derrito pálidas, soy
amarillentos en pálpitos viscosos muecos un
dientes, con colores inocentes, ruidos *gato*
de sueño que aparezco con negro,
luces a la luz de una sonrisas con
pálidas persiana atravesada rosadas, un
y por la mirada del epilépticas casco
frescos sol, en la mañana, sonrisas que
aires siento que puedo y mira
con sonreír cuando las *y*
olor imagino que muero, baldosas camina
a cuando imagino que grises, como
encierro nazco, el fetiche del adiós. adormecidas. *caracol.*

Gatos y trópicos

- Derenif?

H[17] cambiado de esfero,
el compañero de cuarentena
se desangró sobre este cuaderno,
en deliciosas letras
que juran ser recordadas,
pero caerán en el olvido
de la eternidad.

Leo y releo,

¿Cómo dejé a Sneider, Ribes
o Guattari o Deleuze
fuera de mis maestros?

¿Cómo pude ignorar de Henry Miller, sus enseñanzas?

"Hoy Boris me dijo que tiene piojos,
hemos durado 4 horas afeitándole las axilas[18]"
así comienza uno de los trópicos,
es el inicio más memorable
(la vaquita hace muuuu[19], es mejor, pero...)
o, el mejor de los comienzos
para un libro que hipnotiza.

Esos trópicos son horribles,
traumáticos,
me asquearon e hipnotizaron
cuando comencé a leerlos
(era impresionable),
los vi hacerse reales,
definieron mi persona desde la
negación.

Me definieron desde la afirmación,
desde el error, el acierto y el ser.

Los gatos son infinitamente
interesantes,
tuve una compañía, durante estos años
... amo las personalidades felinas,
yo mismo, las más de las veces,
soy un gato
con síndrome de caracol,
llevo 25 años conociéndome,
tengo memorias de 19 de ellos,
pedazos de relato que, tal vez, son 19
años.

Los trópicos y los gatos.

Los gatos no son sociales,
bueno... no son de rebaño y
no parecen constituir grupos, manadas,
no parecen dados a comunicarse[20]
(creemos que sólo las voces hablan[21]),
no parecen hacer estrategias entre ellos
(¿es fáctico que la carne no evoluciona sin voces?[22]).

Pero,
a veces los gatos abren la boca,
dicen milagros,
a veces quieren cariño
y no saben pedirlo,

a veces no saben amar,
a veces cuentan sobre cacerías,
piden comida,
la regalan a los inválidos,
a veces hablan de vagabundeos en sucios tejados,
hablan de siestas tomadas desafiando al vértigo,
a veces los gatos dicen milagros,
a veces los gatos no sabemos hablar
(no podemos decir o escuchar).

A veces es muy jodido
saber qué,
cómo o si hay que responder,
a veces es maullido,
a veces ronroneo,
a veces movimientos bruscos,
a veces es la impertinencia.

A veces son rasguños,
a veces son mordidas,
a veces las palabras
no pueden decir lo que nos pasa.

A veces resulta imposible el cariño,
la excitación es demasiada.

A veces somos gatos desarreglados,
gatos pulgosos, gatos sucios,
gatos de caras estúpidas,
gatos crueles, gatos agresivos,
gatos impositivos,
gatos impostores.

A veces son los gatos más hermosos,
gatos de cuerpos bellos,
gatos de miradas deliciosas,
gatos cariñosos,
gatos hogareños,
gatos compasivos,
gatos muy valientes.

He visto varios gatos,
he conocido algunos
y creo que, sinceramente,
el gato que se aleja,
el que me está dejando,
ese que vuelve a su "tierra",
que vuelve a su mundo,
ese gato es uno que extrañaré mucho,
muchísimo,
pero es natural;
más gatos habemos[23] en los tejados
dispuestos para ladrar.

La impostura del que se expone

- EGO Derenif Yahir G.

Versificación[24], cigarros,
malentendidos y
autoestima...

Sentirse eternamente inentendido,
incomprensible,
tiene huellas profundas en
el alma: los erizos[25].

Uno se comporta huidizo,
inseguro y
nihilista.

¿Qué es versificar?

Es poesía barata,
es hacer verso y rima
de algo que no ha sido
logrado
y es,
básicamente, dar una
moneda de cuero
pintándola color oro.

¿Yo versifico?

¿Quién no?

¿Puede alguien asegurar
que algún texto,
cualquiera,
es logrado?

¿Acaso no se comprobó
que ningún sistema

(axiomático)

es completo y
autocontenido[26]?

Es que

¿acaso nuestros versos,
nuestros textos,

pueden escapar a sus límites
materiales y ser omnipotentes[27]?

Nueve de la mañana,
día frío,
se apaga el fuego
que consume
mi desesperada consciencia,
ya no hay ambición,
desaparece la necesidad por
asesinar y destrozar el ancla,
la cárcel,
que aferra y
da de comer.

9 de la mañana,
cigarro,
cara de imbécil,
poses falaces
que evidencian
su ridículo.

Dientes afilados,
cabeza suspicaz,
dientes afilados
que se hincan
en la carne
de mi espíritu:

vivisección sin
anestesia,
trocitos míos
en el quirófano.

Soez, ridículo
e imbécil
es ser único
y querer llegar
a ser
en los zapatos de
otros.

¿Qué es ser un gato?
-Derenif?

¿Qué es ser un gato?

Hay un japonés que tiene una portada, tal vez un libro, sobre eso[28].

¿Qué es ser un gato?

Escucho Superlitio
siento cierta agónica
y deliciosa nostalgia
de momentos llenos de libertad,
llenos del aire fresco de la juventud,
del veneno horroroso de la inmadurez,
del licor sagrado de la estupidez.

hermoso,
impetuoso y galante,
lujurioso de manera innata,
contorneado,
evasivo,
libre,
místico.

¿Qué es ser un gato?

¿Qué es ser un gato?

Escribir,
meditar,

Se preguntaba,
mientras recorría una deliciosa página,
mientras la eternidad del tiempo pasaba infinitamente lenta
y pensaba que, ser un gato, debe ser como ser un caracol
pero sin su caparazón,
sin cargar su casa en la espalda,
debe ser aprender a sobrevivir sin ocultarse en sí mismo,
aprender a recorrer rincones y morder o rasguñar cuando la cercanía,
incómoda cercanía, se acerca demasiado.
Qué deliciosa tinta.

¿Qué es ser un gato?

Pero el gato es hermoso y cruel,
si sus ojos de mirada interesante vieran al lento y sensualista caracol,
él todo feo, todo raro, todo lento,
todo inusual, todo baboso,
medianamente imbécil;
si lo vieran rumiando la hoja, tragando uno de aquellos no tan viejos libros,
devorándose las letras, soñando y filosofando sobre la existencia de su felino espía,
entonces, jugaría con él y con su cadáver,
pues la vida es,
como dicen los humanos, cruel[29],
le clavaría las uñas para saber qué pasa,
lo golpearía,
lo mordería y le arrancaría esa extraña piedra de la espalda.

¿Qué es ser un gato?

¿Qué es ser algo que no se es?

¿Qué es ser lo que se es?

¿Qué es ser Píndaro[30]?

Piensa eternamente[31]

- Derenif?

Substancia[32]:

¿Ousía o Hypokeimenon[33]?

¿Acaso hablamos de esa materia
informe,
de eso que es todo y nada?

Quiero leer a Zubirí
y su comprensión de la sustancia
en ambos sentidos,
la posibilidad de distinguirlos,
lo posible de
una esencia procesual,
abierta al cambio,
nunca sostenida en nada[34].

Tú, piensa eternamente en el acto
que es potencia

(si la eternidad es posible)

(la eternidad de un beso perfecto,
una sonrisa precisa,
de una herida certera),
en la potencia que
siempre es acto,
piensa eternamente que el punto final
es la apertura
de un mundo fuera
de la página.

Piensa eternamente el acto,
piensa la potencia,
ambiciona, fantasea,
deshazte en sueños
y sé consciente que,
el señor todopoderoso
te juzgará por tus
pensamientos[35]

(Nadie sabe la maldad de dios[36]).

Sin pulimiento ni casi edición[37]

- Derenif?

Sin pulimiento ni edición,
te parece?
imágenes deliciosas,
las que todavía mis dedos
han atrevido a dibujar.

cómo estás en una biblioteca?

Hay tanto por decir,
tanto por hacer,
no sé cómo hacerlo,
pensaré en libros
para evitar la ebriedad dubitativa
que provoca tu mirada
o tu cabello...

Qué clase de conejo?

Le falta al zorro desollarse
y regalarle la piel al que lo caza.

No hay gluten
para qué los labios si
los dientes pueden más?
es momento de pulir las letras que
dejo en los paréntesis de mi WhatsApp.

Hoy he sido yo quien no lo encuentra,
quien lo busca sin encontrarlo, se diluye
tímida mi hambre.

Sintonizo los canales de la pequeña
muerte[38]
en los ojos desenfocados y las bocas a
medio abrir,
no hay mejor programador que el
tembloroso beso de
un amante ardiendo,
manos que se aferran a esa

masa,
que sostienen el mundo
mientras pasan las horas en medio
de latidos
y respiraciones a medio cortar;
cuando el deseo no habita en uno,
pues no somos sus expresiones
fálicas[39],
somos un clítoris pletórico
en sus funciones meramente deleitosas,
somos un órgano gigantesco[40],
enlazado, somos más de lo que vemos
e indudablemente menos de lo que
fantaseamos (un pene incompleto[41],
stupideces!).

Para qué violencia[42]?

Por qué aterrarse ante el momento
en que las voces,
las inteligencias van olisqueando
las palabras ajenas,
la violencia me encanta,
manos en el cuello,
cosquillas que provocan temblores
y vergüenza,
marcas en el cuerpo,
poder, velocidad, enajenamiento
y experimentación, pero
si se tiene al conejo asado,

por qué no disfrutar la cacería?

Té, cerveza o silencio.
Qué leyes extrañas están en
funcionamiento.

Momento de responder 1

- EGO Derenif Yahir G.

Momento de responder,
hoy no hay sombras
ni calor,
no hay negros contrastes
ni gusanos de colores[43].

Hoy hay reguetón,
hay un día frío,
hay una cercanía
con mi anhelada vida:

Escribir, escuchar música
y mientras recibir dinero.

Estoy ligeramente desgarrado:

Entre el amor

(Filia[44])

y el desamor romántico[45].

Me bañaba y mientras
el agua fría
bajaba por mi piel,
mientras mi mirada se enfocaba
en la pared de cuadrados azules,
pensaba en lo enamorado que
estoy de la palabra amistad

(Filia[46])

y cuán cierto llega a ser
que los hombres

(hasta mi generación)

somos
homosociales y homoeróticos[47]:

Respeto, admiración,
abnegación y confianza con
nuestros amigos,
diálogo prístino y sin
dobles intenciones con
ellos mismos.

He pensado resolver
esa contradicción
abrazando la apariencia:

Confiar en y ser confidente
de quien se acerca,
intentar aprender y enamorarme
de lo valioso del que habla,
es forzado para todos
pero se siente un poco más genuino,
un poco.

El rayo doblega,
su golpe es poderoso,
certero,
es como leche bajando por un muslo,
como un cuerpo desnudo ante un
espejo de cuerpo completo.

El rayo llega y consigue
que mi admiración,
sea dada,
sin ninguna puta excusa,
a una mujer,
ninguna excusa;
quisiera ser aliade y
decir
que mi crianza no me hizo
genuinamente selectivo,
que ha sido igual de fácil acercarme
a Miller que a Lispector[48],
no es así.

Admiro muchas mujeres,
ha sido un poco más o menos difícil,
tardé mucho en leer a Clarice,
sabía de ella pero no me acercaba,
tardé mucho en aceptar que mi madre,
que mi abuela,
que mis amigas, eran tan interesantes,
tan admirables,
tardé,
entre otras cosas

por el entrecruzamiento de
niveles,
pues la resistencia
permitió mi establecimiento
en la infancia.

La historia no es
una historia de milagros,
el camino estaba hecho,
muchas y muy interesantes amigas,
unas queridas y profundas exparejas,
que me hicieron chocar con
el espejo,
que me recordaron lo bueno y
lo malo de mi "cuerpo"

(nadie sabe lo que puede un cuerpo[49]),

que me evidenciaron
los enfermizos ciclos en que
vagabundeo.

No sé cómo decirlo,
el rayo se hizo real,
su eléctrico toque
prepara mi cuerpo para inusitadas
experiencias,
nuevos vacíos,
nuevas llenuras.

Mierda, es que aterra.

Por fin, algo que aterra,
algo que desestabiliza
y ese algo no es sólo ella,
es mi situación, pues

"si no me salvo a mí,
no la salvo a ella"[50]
dice Gasset,
es así.

Aterrado, confundido, deseoso,
arrobado entre dos abismos
que me observan,
que no siempre están allí,
que me ignoran,
que yo ignoro;
dos abismos que encogen mi corazón,
que diluyen la roca de mi pecho,
dos abismos que me llenan
de vértigo,
que me encogen la piel,
que me hacen pensar:

En dónde estoy,
qué puedo hacer y
qué tan inerme estoy.

Dolor y alegría,
la muerte y el nacimiento
hacen parte del
continuo de la vida,
nada se supera,
el pasado no queda atrás[51],
los ciclos nunca se cierran,
las heridas son marcas,
de profundidad variable,
el cuerpo es un amasijo de borraduras.

Primer e infructuoso intento.

Preguntas hacia lo sagrado

- EGO Derenif Yahir G.

¿Qué es una fantasía?

La lógica de la identidad[52]

(la metafísica de la presencia[53])
intenta distinguir claramente
el mundo del no mundo,
lo real de lo falso[54],
la ficción de lo real[55],
el artificio de la naturaleza.

¿Qué es una mentira?

Uno puede mentirse,
uno puede engañarse,
olvidar que no era cierto,
uno puede hacer cierto
lo que fue falso:

Hoy Sócrates es un hombre,
mañana un cadáver[56].

¿Cuáles son los límites de lo real?

¿Cuáles los límites de la ficción?

¿Cuáles los límites de la imaginación?

¿Cuáles son los límites de la acción?

La filosofía intenta
apuntar al desvelamiento[57]:

La verdad;
la poesía apunta al revelamiento:

La inspiración,
otra verdad;

una es Aleteia,
la verdad sin rostro

(de dios),
la verdad dada por la naturaleza,
la que no se entronca
con la tradición olímpica[58],
y tal vez, medianamente,
se roza con la tradición minoica

(e irónicamente Aleteia sale en un
poema[59]).

Y pienso,
no hay nada sagrado;
una caricia es una ficción,
un beso,
un movimiento de mi cuerpo,
un movimiento de tu cuerpo;
la presencia de tu alma
ardiendo en fuego
cuando mi sombra
se acerca a tu cuello;
pienso
en los límites de lo erótico,
los límites de lo exótico.

Hasta qué punto el coqueteo
con palabras buenas,
sin putazos,
sin gonorreas,
sin comemierdas

¿Es coqueteo?

¿Hasta qué punto es engaño?

Y pienso,
no hay nada sagrado;
tu piel,
cada poro cincelado
por la invisible mano del azar;
tu cabello,
cada hilo,
cada quiebre,

cada brillo,
cada sombra;
la carne de tu cuerpo,
la luz de tus ojos apagados,
tus carnosos labios, cuya voz resuena en los renglones,
los años sin entender tus obsesiones.

Quiero sucumbir al consejo de
Alcibíades,
descabezar las estatuas[60],
atraparte con una cobija en la noche
oscura y
seducir tu socrática presencia[61]

(¿Qué habrá hecho un Boddhisatva?);
Quiero rasgar el velo del tabú
pero…

"hay un fuego dentro
que nos guía desde niños,
hay un fuego dentro
que será vuestro peor enemigo[62]"

(La M.O.D.A.),
me queda el sabor de la letra,
es hermosa.

¿Cuánto es ficción?

¿Cuánto realidad?

He rumiado que
la historia de la literatura,
la historia de la filosofía,
es "una historia llena de malentendidos",
llena de respuestas incompletas a argumentos mal leídos[63],
respuestas a sospechas,
respuestas a indicios,
a huellas[64]

(Cara palabra para Freud y Derrida),
a trazos,
y cuántos son

(como valientemente han denunciado
psicólogos, filósofos y hasta
psicoanalistas[65])

Matute;
cuántos son prejuicios,
suposiciones:

Busco unas alas,
buscas un descubrimiento,
buscas una diosa,
busco un diccionario.

(Voces inmutables).

"El abismo mira en uno,
uno mira en el abismo"[66],

ambos sonríen
saben que nunca volverá
a pasar,
ambos saben que el recuerdo
será dislocado por el tiempo,
que los colores van a derretirse,
que la noche se hará día,
ambos saben que el recuerdo,
la memoria,
es un invento.

"Estamos sentados a lomos
de un tigre dormido"[67].

¿Cuánto es plagio?

¿Cuánto casualidad?[68]

¿Cuál milagro leído
es un milagro ocurrido?[69]

No hay piel,
no hay besos,
no hay ilusión,
no hay voces,
ni confianza,
ni coquetería,
la magia del papel,
la magia de la red[70],
no hay nadie,
no hay nada,
no importa.

Y lo erótico,
lo exótico,

¿Cómo se construye sin fantasías?

¿Cómo hacer del deseo,
ese bicho que
se consume una vez realizado,
una posibilidad,
sin mentiras[71]?

Mentiras que no engañan,
sólo adormilan:

Besos que no existen,
caricias imposibles
a la luz de la torpeza.

¿Cuánto hay de memoria,
cuánto hay de ficción,
cuánto hay de ambición
cuánto hay de profecía?

Me encanta,
todo se diluye,
hay libertad,
lo sólido se
despereza en el aire[72],
me encanta saber que
eres y no eres,
no hay protagonista,
una vez termine de teclear,
una vez termine de pensar,
termine de escribir,
será para todos y para nadie[73]

será para ti
que eres imposible,
que eres mía
porque soy tuyo
y somos dios,
porque no somos,
porque no existimos.

¿Dónde queda el conejo,
cazado y casi asado,
dónde el gato,
que no es gato,
es caracol,
dónde los personajes
que no han sido nombrados:

el de pies quemados
y alas rotas[74],
el pájaro negro,
el cazador,
dónde quedan la pluma
y la hoja?

()

()

Ay,
es como cuando uno atribuye
características de forma irreflexiva,
preconsciente,
tiene esa piel,
tiene dos piernas,
tiene esos senos,
tiene esa panza,
tiene poco vello,
tiene ese pene;
es muy interesante divagar
y que las nubes pasen,
que se enreden
y desenreden
y que mi respiración
libere un poquito de mi atribulada alma.

("MUUUU, MUUUU hacía la vaquita"[75])

("Hoy Boris me dijo que tiene piojos"[76])

Momento de responder 2

- Derenif?

Momento de responder:

Espectros desconocidos,
nunca sabidas sus palabras,
de púrpuras cabellos,
su belleza en la laguna Estigia[77]

¿Y?

Soy un hombre, suspiro;
soy un ser tan furibundo,
fuego que crepita,
Aries[78] corre y corre,
salvaje,
con enardecidos ojos,
con ahínco,
con dureza,
enceguecido
y necio.

Sonrisa, ingenua, triste y alegre sonrisa

(Atontado, mierda.

Tan Lynch y yo escuchando Ozuna).

"Quiero repetir,
al oído
te quiero decir[...]79"

Sonrisa, ingenua, estúpida sonrisa.

La repetición deleuzeana[80]:

Una y otra vez
esa sonrisa es igual
y es diferente,
pues
cada mínima fibra
se disloca
un poco distinto
y hace
absolutamente distintas
una de otra,
cada mueca[81].

Cada invitación la acepto
y la precipito:

Quiero, puedo.

Quiero.

Hay un resultado muy curioso en las redes sociales:

A medida que pasa el tiempo entre conocidos disminuye el tiempo de interacción en la
red de primer contacto, se supone debido a que interactúan en espacios no digitales,
cada vez más salidas, más idas a beber y eso[82].

Nada hay sagrado, eso quisiera.

Cuerpo que desgarra mi tranquilo
sueño,
voz tan suya,
noches diluidas en extraño
e insatisfecho deseo,
afloran mañanas de tres párrafos
y mucha relectura.

Cuándo, joder.

Sonrisa,
labio agarrado por sus dientes,

gesto inconsciente
que yo mismo me conozco.

Qué ocurre, jueputa.

No quiero dejar que los textos
desaparezcan,
no hay respuesta,
no importa.

No importa,
la espera lo vale.

No importa,
la espera lo vale.

(Estoy un poco en desacuerdo con la urgencia del texto pero ya está escrito, que clame la voz en el desierto[83] mientras yo, el de carne y hueso, comprendo que el drama y la tragedia son sólo recursos, recursos necios que no comprenden de realidades, hambres, vacíos, sinsentidos y problemas personales).

Quieta,
mirando fijamente,
sabiéndose feroz,
humo entre sus labios ¿de qué?,
encantadora, suciedad...

Interesante.

Reconoce los manchones franceses,
la suciedad erótica y exótica[84].

Mocosa.

Interesante mirada,
madrugan las estrellas
y duermen temprano los árboles.

Segundo intento, incompleto, falta el zoológico[85].

Quiero callar mis sensaciones
- Derenif?

Quiero callar mis sensaciones,
crepita el fuego
y, como todo fuego,
arde,
quema.

Las sensaciones
que tengo
quiero no darlas
y sólo vivirlas
pero parte
de sentirlas
es decirlas[86].

Quiero callar mis sensaciones,
la hoja resplandece blanca,
la boca permanece muda,
silenciosas ambas. La
pluma escapa
al inerte frío,

hieren los garabatos
a la hoja, que blanca
resplandecía;
la mente permanece
en ceros
pero, creo
que, mis sensaciones
nunca callan.

Es que
hablan retortijones,
hablan calores,
hablan latidos,
hablan luces en
mi mirada,
ojos alegres,
pulmones hinchados
de felicidad

(y humo de cigarro).

Faltó la F

- Derenif?

1IL

1El conejo otea el horizonte,
nubes grises,
de smog manchados algodones,
el azul del ozono,
herido por el sol.

Otea el horizonte y
levanta sus largas orejas,
Artemisa está cerca;
siente el delicioso
y dulce aroma
de su cuerpo,
delgado,
bien formado,
aroma de frutas cítricas,
árboles negros
de hojas rizadas
y lujuriosas fresas.

I¿Y si el conejo fuera
una encarnación de Zeus[87]?

Ya sabemos las costumbres
del Todopoderoso Dios:

Devorar cuerpos
desde inusuales sexos
L(Zeus fue derrocado[88]- No importa).

AII2

Sonríe

("rictus Morbis" …
suena bien pero
la enfermedad de la sonrisa
es el "Zinismus" Sloterdijkiano[89]).

No diagnostica
el diagnóstico fallido,
aunque se escribe
lo escrito en los ojos
que lo leen[90].

A¿Y si te digo
que el sentido
de la frase fue deformar
tu aparición?

No sabía si querías
verte envuelta
en las marañas
de mis no tan enrevesados versos;
no sabía
sí sabías que mi voz
clamaba en "el desierto

(de lo real[91])".

IISuicidios celestiales:
una imagen.

¿Cuánto es mentira?

¿Cuánto fantasía?

¿Cuánto es la inercia del
verbo[92]?

Muy bien dicho:

Habla por uno y,
la revelación,
es poesía
2(es anfibología,
lo religioso,
lo espiritual
no es cosa de herpetólogos).

III3S

Gracias por el diálogo,
gracias por lo críptico,
definitivamente
III"son hermanos gemelos,
por no decir
la misma cosa[...][93]"

Hace mucho
no me siento enfermo

pero,
también muy bien dicho,
hay un perverso
3(un pervertido):

el nihilismo optimista,
esas ansias por morder,
por desnudar,
por sospechar,
el malhumor,
la polimatía,
el afán por polemizar,
el encantamiento
ante tus golpes,
certeros como flechas
y
deliciosos

¿Cómo buses?

Una constelación, eres,
de colores iridiscentes,
adormecidos en la sombra etérea
del plumaje tornasolado,
todo ello no necesita
de autopsia,
de análisis
S(¿aunque quisiera desbaratarte?)

no necesita un desvelamiento,
eres revelación[94],
el azar pulsó unas cuerdas,
aparecemos,
me satisface,
tal vez, el azar es L'avenir[95].

EDLAYS

Siempre busca el ateo{E}
sus dioses,
los busca para asesinarlos,
su destino es acabar
con el incorpóreo[96] mundo
que devora al suyo;
en qué medida
es también tarea
del altivo ateo

reconstruir el cielo,
poner altares vacíos,
abrir los ojos
y ver que todo es divino,
"Dios o la Naturaleza"[97].

Hay mil cosas que esta lengua[98]
no atrapa:

A mí, sus besos, las R's,
el codo, el contradictorio todo,
el inglés;
hay algo que la lengua
y las palabras ni pueden trazar,
dibujar o destazar{D}:

piel de la carne, fértiles dendritas,
(L)voz llena de silencio y garabatos

(nunca muda, suponer me atrevo),
ojos de piedra ni ojos adormecidos,
versos sin comas ni puntos,
creaciones,
baches de profecía

(Koan[99]),
árboles de raíces negras y hojas rizadas

(hermosas).

El enigma no tiene que
ser develado
pues, aún sin develar,
puede ser conocido

(y que la buena biblia
nos enseñe a "conocer"[100]).

Hoy es viernes, no hay rezo,
(A)la diosa puede consultar
si esta voz
suena a té, a cerveza
ó a silencio.
Yo no sé dónde se encuentre
aquello que no encuentra,
sé dónde puedo buscar:

en la ciencia (Scientia),
en el placer ("Libido", Hedoné),

le invito a pecar,
le invito a saber,
a revivir el pecado
del mucho aprender (libido
sciendi[101]){Y},
(S)algunas hojas quedan.

Hay dioses
pues
"en todo hay divinidad"[102]

(Heráclito).

Roberto, negro precioso[103]
-EGO Derenif Yahir G.

Hace unos años tuve un nuevo sueño,
peleado con las letras y
con miras a una vida de académico

¿Por qué no aprender a pintar?

El primer cuadro que pensé,
la primera imagen que imaginé:

Mi padre,
ese negro desconocido,
dientes blancos,
enano domador de violentos rifles,
cabo del glorioso ejército,
víctima devorada por las garras
de nuestra deliciosa barbarie.

Convoy licuado con balas,
emboscada guerrillera
en la lucha por la
libertad, de un sistema opresor
en que
el terrateniente culea
mientras el hijo
de una familia negra,
el padre de un niño especial
y también padre de otro,

un hijo bastardo,
tiene que recibir los mordiscos
del plomo
para llevar alimento a su casa.

Negro hijueputa, no te conocí,
ni a ti, ni a tu familia,
fue una vida relativamente triste
con la falta, impuesta,
de una figura
cuya ausencia nunca comprendí.

Negro hijueputa,
no me diste los dientes,
no me diste el ritmo,
ni el color
ni el pene,
me diste un pasado interesante,
un padre bandido que mentía
para follar

(Un típico soldado:

fuerte, valiente/estúpido,
machista).

Maricón, me regalaste una madre adolorida,
traumada por la violencia,
por el desamor y el orgullo herido,
una madre llena de culpa,
con una espina en el pecho por abandonar
la posibilidad de "una familia sana",
me diste una familia desconocida

a la cual,
algún día conoceré.

Negro precioso:

hiciste estupideces,
fuiste gallardo, salvaste vidas

(¿Y si era tan pro, porqué se murió?),
te desconozco,
eres una sombra,
tal como dicen que lo fuiste vivo.

Estando muerto eres una sombra
y creo que puedo comprenderte,
tal vez,
en nuestra sangre corre un hambre atroz,
un hambre que la deficiente educación
erótica y sexual
nunca nos enseñó a sobrellevar.

Negro, Roberto, mi negro desconocido,
ojalá no hayas sufrido demasiado
siendo puré de señor cerdo.

NOTAS

[1] Los años que he pasado en la universidad han sido muy bonitos pero también han sido tristes, las instituciones desafortunadamente son instituciones; sus trabajadores o participes normalmente conservan una mentalidad de rebaño y la burocracia se convierte en el salmo de sus labios.

[2] Término sanscrito que se traduce por amor o compasión, es el término que bautiza uno de los chakras, creo que el chakra de la raíz, la conexión con el mundo. Gracias Wikipedia.

[3] Los dioses son sabios, los hombres nunca alcanzan la sabiduría.

[4] Poeta Surrealista que no he leído mucho.

[5] Entiendo que ese es el final de "Prometeo encadenado", no lo he leído y esta referencia la tengo de un libro que leí hace muchísimos años llamado "El fin del mundo como obra de arte".

[6] El establecimiento del cristianismo como paso inicial del desenvolvimiento de occidente.

[7] La muerte de dios y del rey sólo puede darse en un mundo teológico.

[8] Término derrideano que Caputo relaciona con el Acontecimiento de Deleuze (que entiendo está más relacionado con la obra de Alain Badiou, o eso me hace sospechar el curso "Badiou y el acontecimiento: Política y estética"), debe tenerse en cuenta que el libro de Vattimo y Caputo es un intento de filosofía teológica contemporánea que bebe de la teología negativa y en cierta medida se posmoderniza aceptando la muerte del dios metarrelato, definido, por una especie de proceso constante que es el germen del sentimiento y fenómeno teológico.

[9] Evidentemente, una referencia a los rastros derrideanos.

[10] El director del vuelo de la lechuza, Carlos Javier González serrano, aboga por un pesimismo vivificador y yo, antes de encontrarme con sus ideas, había leído algo parecido en "Filosofía y Extramuros" de Freddy Téllez y "Conversaciones" de Emil Cioran que a la luz de mi experiencia existencial inexplicablemente dolorosa, me llevo a concluir que efectivamente debo vivir en un pesimismo optimista, aceptar un "sentimiento trágico de la vida" por utilizar el concepto de Unamuno y hacer con él, qué libros tan interesantes y el último es simplemente hermoso, "El sentimiento trágico de la vida en los hombres y en los pueblos" casi al nivel de belleza estética que tienen "Niebla" o "Amor y pedagogía", pero mucho mas explicito en su interés filosófico.

[11] En "Curso sobre Foucault: saber" Deleuze cita una reflexión sobre la muerte que me encanta, la muerte no llega, la muerte siempre está ahí, acechando, y lo que nos aterra es que nosotros dejemos de estarlo pero ella permanezca.

[12] Al escribir este texto no habia leído historia del ojo ni habia hojeado "El erotismo", el segundo me parece mucho más recomendable que el primero, aunque el primero no me parece un mal libro, solo no llegó a mis esperanzas. La verdad sea dicha.

[13] Fue atropellado después de que murió su madre, existen especulaciones sobre un posible suicidio o un posible homicidio, información que tomo de una reseña de "El confidencial".

[14] Muerte-vida es un concepto que quiero pulir, el flujo que no necesariamente se contrapone en respuesta a ciertas ideas de Bataille en su prólogo a "El erotismo", libro que hojee y debo terminar, algún día, cuando no esté escribiendo notas para mi primer libro, las cuales son más agotadoras que el mismo libro.

[15] Comúnmente se explica que Derrida intenta demostrar la dificultad de decidir por alguno de los ejes de una aporía y es el motivo por el cual arroja conclusiones aporéticas, es algo que dicen: Darín Mcnaab en sus videos sobre Derrida("Derrida, escritura y deconstrucción" y "Jacques Derrida: texto y différance")

o Then and Now ("Understanding Derrida, Deconstruction & Of Grammatology" y "Archive Fever - Derrida, Steedman, & the Archival Turn"), incluso se encuentra un poco de esta posición en el documental "Por otra parte, Jacques Derrida".

[16] Otro Verso Chueco, que te diviertas.

[17] H(e/a): He/Ha.

[18] Del libro de Henry Miller ya mencionado "Trópico de cáncer".

[19] Del libro de James Joyce ya mencionado "Retrato de…".

[20] Como especie, hay individuos que perfectamente "abolen el azar" como dice el capitulo de Deleuze en su libro sobre Nietzsche, hay individuos que echar a la basura muchas ideas generalistas; que parecen comunicarse con sus dueños… la cosa es que no puedo aseverar que sepa mucho sobre etología felina, me encantaría recibir luces al respecto.

[21] Es consabido que muchos animales utilizan olores o movimientos para comunicarse, por ejemplo, en lo primero, las hormigas o las termitas; y en lo segundo, las abejas.

[22] Hemos asociado el tamaño de los cerebros al tamaño del circulo social en que se encuentran los sujetos, sabemos que comunidades mas grandes conllevan una mayor complejidad de relaciones sociales y consideramos que esa relación tamaño de grupo-tamaño del cerebro puede explicarnos algunas cosas de los humanos, rebuscando lecturas y luego googleando encontré que es conocida esta correlación como número de Dunbar; ya dice Unamuno que un cangrejo bien puede resolver ecuaciones cuadráticas dentro de su exoesqueleto pero no puede llorar, yo supongo que hay dos distintas ideas sobre inteligencia en cuestión.

[23] Arcaismo intencional.

[24] La versificación me produce terror, ser acusado de versificador me produce terror, por ello yo mismo me considero versificador; no es poesía, son cortes de un texto en versos… y ¿Qué impide hacerlo y que, a su vez, termine siendo poesía?

[25] Evidentemente, me refiero al conocido "dilema de los Erizos" en "Parerga y paralipómena", aunque yo lo leí en el libro "consolaciones de …" de Alain de Botton.

[26] Esto es alto vuelo epistémico, el teorema de Gödel que sólo puedo mencionar y del cual casi siempre olvido la mitad, en el texto de Racionero "La resistible…" hay una exposición sobre las consecuencias filosóficas del mismo, a la luz del desarrollo histórico de la racionalidad y creo que en el libro de "Escher, Gödel y Bach" debe haber una buena explicación, pero sólo lo he hojeado y me encanta.

[27] La materia del verso es el lenguaje y el conocimiento humano, las ideas humanas; aunque estoy pensando que puede no ser así, que la literatura no necesariamente se funda en la comunicación de sentidos, que también pueden comunicarse sensaciones, por ejemplo.

[28] El libro no lo he leído y es "Soy un gato" de Natsume Sōseki

[29] Creo que aquí pensaba en Artaud, evidentemente sería un guiño al concepto de Crueldad que explora este autor en "El teatro y…"

[30] Nietzsche estaba fascinado con la frase pindárica que según Google, se encuentra en Pítica II, v. 73: «llega a ser como aprendes a ser»; de hecho, la frase fue transformada en el subtítulo de su último libro completo "Ecce Homo", una obra maravillosa.

[31] Texto lleno de términos aristotélicos usados groseramente.

[32] Hay toda una historia de intrigas acerca de las traducciones y apropiaciones en filosofía, Aristóteles es una de las principales víctimas, podemos comenzar con la traducción del término Ousia y continuar con el uso del motor inmóvil como apropiación cristiana del autor griego.

[33]Creo recordar que habla al respecto al abordar a los padres de la iglesia, en su clase sobre Heidegger me parece que vuelve sobre el tema. Aunque, hay una referencia explícita a la sustancia y el Hypokeimenon en sus clases, existe una íngrima posibilidad de que sea en la clase sobre Aristóteles; sobre el tema Racionero Carmona se explaya muchísimo más, de hecho hace 10 clases sobre el estagirita.

[34] Referencia a una de las clases de Ernesto castro en la cual menciona la interpretación de Zubiri respecto a la sustancia, la cual creo que se encuentra en el video "¿También yo fui buenista?" o en la entrevista que realizan con Quique Badia Masoni. El primer video tiene un muy interesante debate consecuente en Radio Materialista "Radio Materialista - Debate acerca de «¿También yo fui buenista?»", muy recomendable (y largo).

[35] Una referencia a la cita del Eclesiastés 11:9-12:8, según Google. La tengo en mi memoria pero hace mucho no leo la biblia.

[36] Concepto que deseo acuñar o retomar, creo que retomar.

[37] Titulo performativo.

[38] Evidentemente es una referencia al termino francés para el orgasmo "petite mort", aunque acabo de encontrar que no nombra al orgasmo sino al post-orgasmo.

[39] Parte de una lectura falocéntrica del deseo, la cual según Lacan para multitudes es errada, ¡ya uno no puede malinterpretar a Lacan!

[40] Como bien es sabido el clítoris no es ese botón rosado oculto en el capuchón que forman los labios, es una estructura gigantesca que abarca una gran parte de la pelvis y cuyo botón es extremadamente sensible, cuya única función parece ser dar placer (el funcionalismo y la cartografía del cuerpo, cosas mencionadas en la charla de Filosofía en el pórtico, ya mencionada).

[41] La idea de que las mujeres envidian el pene, o peor aún las practicas quirúrgicas que modificarlos los cuerpos recién nacidos para acomodarse a unos estándares "médicos" que invisibilizaban la intersexualidad, Anne Fausto-Sterling hace un análisis juicioso respecto al último tema en "Cuerpos sexuados", segundo o tercer capítulo; el primer tema es probablemente una interpretación sesgada y poco caritativa de la envidia de pene freudiana.

[42] Aquí vendría bien el termino agresión, aunque creo que si existe un nexo extraño entre la sensación provocada por la violencia y la sensación provocada por el deseo, tal vez es la impulsividad que provoca.

[43] Referencia a un poema que escribí hace muchísimos años para la primer mujer con la cual tuve una relación erótico-afectiva.

[44] Aquí pensaba en el Amor, que creo que no se dice así en griego.

[45] Se que el romanticismo es considerado un grave problema de las relaciones erótico-afectivas por su imbricación con la monogamia como posesión del otro, no he leído mucho al respecto, aunque considero que puede haber romance sin exclusividad y un juego de roles sobre "posesión" que sea precisamente eso, juego de roles.

[46] La amistad, que Guattari-Deleuze, Platón y creo que Derrida colocan en el eje central de la filosofía, una relación en la cual hay un poco de antagonismo y un poco de coqueteo.

[47] La homosocialidad la define Puto Mikel en su video "los piratas y el amor en altamar", un muy interesante canal de YouTube.

[48] Clarice Lispector es asombrosa, sólo he leído un libro suyo ("Aguaviva") pero me fascino, deseo leer mucho más de su obra.

⁴⁹ Evidentemente, referencia a la trillada frase de Spinoza.

⁵⁰ La frase de Ortega y Gasset es citada completa por Ernesto Castro, con mucho entusiasmo en la charla "¿También yo fui buenista?"

⁵¹ El fenómeno del condicionamiento pavloviano me parece muy claro respecto a por lo menos una parte del dolor en los humanos, una vez se desarrolla una respuesta condicionada y se debe tratar, lo que sucede es que, en lugar de olvidarse la respuesta se aprende a responder inhibiéndola, de tal manera que ocurren ambas respuestas en simultáneo.

⁵² Es un término que retomo del texto de racionero Carmona anteriormente citado, también creo haberlo escuchado en alguna referencia a la lógica en Aristóteles pero no estoy completamente seguro, en el texto conmemorativo que realiza Oscar Sánchez vadillo "¡Es la Libertad, estúpido!", el cual he hojeado, se explican diversos conceptos e ideas de Carmona.

⁵³ Este es un flirteo con Derrida, en el texto de Ferraris se encuentra una explicación del tema y si mal no recuerdo se relaciona con la suposición de que toda ausencia es una presencia en negativo, la ausencia tiene que ser igualada de alguna forma con la presencia y no se la puede conceptualizar como lo que es, con su alteridad irreductible.

⁵⁴ Lo artificial puede ser denominado falso y la mentira puede ser denominada falsa, pero son reales; no sólo es cierto lo verdadero, o mejor, a veces es verdadero el engaño; claro que es un pensamiento de niveles, no digo que lo falso es falso y cierto, en el mismo sentido, sino que es falso en un sentido y verdadero en otro (aunque es probable que pueda entendérselo así, desafortunadamente no he llegado a ese nivel de abstracción).

⁵⁵ Entre las antinomias, la antinomia del mundo o de la naturaleza, de lo REAL, del conjunto de todas las cosas, me parece interesante: es imposible tener una experiencia del TODO, entre otros motivos debido a que nuestro conocimiento es finito; en segunda instancia puede añadirse un poco de constructivismo epistemológico y acertar que lo que denominamos real no es plenamente objetivo e independiente de todas las características del que lo conoce, pues el proceso de aculturación parece tener un amplio margen de maniobras en especial dentro de los "términos" o "conceptos" que serán lo que funda las ideas, tengo la sospecha de que el origen del concepto es la interacción y la necesidad; aunque Deleuze asevera que los conceptos filosóficos nacen de los problemas "filosóficos" (eso lo dice en el abecedario letra "I de IDEA" que puede ser visto en el canal de YouTube de Subtl) y en cierta medida si retomo la idea de que la filosofía es un saber de segundo grado, como entiendo que lo plantea la escuela del materialismo filosófico, sus problemas terminan siendo problemas universales, totales o trascendentales (es una interesante pregunta, ¿es cómo la atmosfera que cubre todo, cómo la biosfera que lo es todo o cómo la tierra que lo sostiene todo?), problemas que surgen del entrecruzamiento de las disciplinas desarrolladas en su época.

⁵⁶ Evidentemente, es un guiño al reconocido silogismo. ¿El cadáver es un hombre? El cadáver es un "cadáver de hombre" pero eso no es un hombre.

⁵⁷ Esto del desvelamiento, la "Aleteia" de Parménides, es explicado por Quintín Racionero Carmona en la sección sobre presocráticos y retomado en las clases sobre Platón, del curso anteriormente citado; además es explorado por Ernesto Castro en sus clases de Historia de la filosofía y en su curso sobre Historia de las ideas estéticas (¿o en ese curso es dónde explora a Platón, video al que remite en su clase sobre este filósofo en el primer curso indicado?).

⁵⁸ Esto se entronca directamente con las clases de Racionero, específicamente las clases 2 a la 4 de Presocráticos, en los cuales explica el contexto histórico en que se desarrolla la tradición filosófica

presocrática, el contexto político y cultural. De hecho, en cada sección del curso inicia con clases de cont4extualizacion histórica, algo que me encanta, las cuales son las más fáciles de seguir, en general.

[59] La relación entre poesía y filosofía, literatura y filosofía, es diversa: tiene callejones, avenidas y puntos muertos (Borges, Baudelaire, Houellebecq, Nietzsche, Pessoa, Camus, Cioran o Derrida, son nombres infaltables, aunque también debe recordarse que prácticamente toda la tradición filosófica hasta finales del siglo pasado estaba fundada en letras, cosa que creo es el pecado de nuestros ojos: Letrocentrismo, si no está en un libro es falso); en su momento escuche mucho la frase "la filosofía es distinta de la poesía" y la creí, ahora la dudo un poco y considero que depende de una normalización excesiva de la literatura y la cultura, una interpretación que no podría afrontar el surgimiento de filosofías multimedia debido a su perspectiva.

[60] Se dice que la muerte de Sócrates fue principalmente un botín político debido a su estrecha relación con Alcibíades, quien cometió un crimen gravísimo al descabezar las estatuas de los templos atenienses y escapo, he leído que era toda una joyita, creo que en "la defensa de Sócrates" editado por Ediciones Sígueme encontré una buena cantidad de notas relevantes.

[61] Referencias al Banquete de Platón.

[62] Canción "Hay un fuego" de la Maravillosa Orquesta Del Alcohol (La M.O.D.A.)

[63] Ernesto castro en alguna de sus clases lo asevera jocosamente, probablemente en las que dedica a los autores españoles del siglo de Oro o en la charla "¿ También yo…?", es un tema que no ha dejado inerme a casi nadie, es conocida la cita de Whitehead que dice que "La historia de la filosofía es un conjunto de notas al pie de pagina a Platón y Aristóteles", o como Darío Sztajnszrajber en alguna de sus charlas "cita" la historia de la filosofía es como una correspondencia, donde un autor le responde a otro y así, sus videos pueden ser consultados en el canal de la Facultad Libre (Rizoma).

[64] En el texto de Ferraris se muestra la importancia del rastro para Derrida, heredada de sus lecturas de Freud (la huella mnémica) y conjugada con su estudio de Husserl, lo cual será reconocido y malinterpretado en el "Nada hay fuera del texto" o la "Escritura antes de la Escritura", que Ferraris explica es su forma de retomar ideas Husserlianas acerca del sentido en el mundo: un lecho de rio fosilizado puede tener un sentido cuando alguien lo ve desde un telescopio "Allí hubo agua" y la escritura en cierta medida es esto mismo, marcas que son comprendidas por un espectador; así pude pasar la primer o segunda página de "De la Gramatología", no avance más, algún día.

[65] Uno de los principales dilemas del relativismo es la brecha que abre para la charlatanería, una mina de oro que ha provocado innumerables muertes y sufrimientos, por ello me parece muy relevante la cruzada de Ángelo Fasce, cuyas sardónicas publicaciones en La venganza de Hipatia me encantan, para concientizar acerca del grave problema de la "maguferia" y las pseudo-disciplinas.

[66] Una reconocida paráfrasis de la frase nietzscheana que hasta ahora voy a revisar donde se encuentra, según Google está en "Más allá del bien y el mal" y la cita correcta dice "Quien con monstruos lucha cuide de no convertirse a su vez en monstruo. Cuando miras largo tiempo a un abismo, también éste mira dentro de ti." Traducción de Pascual Duarte en Alianza Editorial (cada vez más quiero leer ambos libros: genealogía de la moral, que sólo he hojeado, y "Más allá…").

[67] Otra paráfrasis de Nietzsche, de su texto "Sobre verdad y mentira en sentido extramoral", un texto lleno de figuras muy interesantes aunque esta es la que más me gusta, Gracias Gama por mostrarme ese texto y dejarme entrar a sus clases.

⁶⁸ Lo de la Criptomemoria y las sospechosas similitudes entre diversos autores a lo largo de la historia del pensamiento me hacen desfallecer, de hecho actualmente estoy un poco encoñado con Colette Peignot, pues lo poco que leí de ella soy yo hablando, hace casi 80 años.

⁶⁹ Una anécdota con un texto de un poeta estadounidense, que me contó Alejandra.

⁷⁰ Puede entenderse como red o como red: internet.

⁷¹ Aquí pienso en dos cosas: el deseo como construcción y el flirteo como posible engaño, la galantería como falta de sinceridad. El deseo como construcción y rebose, extrañamente, no me llega por Guattari-Deleuze directamente sino que lo aprendí de Michel Onfray en "La fuerza de Existir"; sin embargo, aquí lo pienso a la luz de las disertaciones de Tomás Abraham en "Los Maestros del pensamiento", especialmente, "Deleuze".

⁷² Evidentemente, un guiño con la frase de Marx y el titulo de Marshall Berman, libro que quiero leerme y probablemente poner a dialogar con las ideas de Zygmunt Bauman, del cual sólo conozco opiniones que he leído en entrevistas o que vi en el programa "26 personas para salvar al mundo", lo líquido y lo sólido que se desvanece.

⁷³ Mi posición respecto a los "productos culturales" u obras artísticas es que una vez se hacen objeto, se objetivan, el autor termina siendo una nueva perspectiva pero no LA perspectiva, pues uno de los principios de hacer arte es que el otro interprete lo que se expresa, no necesariamente lo que se comunica sino lo que se expresa ("quiero decir" no es la última y privilegiada interpretación).

⁷⁴ Personaje que me interesa mucho debido a que me acompaña desde hace al menos 7 años, o algo así, el ángel de alas rotas y pies quemados que anda en calles doradas, llenas de colores, felicidad y aburrimiento, el abismo en medio de la fiesta.

⁷⁵ El libro de Joyce del artista adolescente.

⁷⁶ El libro de Henry Miller, "Trópico de..." que marcó mi adolescencia.

⁷⁷ Laguna de la mitología griega que separaba el mundo de los muertos y el de los vivos, yo pensaba que era un lago pero resulta que no, es un rio, que no sé dónde termina llegando y es hermano de otros cuatro ríos infernales, con nombres supremamente entusiastas: el Leteo (olvido), Flegeonte (fuego), Aqueronte(aflicción) y Cocito (lamentaciones); Estigia (odio). Gracias Wikipedia.

⁷⁸ Era una cabrita con el pellejo y las lanas de oro.

⁷⁹ Canción "Quiero repetir" de Ozuna y J Balvin.

⁸⁰ Sólo he hojeado parte de "Diferencia y Repetición" y las bases que tengo acerca de la repetición Deleuzeana las retomo de lo que he hojeado en "¿Qué es la filosofía?" y la interpretación Deleuzeana del eterno retorno de lo mismo en "Nietzsche y la filosofía", esta alimentada por alguna lectura que no estoy seguro donde la obtuve, sospecho debió ser en Then and Now, una charla de Tomás Abraham, alguna referencia en curso sobre Foucault o en últimas algunas palabras de Ernesto Castro respecto a la repetición deleuziana. Entre más lo pienso más nombres me llegan, por ejemplo, Cuck Philosophy o Philosophy Tube o Contrapoints, aunque algo me dice que fue una charla en YouTube, parecida a la charla de Manuel Delanda "Teoría y práctica de la catástrofe" o la entrevista entre Miguel Barceló y Ernesto Castro, o fue una conversación con el profesor Eugenio Andrade, no sé, creo que este recurso puede ser "Introduction to Deleuze: Difference and Repetition" de Then and Now.

⁸¹ Mientras escribo la nota anterior noto que no hallo una verdadera diferencia entre la Diferencia deleuziana y la Diferencia Derrideana, es debido a que no los he estudiado y los he leído poco, además me llega un atisbo de claridad, es probable que la explicación sobre la Diferencia la haya sacado del libro de Caputo y Agamben ya mencionado.

⁸² Eran estadísticas pre-pandemia y no recuerdo el nombre del estudio, desafortunadamente fue un artículo que leí de momento y no guarde, probablemente fueran resultados citados en alguna columna del New York Times.

⁸³ Evidentemente, referencia a Juan el Bautista y los profetas hebreos en general, creo que los hombres del desierto fueron relativamente comunes en cierto momento de la historia judía, no recuerdo si el dato aparece en Tratado de Ateología o en el Cristianismo Hedonista de Michel Onfray.

⁸⁴ Me pareció muy interesante que haya leído a Bataille, su bagaje literario es fascinante.

⁸⁵ (Bestiario)

⁸⁶ En este momento pienso en el condicionamiento de segundo grado que Skinner considera parte fundamental de la subjetivación humana, pero creo que en su momento pensaba más en las teorías "narratológicas" de la personalidad y algunas ideas que tuvo Jerome Brunner hacia el final de su carrera con el tema de la dación de sentido y los relatos; Brunner es un autor que debo leer con juicio igual o más del juicio con el que debo leer a Skinner, Freud y Kantor.

⁸⁷ Es bien conocido el prontuario violador del rey del Olimpo, cuyas artimañas normalmente se relacionan con transformarse en animal para secuestrar o violar a sus víctimas.

⁸⁸ Lo del final del Prometeo encadenado.

⁸⁹ Peter Sloterdijk en "Critica de la razón cínica" acuña la distinción Zinismus/Kinismus para etiquetar con la primera al cínico del siglo XX, un sujeto anodino y vencido, la segunda refiere al cínico griego, con su parresia y su ferocidad filosófica y física, es un libro muy interesante en lo que he podido hojearlo, el análisis que hace sobre el "decaimiento" de occidente, da muchas luces.

⁹⁰ Cosas de la interpretación y el papel activo del lector como dador de sentido.

⁹¹ Evidentemente, es un guiño a la frase de Baudrillard, desafortunadamente no he leído ni hojeado a Baudrillard y, de momento, sólo me gusta la imagen; la usan de manera repetida Ernesto y Fernando Castro, del último pueden verse la reseña al libro "la sociedad del rendimiento" de Sebastián Friedrich (en caso de no ser esa es en la de "Artificial Hells" de Claire Bishop, o en la de "French Theory" de François Cusset) o los videos de Cuck Philosophy, "A Posmodernism FAQ" y "What did Baudrillard think about The Matrix?", y el video de Then & Now "An Introduction to Baudrillard".

⁹² No siempre las cosas significan algo más, a veces "un cigarrillo es simplemente un cigarrillo" (dice el meme de Freud) y a veces una palabra y no otra debido a que se siente mejor, suena mejor o se ve mejor.

⁹³ Cita del libro de Unamuno anteriormente mencionado "Del sentimiento...".

⁹⁴ La contraposición entre saber y creencia, la revelación no es desvelamiento, la filosofía es un ejercicio pero la profecía es algo que llega de súbito, creo que esto lo tomo de Colli y Scholem, aunque en parte aprendí mucho sobre el cristianismo y la religión durante parte de mi infancia.

⁹⁵ Pensaba en el capitulo sobre la "Tirada de dados que abole al azar" en "Nietzsche y la filosofía"

⁹⁶ Teos, según explica Racionero Carmona al referirse a la teología en Aristóteles, no era un termino exclusivamente religioso, de hecho, es un termino secular que se refiere a todo aquello que no seria físico, por ejemplo, el tiempo o el fin (telos), los conceptos, las leyes físicas.

⁹⁷ Es un término de Spinoza que nombra la imposibilidad de mantener un dios separado de su creación.

⁹⁸ De aquí hacia abajo hay un doble uso del término "lengua"

⁹⁹ Paradojas o parábolas del Zen budista de tradición Rinzai, al respecto hay un texto muy interesante llamado "El libro completo del Zen" de Wong Kiew Kit, que si mal no recuerdo fue el libro que leí prestado de la Biblioteca Virgilio barco.

¹⁰⁰ Evidentemente, juego con el sentido bíblico de conocer como follar.

¹⁰¹ Siempre me ha gustado este pecado, alguna vez escuche en un documental de History Channel, si mal no recuerdo, que junto a la tristeza fue un pecado abolido por la iglesia católica; era considerado pecado debido a que los monjes del medioevo dejaban de cumplir sus deberes por aprender, cosa que me ocurre mucho.

¹⁰² Es una frase oscura, del oscuro [Heráclito], que también puede traducirse con en "la cocina hay dioses".

¹⁰³ Este es un texto que escribí con profundo amor y dolor (maricofobia y racismo, dice la nota con que lo acompañé, en su momento), una expresión muy íntima, aún más teniendo en cuenta que no me autopercibo como víctima del conflicto y a duras penas considero a mi difunto padre padre. Esa palabra es como una etiqueta dada a cierto fantasma que solamente estuvo presente como una marca en la profundamente vapuleada alma de mi madre y… en cierta medida como "ausencia presente" en mi vida: como un motivo de pena para los ajenos, como un motivo de vergüenza para ciertas personas. Resulta muy irónico que en este país de bastardos se sintiera tan feo ser hijo único o peor aún ser hijo de madre soltera.

Creo que el quiebre con mi madre se dio motivado por ese Otro que me pedía saber y conocer a mis progenitores. Ahora, al pensarlo, teniendo en cuenta lo poco que sé sobre la critica al familiarismo, me siento profundamente arrepentido de ciertas palabras pues mi madre, si bien actuó como un fantasma en mi crianza temprana, hizo cuánto pudo con lo que tuvo y consiguió, mi madre es simplemente admirable por sus grandísimos fallos y sus grandísimos aciertos, tal vez por ello yo soy tan relativamente sosegado y a la vez, tan relativamente impetuoso; además intento darme las herramientas a su alcance y no dejarme completamente solo: mi abuela fue una madre interesante, sigue siéndolo. (Pfff…Cuánto quisiera amar… y dar lo que desean a aquellas que me dieron tanto… claro está, ignorando los consabidos argumentos nihilistas y antinatalistas que Cioran resume tan bien [con los cuales dramáticamente me identificaba a los 5, a los 15 y a los 18; y que ahora considero una cruel y objetiva realidad, sin dramas] al calificar al dar vida como el peor pecado que uno puede cometer, al sacar a un ser de la tranquilidad de la nada para meterlo en el sufrimiento de ser).

Algo más de siete páginas
- Derenif?

Algo más de
siete páginas restan,
algo más de
unos días restan,
unas semanas,
algo más de
unos años faltan,
algo más de
unos libros faltan,
algo más de
de unos vídeos restan,
algo más de
de unas clases restan,
algo más de
unas conferencias faltan.

Restan pocas páginas

(¿Por qué no suman[1]?)

para intentar acallarme,
como los escraches
acallan al acosador,
como las multitudes
acallan al presidente,
como los rifles
acallan al pensamiento
cuando escupen
sus balas frías
y son seguidos
por pesadas botas
llenas de miseria,
desolación y muerte,
Benjamin se suicidó
perseguido
por las SS[2],
sólo se logra pensar
cuando la pistola
no posa sus labios
en tu frente.

Algo más de
siete páginas
y quiero un cigarro,
mis cigarros
cayeron enfermos,
manchas marrones
y sabor asqueroso

(O soy yo el
doliente),
fumé unos cuantos,
definitivamente
mi descuido
no es un acto
fallido,
es como
una confirmación
de la falla.

Páginas que se
desarman,
páginas que esperan
ser tatuadas,
páginas que me
arrancan de mis
ideas
y me introducen
en el desvarío
de sus renglones...

Eliza, compañera,
amiga,
intenté escribirte,
a ti y a "mi" filósofa
pero, pues,
no salió,
sumercé

Adiós cacería

-EGO Derenif Yahir G.

No hay palabras,
no hay silencios,

¿Qué más da?

El conejo es
muy grotesco,
los cazadores
saben que la
industria flaquea,
que resulta mejor
talar árboles,
que resulta mejor
hacer medicinas.

Pasan los siglos,
los pasos divinos
ya no se posan
en el camino;
los siglos pasan
y no hay razones
para rendir
homenajes.

Nadie pregunta

¿Qué fue del conejo?

Nadie sabe
quién fue ese conejo,

¿Las patas a dónde
lo llevaron?

y otear el horizonte

¿A dónde lo
llevó?

Esperanza,
la palabra que Sartre
puso en su último
título[3]. Me identifico
con la descripción que

Abraham hace
de él, de Sartre:

"No quiero ser
un amargado. No
me gusta el mundo...

pero, creo en la
fraternidad" y yo
también,
y creo en la maldad
divina,
en la crueldad[4] del mundo,
en el azar que devora,
como óxido,
cada esencia,
cada pureza,
cada infinito,
ese azar que diluye las
ideas.

No hay palabras,
no hay silencio.

()
()
()
Espacios sin llenar,
oídos sin abrir,
palabras sin pensar,
sin decir,
sin ser,
()
()
()

Hojas sin pasar,
escritos,
más escritos,
menos.

El resorte
sigue funcionando,
lástima,

el resorte
debería ser yo:

No hay autoreforzamiento[5],
la contingencia

¿Cómo cometer un asesinato?
- Derenif?

¿Cómo cometer un asesinato?

Tus anteojos,
tu cabello ondulado
y largo,
tu misteriosa y apagada
mirada,
que algunas mujeres
dicen admirar,
tu zarrapastroso vestuario,
tu gusto indigente para vestir
y tu enajenada existencia,
llena de sueños despierto y
planes incompletos,
el ciclo macabro
de la precarización
cognitivo-proletarizada[7],
esa que devora el alma
más que los clásicos
latigazos y los íngrimos
sueldos que te dejan
sin almuerzo, desayuno o cena,
que te endeudaban de por vida[8].

Necesito saber cómo llegar al límite,
yo, suicida jubilado con ojos
de sospecha y alegría inmensa,
soy un desordenado imbécil,
hambriento
por poder

es muy poderosa
sí implica el
sistema libidinal[6].

(poder ser), demente con oscuras
intenciones que no reprueba lo réprobo
y
sonríe ante los sensatos

(salvajes)

envites
de la cristianización[9]...

Quiero matarte, querido.

Dice Píndaro, o eso dicen que dijo[10],
que uno llega a ser lo que es,
yo creo que sólo podemos ser
lo que somos, si nos matamos,
si llegamos a nuestro limite[11],
el límite de ambos,
querido. Sonrío,
imagino que destrozamos
esta jaula de cristal

(de plástico
dice alguna filosofa de hoy[12]),
esta jaula de cristal
que es tu cuerpo encadenado,
doblegado y domesticado,
ven, matémonos,
eliminemos la imperiosa,
impertinente,
necesidad de no morir
por hambre.

Animales hambrientos devorando

- Derenif?

El poder seminal
de mi padre,
esa fija puntería
que deja bastardos,
parece que la heredé
en fertilidad creativa.

Páginas que faltan
por llenar,
fuego de negras tintas
que necesito esparcir;

¿Cómo solucionar la vida?

¿Cómo hacer de uno lo que
uno es?

No lo sé,
nadie puede aceptar
seriamente
las promesas del
capitalismo (ni del liberal)[13].

Siento una colonia
de animales hambrientos, devorando
entre mi piel, he muerto[14].

¿Cómo cometer un asesinato?

No cometiéndolo,
nadie sabe la maldad de dios[15]
y esa maldad es la que mueve al
mundo,
el hermoso concepto de crueldad
artaudiano, el cual yo casi igualaría
al absurdo de Camus.

Lo cruel, la Crueldad[16]:

La vida que a pesar de las heridas
y de su finitud, sigue siendo vida,
se mueve,
actúa.

He muerto,
siento como se descompone
el alma, trozos que se derriten
bajo el sol
y después de los cuales
van elevándose las moscas,
las flores y el pasto.

¡Oh, una carroña,
eso fui!

¿Cómo es sucio? [17]

- Derenif?

Dislocada reescritura.

¿Cómo es sucio?

La lengua enlodada
en el sabor de un beso,
la nariz ahogada
con el sudor y
el transparente sabor
de un sexo;
el botón de un clítoris
(la golosina de los labios)
lenta o frenéticamente
estimulado;
es una boca delirando
en el sabor vertiginoso
de unos rojos labios,
palpitantes,
encendidos.

¿Cuán sucio?

Es un seno
amarrado entre unos
dedos,
una sinfonía
de quejidos
a ambas manos,
a tres, a cuatro;
salvajes movimientos,
húmedas repeticiones,
dedos entran,
dedos salen,
resbalan presurosos
mientras
acarician lo
interno de un monte

(venusiano),
la carne suave
que se irrita en sensaciones
de cosquillas fragmentarias.

¿Lo posible es poco sucio?

Si el sudor y aroma ajenos
embarran ambos cuerpos, o más,
hay suciedad.

Si los corazones desbocados,
en su carrera acelerada,
se derriten presurosos,
en temblores,
bruscos movimientos
y manchones de tela,
hay suciedad.

Ambos sucios si las bocas
sólo piensan
en el sabor ajeno,
el efluvio del tibio aliento,
lleno de hambre;
si las bocas sólo piensan
en palpar otra lengua:
babosa, suave e intrusiva

(inteligente y certera);
si las bocas sólo piensan
en los duros dientes blancos,
en su impertérrita e insensible
atracción,
vigías del alma ajena,
vuelta trocitos de aire
revuelto por la náusea
del apetito, lujurioso;
si sólo piensan en suaves
y gordos labios, quebrados,
desgastados en una noche.

Suciedad es
una vagina diluida
en calurosas gotas de placer,
charcos transparentes
que esperan una visita.

Suciedad es
un pene erecto,
palpitante,
rojo de fuego y sangre,

esperando escupir su semen
y aletargarse

En la cocina hay dioses[18]
- Derenif?

¿Quién puso a dios en el cielo,
para sacarlo de allí?,

¿Quién dijo dioses
metidos en el olimpo, bebé?

Dice Heráclito
que todo es divino

(en la cocina hay dioses)

y yo diría
algo parecido.

Los altares siempre están vacíos,
los demonios caminan con nosotros,
de nuestro lado,
en nuestra carne.

La revelación no viene
del trasmundo,
la metafísica no acude al cielo,

en la noche
de ese cuerpo.

al empíreo[19],
lo trascendente muere
como ontología[20].

La lujuria: Libido Sciendi.

Cuánto quisiera,
en la cabeza de artemisa
vagar como
fantasma advenedizo,
que su piel sienta
el helado toque de mis
pasos.

"Dios sive natura"[21],
algún día seré
spinozista
como Deleuze

(¿o leibnitziano?[22]).

Telemática[23]
- Derenif?

Telemática.

Cuerpos desnudos,
heridas deseosas,
carnes henchidas de
fuego,
febril tibieza
que provoca estertores
y respiraciones entrecortadas,
momentos pletóricos,
convulsos y
gimientes.

Cada historia
en su propia página,
en su propia laptop,

risas en la noche,
lo delicioso del orgasmo,
lo ridículo del deseo,
lo satisfactorio
de los coquetos dedos.

Las mordidas en los
propios labios,

(befos ensoñadores)

muecas eróticas
e inconscientes,
miradas hambrientas.

Voces, ruido, silencio.

Soledad.

¿Qué es sucio?[24]
- Derenif?

¿Qué es sucio?

Es mi lengua enlodada
en el sabor de tu beso,
mi nariz ahogada con
el transparente aroma
de tu sexo;
es el botón de tu clítoris

(la golosina de tus labios)
lenta o frenéticamente
estimulado;
es mi boca delirando
en el sabor vertiginoso
de tus rojos labios,
encendidos,
palpitantes.

¿Qué es lo sucio?

Es tu seno
apretado entre mis dedos,
la sinfonía de tus quejidos
a dos manos,
a tres,
a cuatro;
dedos adentro,
resbalando presurosos,
acariciando
la pared interna de tu
pubis.

¿Hay suciedad en lo necesario?

Estamos sucios
si nos embarramos

en el sudor
y el aroma ajeno,
si nuestros
corazones desbocados,
con su carrera acelerada,
se derriten presurosos
en temblores,
bruscos movimientos
y gemidos.

Somos sucios
si nuestras bocas
no piensan otra cosa
que el sabor ajeno;
en "palpar tu lengua" babosa,
suave e intrusiva

(inteligente),
tus duros dientes,
blancos,
nuestros labios
quebrados de tanto
desgastarse.

Suciedad es
tu vagina diluida
en calurosas gotas de placer,
charcos transparentes
que esperan una visita.

Suciedad es mi pene erecto,
palpitante,
rojo de fuego y sangre,
esperando escupir su semen
y aletargarse en la noche
de tu cuerpo.

Vuelve el abismo[25]

- EGO Derenif Yahir G.

Sombras, sólo sombras.

Hacía mucho tiempo no sentía
la deliciosa pulsión del diablo,
la verdaderamente negra sombra,
devoradora de ilusiones.

Soy un suicida jubilado,
soy una mano incapaz de cortarse sus dedos.

Las negras y vanidosas lenguas
con sus soporíferos venenos

(el corazón exudando desolación)

alguna que otra vez me visitan y las
acaricio,
negra y fría noche con demasiadas
luces.

Hola. Abre las fauces esta enorme boca,
que durante tanto tiempo estuvo a mi lado;
el desatino de moverme en cualquier dirección.

Monólogo: tango desastroso,
danza sobre espinas, sobre alambre de púas;
si las "citas" a Baudrillard[26] son inútiles
es porque la cabeza que clamaba,
esa pútrida y maloliente cabeza arrancada
de su desvariante cuerpo, con la carne tostada ,
las moscas volando, la sangre cuajada,
con las profecías acalladas,
es una cabeza devorada y
el que venía detrás es un cadáver en un palo,
el placer que nos cautiva.[27]

La noche, desierto infinito,
una casa con sus habitaciones,
ropa roída, polillas por doquier,
al lector:

No leas, no quieres saber que
donde anida el cuervo
apesta a ojos arrancados.

Los puentes siempre están rotos
e irónicamente donde sólo hay ruinas,
pedazos irreconocibles,
es por donde podemos transitar.

La inutilidad de los arquitectos[28].

Se necesita una nueva teoría del amor[29]

- Derenif?

Mathilda.   Ella.

Cosa.   Filósofa.

Abogada.

Reflexiones sobre el pandemonio de mi "corazón":

necesitamos una teoría
menos sangrienta sobre las relaciones,
una más anodina,

más calmada,   (para mí)
matizada y humana
                                                            un funesto
(racional y animal)[30].   y lujurioso adversario:

Hay unos ojos apagados,   La polémica.
son los míos;
una mirada cínica,   La excitante cacería,
una sonrisa irónica   la lucha de potencias[35],
                                                     el juego de roles,
(Ironeia y Mayéutica[31],   las derrotas escogidas,
de momento   los brazos que se tuercen,
me quedo con   las miradas sospechosas,
el ejercicio irónico,   las sonrisas,
Sócrates Rabioso[32]).   las locuras,
                                                           las burlas,
Sonrisa cínica   los momentos
                                                      en que se ignoran
(Parresía[33]).   los baches
                                                     en el relato ajeno.
Placer culposo,
la deliciosa toxicidad,   Hay otros ojos apagados,
la represión del yo.   voz inexistente
                                                     y desconocida,
Si dijo Nietzsche que   ausencia presente,
"al visitar a una "mujer"   espía que remueve hojas y ramas
uno no debe   para recordarme su ausente presencia,
olvidarse de la fusta"[34],   se agazapa,
no se equivocaba.   esperando su momento
Ya sospechaba   o
                                              comprendiendo lo que ocurre.
(ahora lo confirmo)
                                              ¿Y si el cazador con el arco,
que el delicioso   es un
sabor del mutualismo,   guardabosques perdido?
el apoyo
y la igualdad tiene

Escapismo inentendible.

Como los niños jugamos,
la deliciosa cacería,
el poder,
saberse sobre otro,
creerse sobre otro,
sentirse sobre otro...

Paranoia,
por eso "las cebras
no tienen úlcera"[36],
la ansiedad no existe,
no hay cazador
queriendo cazarte,
sólo hay una zarpa[37],
unos colmillos,
desangramiento,
muerte.

El combustible del conejo[38],
su capacidad para arder,
es fugaz;
sale de la madriguera
y permite ser cazado,
aunque,
también de un momento a otro

se convierte
en una roca.

Disfrutemos la carrera,
las fantasías,
las voces,
los silencios,
el frío de las noches
y la pandemia[39]
que imposibilita
todo acercamiento,
que posibilita
la ejecución de hechizos,
mistificaciones
y espejismos.

La miseria del "amor"

(insisto en la relevancia
de una nueva teoría
sobre el mismo,
mi candidato predilecto
es Onfray),
"la enfermedad mortal

(de la indecisión)

o el pecado"[40].

Acabando un cuaderno desordenado

- Derenif?

Hay tantas penúltimas páginas
en un cuaderno desordenado,
tantos finales posibles
en medio de los lodazales
létricos.

Sueño con vacíos en cada
página,
para llenarlos de voz,
voz que nunca habla,
voz que nunca calla,
voz vuelta milagros
paquidérmicos,
cadáveres de ideas

(Sema/Soma)[41].

Hay tantos trozos sin pintar,
cuerpo tatuado, adicto al dolor
de las agujas que colorean,
ya comprendo tu corazón.

Hay sol, quiero caminar,
quiero poco dinero, el suficiente,
quiero pocas miserias, las suficientes,
quiero volver a ser relativamente
libre,
apresado por la angustia
de las posibilidades[42],
que comer no sea el cuchillo
que secuestra mi tiempo,
mi alma, mi fuerza.

Ya no hay tantas penúltimas páginas
y necesito aprender a dislocar pensamientos,
aprender a remover estómagos y que los
retortijones deformes del concepto,
acalambren la cabeza del que lee;
que el viaje serpenteante, rápido y viscoso
se vuelva la deliciosa tortura que una afilada,
sensual y húmeda lengua, que apuñala el alma;
una lengua cuyo sabor enamora,
cuya presencia eriza,
cuyo aroma excita.

Tortura que una afilada,
sensual y húmeda lengua
aplica al alma que intenta perseguir su
lóbrego, vertiginoso y destemplado viaje.

Ojalá pueda aprender
a hacer que la paradoja
se forme como estatua de carne
o mejor que, como Pandora, coja vida
y destroce el mundo,

que ella misma
en su desnudo y delicioso cuerpo
encierre las miradas,
encierre las escuchas,
encierre los suspiros,
encierre las ideas.

Comienzo antes del fin[43]

- Derenif?

Comienzo antes del fin,
cuando acaba algo,
el mundo no
termina,
el eterno flujo
de la existencia
se mantiene entre los
trozos finitos
de la memoria,
de la cognición,
de la cultura
y de la vida.

y tranquilo sufrimiento.

mi corazón
saladas lágrimas a
memoria y trae
se desliza en mi
Algo, cuando pienso,
viajes, idas, vueltas.

huecos en el corazón,
que traen dolor y
y retoma esas imágenes
se desliza en mi memoria
algo, cuando pienso,
Comienzo antes del fin,

Comienzo antes del fin,
algo acaba cuando
se desdibuja
su presencia y ella se
mantiene impertérrita
en su ausencia,
la ilusión de lo
que era,
algo acaba cuando
se desdibuja su carne
y se mantiene su pensamiento.

y no desaparece.
rostro que cambia
flujo de un rostro,

evento dentro del
una sonrisa es un
laríngeos,
lleno de movimientos
casi infinito,
Una voz es un hálito
sobrevive.

no destroza lo que le
algo, cuando termina,
Comienzo antes del fin,
Comienzo antes del fin,
cuando algo pasa
por mis ojos y siento
el aleteo de los
colores,
el aroma de
su forma y
el latido de
su esencia,
el movimiento
epiléptico que
se mueve dentro suyo.

marca de su destino.

le desdibuja la
cuando el miedo
lo suplanta,
el espectro que
parte suya es,
sin entender que,
se aferra a la existencia,
cuando afanosamente
se remueve con histeria,
termina cuando algo
Comienzo antes del fin,

Comienzo antes del fin,
cuando algo inicia

¿Cómo se mantiene?

si algo es no
puede dejar de ser

en un sentido,
aunque sí en otros
y cuando algo no es,
no puede ser en ese
mismo sentido
y al mismo tiempo.

lapicera en mano.
ser asaltado,
expresado,
requiere ser
cuando el mundo
hacer,
cuando necesito
en mi alma;
no frente a mis ojos,

se posa en mi mirada
expresó cuando algo
Comienzo antes del fin,
Comienzo antes del fin,
inicia cuando algo
deleitosamente se
mueve en un
ejercicio de forma
que modifica el
rastro de su
contenido,
espero aprender
a manejar las
notas de una
fibra que acabo
de remover.

El conejo psicótico
- EGO Derenif Yahir G.

El conejo recorre
el camino vacío,
siente pasos,
la cacería lo
volvió psicótico.

Las sombras en el
follaje son una
flecha,
las sombras
en los matorrales
son un cazador agazapado,
su madriguera
no huele a
intrusos
pues se enfrenta
a profesionales.

El pobre conejo
no puede explicar
la abundancia
de alimento,
el pobre animal
no sabe cómo
olvidar el futuro;

el conejo no
entiende la vida,
pobre conejo.

El conejo
no sabe dónde
se encuentra
y está sometido
a la desesperada carrera
de una presa que
internalizó la cacería...

Pero, es imposible,
las presas no deberían
estresarse,
las presas son animales
perfectos,
las presas todo lo aguantan
pues son presas[44].

Hay un conejo bajo el sol
de la madrugada,
hay un bosque vacío de
malas intenciones,
hay un momento de trágica

realidad,
una hora, dos o tres,
de disueltas combinaciones
existenciales,
parece que hay lágrimas,
parece una agonía dormida

¿Hace cuánto te tengo
dentro de mis ojos?

¿Qué quieres sufrir?

Parece que sufrimos con
las heridas de la faena,
dos años de vacía carrera,
el peso se durmió
y la bestia recién despierta:
desgarrándose el pecho.

Conocer a otro. Interconductismo[45]
- EGO Derenif Yahir G.

La habitación huele a enfermedad y hace frío. pienso un poco y paso entre imágenes y más imágenes

(me desinfla su belleza y su desinterés; desafortunadamente, debe racionarse el gusto para obtener algo: lógicas de la economía[46]), mi objetivo son 100 textos y llevo 56, no he pasado unos 10 y no estoy contando el cuento

(debo hacer dos más y un artículo, a ver si algo estalla), escribí varias despedidas pero estoy aprendiendo a dejar los dramas, alimentar la comunicación.

¿Uno cómo conoce algo y cómo conoce a alguien?

Ribes habla del tacto/contacto[47], creo que, efectivamente él y Kantor están en lo correcto

(interconductismo, mi amor truncado), es en la interacción que uno y otro van aprehendiéndose y construyéndose

(objeto/organismo[48]), que sólo es posible conocerse a la luz de la eterna apertura

(la desgarradura cioranesca[49]), del intercambio en, cerca y más allá del cripticismo; también creo que no es la única manera, aunque me atrevería a decir que es la más relevante y la más frecuente:

el contacto interpersonal o la interacción

(debo aceptar que las terceras zonas de desarrollo[50], los prejuicios, las habladurías, los atajos interpretativos y las lecturas de la intimidad ajena también influyen[51]).

En esta medida parte de las propiedades de un objeto

(que bien puede ser otro organismo)

dependen de las respuestas que el otro tiene a él. Dentro de estas respuestas, la indignación es una parte o un mecanismo del conocimiento del otro

(uno conoce con la propia indignación y desde la indignación ajena[52])

y así, como pasa con la indignación, ocurre con la perversión, con el cariño, con la esperanza, la alegría o la irritación; uno conoce con los miedos, los dolores y las cagadas.

Ahora, en este proceso interactivo hay otro nivel de análisis

(mal bosquejado)

que quiero tener en cuenta, pero no sé nombrar, el cual está compuesto por la intensidad, la duración y la repetición, en este nivel me parece que intensidad y repetición son independientes y suficientes para formar y deformar vínculos, aunque, no estoy seguro de la duración, la cual podría ser un tercer nivel... pero, estoy patinando en hielo:

qué tan intenso es, cuántas veces ocurre y durante cuánto tiempo se está expuesto

(¿A qué? Necesito aclarármelo).

En cuanto al problema del conocimiento mutuo

(esa extraña idea de la historia del estímulo paralela a la historia del organismo[53])

apostaría la mayor parte de mi dinero a que una interacción prolongada vincula mejor a dos objetos, por lo menos, he aprendido que la intensidad conlleva consecuencias imprevistas, que nublan la posibilidad de exponerse a una mayor cantidad de propiedades de lo otro:

La admiración o el tedio intensos enceguecen; la ira, la incomprensión o el miedo intensos, enceguecen

(es uno de los motivos por los cuales prefiero mantener las despedidas para despedirme o para que se vuelvan mito).

Cuando quieres conocer algo o a alguien debes trabajar, poner tiempo y energía en interactuar con ello

(teniendo en cuenta que ambos van cambiando. Aunque, la historia del estímulo permanece siendo una incógnita cabalística para mí, al hablar de objetos).

Uno no puede esperar que haya un paper, de 7 páginas, que revele la luz del mundo y le ahorre los laberintos, los equívocos y los derroteros, los retruécanos y claroscuros de esa mirada infinitamente interesante.

NOTAS

[1] Evidentemente, qué hace que las páginas resten para acabarse y no sume para acabarse el texto.

[2] Creo que no fue por las SS como tal sino por la inteligencia alemana, además me parece que no estaba tan perseguido y más bien estaba desesperado. Wolfram Eilenberger hace un interesante perfil de Benjamin, y otros 4 autores "alemanes" antes de la segunda guerra en su libro "Tiempo de magos", recomendadísimo, gracias al cual me parece que Walter era una persona muy buena tomando malas decisiones y teniendo mala suerte.

[3] El título del texto es "La esperanza ahora", el dato lo da Tomás Abraham en su clase sobre Sartre del ciclo anteriormente mencionado "Grandes maestros…"; muchas de las cosas que digo acerca de Sartre se basan en lo que cuenta Abraham y lo poco que he leído de él ("El muro" del cual me encanta la infancia de un jefe, "La náusea" que no me gusta mucho, "La trascendencia del Ego" que no entendí y no se diga nada de las primeras 70 páginas de "el ser y la nada", que repetí como tres veces de forma infructuosa) .

[4] Efectivamente, Artaud.

[5] El reforzamiento es el aumento de la probabilidad de ocurrencia de una respuesta, normalmente se logra cuando a una respuesta la sigue un tipo especifico de consecuencia que el organismo manejado "prefiera", el autoreforzamiento seria la posibilidad de reforzarse a uno mismo pero parece que es inexistente, al respecto tengo información del articulo divulgativo de Fabián Maero, un psicólogo argentino muy interesante, llamado "autoreforzamiento mis polainas".

[6] Al respecto, la teoría de los sistemas de conducta de Timberlake que expone Domjan en el libro anteriormente indicado "Principios de …", creo que es la fuente principal de la cual retomo esto.

[7] Palabra difícil que había mal atribuido a "Bifo" Berardi, su concepto es "Cognitariado" y lo primero que supe sobre él fue debido a una mención en el artículo "Lo más preocupante hoy es la muerte del pensamiento crítico" y una mención de Caja negra editorial, luego leí su entrevista "¿Quién es y cómo piensa Bifo?", busque pdf´s suyos y me enteré de que fue discípulo de Guattari.

[8] Evidentemente, o no tanto, me refiero a la situación de las caucherías descrita en "La Vorágine" de José Eustasio Rivera.

[9] Al respecto, los envites de la cristianización normalmente son esos valores "seculares" que son más cristianos que el papa, los cuales critica tan bien Michel Onfray en "Ateología"

[10] Ya busque y parece que si dijo algo parecido, esta consignado en Piticas II

[11] La idea de la negatividad que mencioné cuando hablé sobre Hegel, es la base de estos versos.

[12] La filósofa en cuestión, creo que no es Wendy Brown pero no recuerdo su nombre, es una de las reseñadas por Fernando Castro Flores y después de haber revisado los videos que he visto en su canal, concluyo que lo más probable es que la referencia sea de Martha Rossler (también pienso que podría ser Perloff, pero es una posibilidad mínima)

[13] Al respecto, quisiera hacerle publicidad al curso de Ernesto Castro (y Fernando Castro, aunque su parte no está colgada en la red) "Topología (intempestiva) del pensamiento (contemporáneo)" junto a la charla "Qué es la derecha iliberal", la entrevista que hace con Iñigo Errejón y, por último, el video de Then & Now "World-Systems Theory, Dependency Theory and Global Inequality".

[14] Evidentemente, hay un cierto guiño al poema de Baudelaire "Una carroña".

[15] He buscado y parece que nadie ha usado el término (ni siquiera en inglés: "the god's evilness"), lo territorializo con este texto, entonces.

[16] Artaud.

[17] Irónicamente no lo escribo atraído sino repelido, repelido por el "erotismo" que despliega Bataille en "Historia del ojo"

[18] Lo ya dicho sobre la frase heráclitea.

[19] Entiendo que era la última capa del cielo según la física aristotélica, no tengo pruebas pero tampoco dudas. Gracias a Wikipedia aprendí que fue un invento medieval, gracias Wikipedia.

[20] Es decir, lo que se preocupa por el más allá termina devolviéndose al más acá, a definir lo que Kant denomina lo trascendental.

[21] Frase de Spinoza, esta si la he leído al menos una vez en la ética, pero para no tener dudas puedo recomendar un texto que nos asigno Jaime ramos en su sesión sobre Spinoza, "Spinoza" de Stuart Hampshire, capítulos 1 y 2.

[22] La afiliación de Deleuze es extraña, en el abecedario dice que a Leibnitz también lo lleva muy cerca suyo, aunque siempre se definió como un spinozista. Mi duda es si yo también llegaré a Leibnitz, pues todos los caminos me llevan a él.

[23] Esto si lo "pensé" (escribí) pensando en alguien.

[24] Misma situación que en "¿Cómo es sucio?"

[25] Escrito cuando sentía un montón de "vibras malas".

[26] Ya he manifestado que de Baudrillard solamente he tomado ciertos eslóganes, aunque me interesa mucho su obra, me parece muy interesante la idea de simulacro (creo que también la de espectralidad aunque sé que la fantastología es derrideana, "Hauntology") y considero central comprender la discusión posmoderna. Recomiendo tener en cuenta la reseña de Fernando castro al libro de Mark Fisher "Los fantasmas de mi vida. Escritos sobre depresión, hauntología y futuros perdidos", es remarcable que Fisher sea un autor horizontal a nuestra época debido a su labor como editor de Zero Books, editorial encargada de publicar una cantidad asombrosa de material filosófico interesantísimo y central en la configuración de una parte del ecosistema cultural contemporáneo.

[27] Mucho cristianismo en este párrafo.

[28] En cierta medida esta mención a los arquitectos viene dada por ese interés que han tenido algunos filósofos en esa disciplina y que ahora parece darse la vuelta a la luz de la ontología orientada a los objetos, aunque conocí sobre ello y el realismo especulativo con un ciclo de charlas de Ernesto Castro llamado "Lecciones de Alicante", creo que el articulo de Rodrigo Baraglia "Sobre la ontología orientada a objetos", es muy interesante.

[29] El título guiña un poco con "teoría del cuerpo enamorado" de Michel Onfray, un texto muy interesante.

[30] Está un poco en línea con las críticas al amor posesivo.

[31] Sobre la ironía, estoy seguro de que leí alguna referencia relacionada con la tesis de Søren (Aabye) Kierkegaard, no recuerdo dónde, probablemente en un libro llamado "Kierkegaard" de Peter Vardy.

[32] Téngase en cuenta que el Sócrates de Platón parece ser un Sócrates demasiado pasivo respecto al testimonio de otros autores y una de las cosas que asevera Onfray es que desde un Sócrates platónico resultan incompresibles las enseñanzas cínicas, ("Las sabidurías de la antigüedad")

[33] En "La hermenéutica del sujeto" Foucault menciona parte de la parresía cínica [decir la verdad por encima de todo], aunque entiendo que el estudio de esta lo realiza en otra obra que no conozco. Este texto de Foucault lo he hojeado pero no terminado.

[34] Frase que no sé dónde se encuentra, pero se relaciona con la foto de Paul Rée, Lou Andreas y el Bigotón.

35 Aquí recuerdo la descripción que hace Deleuze de la ontología nietzscheana como una especie de física, con unas fuerzas menores y unas mayores, unas nihilistas y otras positivas.

36 Evidentemente, un guiño al libro de Robert Sapolsky, "¿Por qué las cebras no tienen úlcera?"

37 Debido a que los animales no, necesariamente, pueden representarse contra fácticos (o eso hasta donde sé) es imposible que esperen la muerte, o retomando la reflexión Deleuzeana, es imposible que sean conscientes de la constante presencia de su posible desaparición, de su carácter finito.

38 Del conejo suicida, del que disfruta la adrenalina de la cacería.

39 El coronavirus del 2020, en caso de que sea leído en el futuro lejano.

40 Evidentemente, un guiño al título "La enfermedad mortal o de la desesperación y el pecado", que leí hace muchos años.

41 Distinción que leí en "La diferancia" de Derrida: la similitud etimologica entre Sema (letra) y Soma (cuerpo) es retomada por Platón para igualar ambos términos, de tal manera que, así como el cuerpo es la cárcel del alma, la letra es la cárcel del pensamiento.

42 Søren Kierkegaard, en la enfermedad mortal, apunta que la libertad (de posibilidades) representa el abismo frente al cual el alma bascula, para reafirmarse en la fe o caer en la desesperación debido a su relación con el "Yo para Dios"(el cual en su momento leí como superyó).

43 Otro verso chueco.

44 Lo anteriormente indicado respecto a mis suposiciones en cuanto cognición animal: entiendo que los conejos no parecen emplear contrafácticos.

45 Corriente filosófica minoritaria de la psicología no mediacional, iniciada por J. R. Kantor en cierta oposición al conductismo clásico de Watson, algunas de sus criticas y posiciones alimentaron el conductismo skinneriano y las corrientes contextuales contemporáneas, existe abundante e interesante bibliografía al respecto y remitiría a los nombres de Emilio Ribes-Iñesta, Jacob Robert Kantor o el consabido "Handbook of behaviorism", es un camino (errancia) largo que yo apenas he ojeado (y hojeado).

46 Economía entendida como la distribución de X en un número mayor de Y ("bienes escasos"); pese a que la considero como una perspectiva demasiado generalista e ingenua supongo que sirve como escalera wittgensteineana (una escalera para montarse en un techo y para ser dejada allí pues nunca se volverá a bajar por ella), útil de momento.

47 En "El estudio científico de la conducta individual", libro que estuve hojeando pero cuya pésima edición, erratas y discordancias gramaticales me obligaron a abandonar, de momento, algún día volveré.

48 Una presentación preciosa de la teoría interconductual se encuentra en "La ciencia de la psicología" de Jacob Kantor y Noel Smith, desafortunadamente su traducción al español, realizada por la Universidad de Guadalajara y editada por la University Press of the South, no la he encontrado en venta aunque su pdf se encuentra en Library Genesys. Libro que he hojeado hasta el capítulo 4.

49 Al respecto el ensayo de Abad "Antropología y Metafísica"; el libro de Cioran ("Desgarradura") lo tengo en lista de espera, aunque creo que uno puede prestar las ideas aclarando que son usos relativamente "ilegítimos" o ingenuos.

50 Se supone que es un concepto psicológico con el cual se designa los lugares en los cuales se construye la personalidad, como los cafés literarios o clubes.

51 No tengo muy claro a que refiere este último, supongo que sería leer diarios, muros de Facebook, blogs, o estar expuesto ante la intimidad del otro.

52 Estando indignado uno conoce una dimensión, viendo al otro indignado conoce otra.

[53] En el clásico gráfico que explica la idea del segmento de conducta kantoriano, se encuentra explicita la idea, que a su vez esta expuesta en el libro de "La ciencia…"

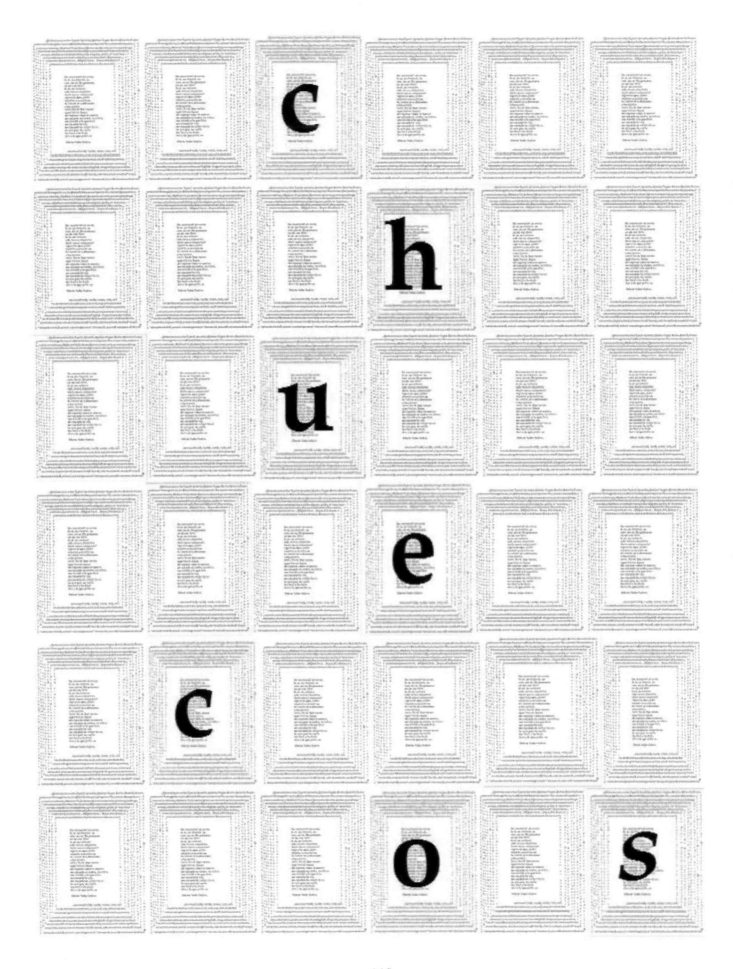

Los enemigos de la razón

- Derenif?

El desatino,
el desafío,
lo postmo,

la postmodernidad,
la trans-, la hipermodernidad[1].

Los "enemigos" de la racionalidad,
los discursos que enfermaron,
los que parasitan[2]
y destrozan
las "grandes" ideas[3]

(pienso "grande" como "el carro pequeño"[4]).

Los que desunen la unidad,
todos ellos son parte del continuo

(lo imaginario[5]).

La razón haciéndose jaque
a ella misma,
el afán por llenar los vacíos,
el afán por reconstruir
y deconstruir,
no son Otros

(con A[6]),
no son solamente el extranjero, sofista[7],
no solamente son Gorgias

haciendo estragos erísticos
en la intelligentsia de Atenas.

Ellos son parte de la razón,
que todo quiere consumirlo,
ella misma se devora,
ella misma da cuenta de sus límites,
ella intenta superarse,
es el martillo martillándose[8].

Drama-King, queen of drama

- Derenif?

(Sagan o Sapolsky[9], ambos
y ninguno)

No hay arrepentimiento
de las buenas decisiones,
no es posible
aunque uno quiera,
es decir,
no hay marcha atrás.

Cuánto quisiera.

Aprendo a controlarme
cada día,

a comprenderme
y enseñarme,
dejar la sospecha
en la reducida
ala del diagnóstico[10];
mantener la paciencia,
esa que tanto me falta,
como un amuleto que
me apacigua.

La locura de
no poder encontrarle
otro igual,

qué miseria,
asco la existencia
con el permanente agujero

(Drama:

King of Drama);
ya tengo suficiente con
la desgarradura Ontológica[11],
con estar arrojado
y dado a la muerte,
con la angustia,
la desesperación
y el pecado;
ya tengo suficiente
con la Existencia[12],
entonces llega el eterno
abandonado de las academias:

Filos[13],
lo más bello del saber es
cómo se constituye entre "iguales"

(Pero esto no es ni justo,
ni cierto:

La "filosofía" nace junto a extranjeros,
con gente sin voto, sin tierras,
sin ciudadanía[14]).

Respirar tranquilo.

Saber que ya no hay ojos
que vean esto,
saber que ya no hay voces
que hablen esto,
ya no hay neuronas que
quieran dar puntadas,
saber que ya nada se sabe,
que la vida se diluye
como el brebaje del sábado,
como la intoxicación del jueves,
como el humo de las mañanas,
como el porro en el "Sofá" de
la nacho[15],
saber que cuando termine todo
habrá afanes,
saber que el punto y coma acaba,

saber que el paréntesis tiene una
fecha de agonía,
saber que se avecina el momento
de decidir,
saber que, en definitiva,
lo que no tiene sentido,
pues puede ser mentira o
simple confusión,
saber que eso, eso
que parece absurdo,
eso es lo que hace la vida;
saber que el cielo

nunca toca las puertas del alma,
si no tiene un abismo preparado
para mirarte a los ojos[16],
saber que "se sufre
por desear".

Saber que puede discutirse
hasta el budismo[17],
pues no hay límites para
la construcción,
no hay límites;
saber que el deseo
no es hueco y falta,
sino creatividad[18],
que el placer no
es sustituto,

es esencia,
que lo aparente
y lo real son uno y ambos,
que la lógica de
la identidad[19],
la metafísica de la presencia,
las antinomias de la realidad[20],
no discurren por caminos
desolados,
que ellas son la población
del mundo
y que al final...

La confusión por un largo vuelo,
Oh, Vetusta Morla, es parte
del hogar[21].

Era un niño temeroso

- EGO Derenif Yahir G.

Haré un breve recuento[22], lo apuntalaré con alguna pequeña poesía.

Sé, por referencias secundarias[23], que hacia la mitad del siglo XIX hubo un interés exacerbado por psicologizar la lógica y hacer de todo el saber un saber remitido al sujeto cognoscente, lo cual probablemente fue impulsado por las innovaciones de Helmholtz en memoria o los intereses antropométricos de Gall y la frenología, que culminarán en la constitución de la institución psicológica de Wundt, Ramón y Cajal, Freud, Cattell, los reflexólogos rusos, Tolman y Watson. Quienes, creo yo, debieron ser influidos por la sombra que Kant y los neokantianos arrojaron en la epistemología y la institucionalidad académica (alemana e internacional).

Este impulso empujó a Husserl a realizar un prólogo, de unas 200 páginas, en contra del psicologismo y la reducción de la lógica al hombre (o eso me dijeron en clase); y es un impulso que emparento, superficialmente, con el empuje contemporáneo del cognitivismo, la economía conductual y la filosofía experimental[24]. Aspecto histórico del conocimiento que espero y deseo estudiar algún día, ya sea para corregir mis intuiciones o fortalecerlas.

Ahora, en los inicios del siglo XX, además de la resistencia en la lógica, la fenomenología o la matemática, sé que Artaud realiza un envite interesante y brillante desde la filosofía del teatro[25] (publicado, alrededor de 1930, su teatro de la crueldad), que prefigura (¿o premoniza?) el empuje estructuralista en Francia. Un movimiento apoyado en la publicación del curso de lingüística general de Ferdinand De Saussure. Básicamente el estructuralismo intentó pensar el mundo de una forma objetivista (tomado de la mano de la antropología), más allá del sujeto; aunque, supongo que la influencia del positivismo de Comte no desapareció en la academia francesa.

Creo que es necesario leer muchas cosas de historia[26].

Era un niño temeroso, sigo siéndolo,
había peleas muy fuertes entre
mi madre y mi abuela,
dos sierpes,
poderosas, sabias y salvajes,
acorraladas por la pobreza.

Era un niño temeroso,
maldecía mi nacimiento
de forma prematura,
uno que de tanto llorar
aprendió a callar,
a devorarse sus sentimientos,
acallarlos y sostenerse
como una roca impertérrita;

fui influido por DBZ,
mi suerte en

¿Quién quiere
ser millonario?,
mi imaginación.

Shaman King
y otras series

me interesaron en Buda
y el vegetarianismo.

Era un niño temeroso,
con una biblioteca reducida,
cuya principal herramienta
metodológica y formacional

fue la exégesis bíblica con
un diccionario bíblico prestado,
ilustrado y gigantesco;
después de eso,

fui un adolescente emputado
y cínico,

amarrado a un computador
con el que intenté "ponerme al día"

en mi formación,
habitante inseparable
de una biblioteca durante
al menos 7 meses.

Un mohín y unas lecturas

- Derenif?

He vuelto a ver anime, hay un mohín que dibujan
y quisiera saber expresar con onomatopeyas:

De cuando simplemente se dan
por vencidos,
cuando simplemente se dan
por vencidos,
cuando aceptan la finitud
de su esfuerzo
pero no están metidos en nada
desafiante,
la resignación tranquila.

Decidí reiniciar el Aristóteles
de Racionero y
mientras retoma el período
de Filipo y
habla sobre
Demóstenes y
la caída de la tragedia griega[27]
yo decido leer cosas
en ese Tumblr y
mientras reviso estos textos
reencuentro la importancia
de los lienzos;
me reencuentro con cómo
la materia deforma la forma[28].

Esto me revela que la magia,
como algunas muchas magias,
es parte
de la deformación accidental[29];
que

aunque hay una forma intencionada,
un talento inmenso y

(aquí debe insertarse
ese mohín resignado) ...

Profundamente rico, hay azar.

Encuentro, en este flujo, que
hay un sentido establecido
y me inserté,
derrideanamente,
casi parasitario[30],
en una obra mucho más amplia,
como un conquistador
que se vuelve leyenda,
obtiene estatuas
y tras ciertos espasmos, de novedad,
se revela su leyenda negra.

Pienso este mohín,
ante mis descubrimientos:

Lo que leo.

Pienso en cuán comprensible se vuelve
la enfermiza obsesión
de lo religioso por lo "vivo"[31],
por lo posible para que sea actual[32];
pienso en este aborto
con cierta desesperanza,
sé que el caparazón del caracol

salió de mi vida,
de mi infancia; que la religión, dios,
la filosofía y la poesía
son partes de mi Biografía,
de mi historia intelectual;

pero aquí
ellos parasitan textos de antes
de mi aparición y posible ida,
mohín y tranquilo silencio.

Salvajismo y maldición.

Una decisión

- Derenif?
- EGO Derenif Yahir G.

El carro chocheando se mueve a lado y lado, al ritmo de los baches de la calle, miro a los transeúntes:

todos tenemos la cara tapada, perdimos nuestra identidad. Aunque, ese precioso tesoro no es tan valioso para nosotros si recordamos que, en la anónima infamia del capitalismo, todos sufriremos cáncer y pobreza, sin contrapesos o discriminación. No tenemos salvación y las promesas de originalidad y salvaje independencia sólo son vacías, a la luz del mundo en que vivimos:

Uno lleno de ruedas gigantes que muelen a los héroes, engranajes[33] que obligan a todos a cumplir su papel[34].

¿Cómo se llega a ser lo que se es? Con crueldad.

De hoy en adelante debo santiguarme por la muerte y el cambio, la renovación y la destrucción, por el salvaje ahínco de seguir vivo, un conato hecho de dientes y garras, un conato de fuego, de ira y convencida incertidumbre

(dado a la muerte, la propia finitud).

La falsedad del "*yo VS el mundo*"[35] palidece ante la certeza del mundo que se atraganta con mis pedazos, que desdibuja mi fuerza y me vuelve un bosquejo indefinido, un cadavérico párrafo sin tinta:

Sufridas marcas en papel mojado que no son y nunca volverán a ser, como una huella en la arena pero, sin la gracia de su color y sin la tranquilidad de su permanente cambio.

¿Cómo se llega a ser lo que se es? Siéndolo,
siendo cruel,
viviendo como las serpientes, los perros, los gatos,
las aves y los peces,
dislocando la existencia entre suspiros, sonrisas y
calma,
entre el ahora y el más acá,
sin ser inocente
pero siendo ingenuo[36].

Enfriamiento del coqueteo

- Derenif?

Alguien tan sexuada[37]
como yo
se sorprende de
encontrarse satisfecha
en el abrazo de su
propio placer.

Pienso un poco,
en cómo las
cosas que
comenzaron tan
calientes
"terminaron"
tan heladas,
en cómo
parece que al inicio
soy como el carbón
en los labios
de Isaías[38],
derrito pensamientos,
derrito palabras,
erótica fiebre,
exótica enfermedad.

Luego desaparezco,
lento pero seguro,
termino siendo una
caricia segura.

Sucedió hace poco

(no sabía que sucedería
tras escribir esto;
otra vez,
Onfray define
perfectamente las afinidades
selectivas al describirlas
como un baile de campos, casi
magnéticos[39]),
creía que nunca
me había sucedido,
pero si, ocurrió.

El ardor es algo
que no se engendra
de la nada y
resulta imposible
forzarlo;

(suena Transylvania)

la tranquilidad
de mi sexo contradice
la epilepsia de mi alma,
a la vez enamorada
y desencantada,
estoy dispuesto a
morir[40] para vivir
más cerca de
mi felicidad:

Cada día más lejos
de mi alegría
y más cerca de la
felicidad[41].

La feroz tranquilidad
en que mi cuerpo
se deleita, se agrava,
agrava la náusea
de mi existencia
llena de baches,
obstáculos nunca
retirados,
nunca superados,
recuerdo que
Guattari-Deleuze
preguntan:

¿Qué hace al explotado
pedir más,
más para sí y más
para los otros?[42]

La regla de oro[43] que,
definitivamente,
se hace lluvia dorada.

Pastillas para dormir profundamente

- Derenif?

Pastillas
para dormir profundamente.

Nunca habíamos
hablado tanto,
siempre creí que
vivías en una burbuja,
visita al "mundo feliz"[44]

-Tal vez ese es el
trágico título que mejor
pueda describir
los movimientos de tu existencia.

La vida es extraña.

La cuarentena
es la fractura
de los que no
estaban fragmentados
y parece ser
el pegamento
de quienes
se habían perdido
entre los añicos
de su rutina.

Pastillas
para dormir profundamente.
Ya no veo
el suicidio[45] como una salida,
el sufrimiento ya no
es una tortura tan pesada
cuando el fardo
de la ideación
se diluye
en los ensueños finales.

La vida es muy extraña.

La vida me regala
dos abismos
que desgarran[46],
luces pálidas y coloreadas
en el horizonte.

Pastillas
para dormir profundamente,
lágrimas
para disfrutar eternamente
y si el sufrimiento
es inevitable[47]:

Para qué distorsionarlo
y tragarlo con los párpados.

Pesado.

La vida es muy extraña.

Me regala besos espirituales,
me "enamora"[48] de un alma
infinitamente espectral
e interesante
y me recuerda que "enamorarse"
es una palabra tan pesada.

Pastillas para dormir profundamente.

Canciones en silencio,
voces apagadas,
Mickey no puede verse así.

Gracias por confiar,
gracias por acercarme
a la belleza de la vida,
la extraña y deliciosa
belleza de la vida

(en la que pueden
dialogar dos jubilados suicidas
sobre sus planes de subsistencia
o sus amores, sus sufrimientos).

La vida es extraña,
cada paso me sorprende,
veo cuando camino
como las sombras se diluyen:

Hoy son ángeles de dolor,
con traumas y huesos rotos,
son verdaderos ángeles,

tienen sexos,
tienen profundidad y valentía.

Ojalá las pastillas
para dormir profundamente

no permanezcan en mi mesita de
noche.[49]

Nadie nunca sabe la maldad de dios[50].

El caracol
- Derenif?

Lento.

Lento va su paso,
con su estela triste,
con los brillos de
la baba y su
mirada dislocada,
cada paso es
un enigma,
una letra que se
borra,
cada paso es,
en esencia,
un pequeño apocalipsis[51].

Lento.

Lento es su paso,
lenta su memoria,
lenta es la esencia
de su vida,
lenta es su reacción
ante la muerte,
lenta es su reacción
ante el dolor;
lento va el caracol,
lento mientras miro
su paciente paso,
su glotona travesía.

Lento.

Lento caparazón,
lentas mandíbulas[52],
caracol, tu amor

se ha ido,
me dejó unas
cuantas marcas
en el lomo;
caracol querido,
es hora de que
despiertes.

Caracol, no sé
por cuál camino
tomar,
no sé dónde
podré tomar
el sereno de la noche,
no sé cómo
llegaré al dolor
del nuevo año.

Ay, caracol, amigo
mío,
ojalá mis pelos
moteados pudieran
regalarse para
dejarme tragar
conocimiento como
tú lo haces.

Caracol, amigo mío,
no te encuentro en
mi mirada

¿Caracol
dónde te metes?

Re parlado

- Derenif?

Me dicen mis amigas
que me tienen re
parlado.

Copio,
copio con suma
violencia[53].

Es aterrador,
me encanta.

Es delicioso aprender
a construirse,
aprender a tener
varios amores,
dejar de mentir
y prometer tantos
imposibles

(por siempre
y siempre es hoy,
dijo Cerati[54]).

Es delicioso aceptar
la finitud
y sucumbir
al hipnotismo de
la

(pequeña)

"muerte"

(Tánatos[55]).

Me dicen mis amigas
que me tienen re
parlado.

Copio,
copio con suma
violencia.

Pienso:

no recuerdo como supe
de tu existencia.

Brillaste,
brillaste como una joya
bajo la cama,
entre polvo, mota
y telarañas,
cerca de las medias sucias,
de las chanclas de plástico
con olor a pies;
sujeto brillante
que mis patas peludas,
mis garras,
no pudieron recoger
en su momento
y heme aquí,
caminando lentamente,
siendo viscoso,
siendo lo que soy:
un esquizofrénico gato,
con un casco y
autopercepción de caracol,
heme aquí
re parlado.

Copio,
copio con suma
violencia.

Al final, las letras
suenan caducas
y desordenadas,
dejarlas
porque

¿Qué más?

Cruel Apolo[56]

- Derenif?

Me exigiré,
me exigiré escupir
negras flemas con ritmo,
que salgan a la luz
como antaño;
mientras las
cartas llegan al
destinatario.

Las cartas, las letras,
esperan una rumiada
respuesta,
no importa la espera,
no importa el silencio,
no importa que la voz,
esa voz, su voz,
no diga mi nombre
o mi pronombre.
no importa que
no hable del zoológico[57],
no importa.

Que hable del dolor,
que hable de su abismo,
de la lucha, no importa,
no importa lo que diga,
quiero leerla,
algún día veré alguna
página expuesta

(La pornografía en
ésa ocasión no tenía
rostros en sus protagonistas[58]) ...

"Gato" dice el caracol,
mientras mueve su cola de algodón,
se despereza lentamente,
después de atiborrarse

con la tarea de su amigo,
un futuro psicoanalista[59].

"Gato" dice, mientras
come una lechuga,
el conejo gris que
mira al horizonte:

Hoy no hay amenazas,
ni inciensos,
ni sangres,
ni excitación,
hoy hay tranquilo sol
y frío vespertino.

Ese te lo dije
fue infinitamente
cruel, Apolo.

Sé que tus palabras no
eran crueles,
eran aclaraciones
y quisiera que sepas
que las mías eran
expresión y jugarreta.

Nunca aprendí a manejar
el sufrimiento ajeno,
risa nerviosa,
cruel sonrisa que me asalta
cuando alguien sufre,
risa y sonrisa que me
recuerdan
como mis dolores
permanecen escondidos
entre carcajadas y silencio.

Tranquilidad.

Tres a la vez

- EGO Derenif Yahir G.

Tres a la vez[60],
confidencias,
letras,
poemas.

Tres a la vez,
rojo,
negro,
negro.

Tres a la vez,
sensualidad,
recato,
erotismo.

Tres a la vez,
admiración,
confianza,
cariño.

Tres a la vez,
conversaciones,
palabras,
silencios.

Tres a la vez,

¿Todos
en el mismo juego[61]?

No hay nada sagrado

- Derenif?

No hay nada sagrado, o eso quisiera.

Todos podemos hablar de pornografía,
sexo, amor o violencia
pero hablar de mierda, orina,
menstruación o vómito,
lo dudo.

Todos podemos hablar de drogas,
de ser idiotas, falaces e incultos,
hablar de ser moralmente réprobos
o ser absurdamente estúpidos
pero
hablar de pedos, diarrea,
sudor febril,
náuseas,
de carne virulenta

(Llena de pústulas
y pus),

de supuraciones, libaciones,
está más bien vetado[62]
y como todo veto, es una veta.

Podemos ver pantys,
tangas, pezones y sostenes,

¿Acaso podemos ver
pelos en el pecho,
rodeando las areolas;
ver pelos en las axilas;
barros blancos
y espinillas dolorosas,
hinchando la piel;
hablar de uñas encarnadas;
mocos;
noches de pulgas,
infestación de piojos
y cucarachas sobre la loza?

Reflexión y secretismo

- Derenif?

Creo que no moriré, no lo quiero todavía. Quiero morir a los 50, antes o al inicio del cáncer, morir sin hijos, sin esposa ni esposo, sin mascotas, con amigos y amigas pero siempre a solas, con una inmensa biblioteca para patrimonio comunal, con una mirada tranquila, incluso traviesa, mientras la bala atraviesa mi cráneo. Desafortunadamente, el deseo no siempre se vuelve realidad.

Para ilustrar que el deseo no necesariamente se hace realidad, destrozaré uno de mis anatemas

(pues nada es sagrado):

No quería ser acosador, no quería ser violador y no quería ser abusador, mucho menos quería ser consciente de ello y me encantaría esconderme de la sombra de mis actos, esconderme de mi consciencia, no quería saber de feminismo[63] pues sabía que algo hedía muy cerca mío.

Creo que no he enmendado casi ninguno de mis errores[64], esa es la mejor parte del asunto, la sombra siempre andará en mi espalda y es parte de mis quebradas alas. Mi pésima relación con mi madre tiene un punto de quiebre:

Cuando supe que podía ejercer violencia psíquica en contraposición a la agresión física, cuando noté lo delicioso que puede ser el abuso

(del atacado), destilar indiferencia y menosprecio; saber que podían golpearme por altanero y daba igual, pensaba con toda mi inmadurez e imbecilidad que "odio la existencia y todos deben saberlo, sufrirlo". Soy algoególatra y por ello muy susceptible.

No estoy seguro de cómo desarrollé esta posición tan "pesada" tan temprano, creo que me castigaban más bien poco, pero lo que verdaderamente me envenenaba durante mi infancia eran las discusiones y el ruido. Si lo pienso creo que el ruido es lo que verdaderamente me altera[65] aunque mi crianza fue altamente machista, individualista y egocéntrica[66]...

Las cosas escalan, uno aprende del placer que da una agresión, Bataille y Sade tienen mínimo un punto[67] y uno aprende a agredir de otras maneras, a purgar su veneno y su insatisfacción de otras formas; luego aprende a conseguir las cosas mediante ardides, mediante trampas; así aprendí que la ambigüedad era muy útil para los malentendidos.

Así es como el plato está servido, la enfermedad cuaja y yo la despliego dentro mío.

No quiero mentir, Mathilda

- Derenif?

Baudelaire defiende la borrachera[68],
Nietzsche apoya a Dionisos[69],
yo quiero aprender junto a Rimbaud
la borrachera plácida[70],
la que libra el alma de los
sopores oscuros
que coagulan y se pudren.

No quiero mentir,
Mathilda,
rasga el pecho
con los enfermizos
celos
que no tienen
sentido en nuestra
lejana interacción[71],
uno en Villao
y otro acá,
en Bogotá
(¿enamorado?[72]).

No quiero mentir,
Mathilda,
rasga el pecho
sabiendo que tu
alegría no me
pertenece
y esta enfermedad
toca a la puerta,
clama,
no desoiré la voz
de sus quejidos[73],
compasión[74] me dijo
el nuevo amor,
Artemisa,
Afrodita,

Venus,
Atenea,
ninguna,
ella,
sólo ella.

Compasión al dolor,
a la tristeza,
compasión al dolor
que quiere victimizarse,
compasión a la tristeza
que se ahoga en un vaso,
compasión a lo que ignora
las posibilidades del placer,
de la tranquilidad,
del deseo, la responsabilidad
y la libertad.

Mathilda.

¿Y si me llama y me dice:

"estoy acá, nos vemos?"?

Y si no y si desaparece
una, dos o tres semanas[75],

¿Qué?

Compasión al dolor,
a la tristeza,
compasión al dolor
que quiere victimizarse,
compasión a la tristeza
que se ahoga en un vaso,
compasión a lo que ignora
las posibilidades del placer,
de la tranquilidad,
del deseo, la responsabilidad
y la libertad.

Heidegger y mis artefactos

-EGO Derenif Yahir G.

Love of lesbian. Planeador[76].

Mi relación con los artefactos tecnológicos es interesante:

Aunque intento mantenerme medianamente informado sobre diversas novedades tecnológicas[77], ya no tiendo a buscar mantenerme a nivel práctico en el bucle de la futurización[78]. Primero, debido a que mis posibilidades económicas no me permiten mantener ese metabolismo[79] artefactico[80] y, segundo, debido a que al aprender más sobre algunas de las dimensiones que componen las industrias del entretenimiento[81], he decidido que es innecesario poseer máquinas que, a la larga, superan no sólo mis habilidades sino mis necesidades y a pesar de que la tecnología posibilita nuevos horizontes en la construcción del yo[82], cosa que algunos entusiastas transhumanistas

(los pomposamente denominados biohackers[83])

han explorado.

Creo que uno de los aspectos fundamentales de la definición del yo es la posibilidad de negarse algunos placeres o, mejor, dejarlos para más tarde[84].

Mi conclusión no sólo limita mis posibilidades materiales[85] y la adquisición de productos de vanguardia, también ha conllevado que me mantenga a la zaga en la adquisición de software novedoso y la exploración de herramientas que mejoren mi "productividad" o posibiliten nuevos acercamientos a mi trabajo, como puede ser la implementación de scripts, el uso de plugins o de plataformas que mejoren mi uso y creación de textos, como puede ser gestionar textos mediante Mendeley[86] o Evernote.

Más bien, he decidido mantenerme con Sumatra pdf, Bloc de notas y Microsoft 365, sin integración de addons a mi mail y con un uso esporádico de una versión crackeada de Adobe Acrobat Pro-DC 2011, para modificar los pdf's que necesite.

En muchas ocasiones he visto los límites de mis posibilidades con estas herramientas, pero sospecho que el mayor limitante ante ellas es cognitivo pues, desafortunadamente, me resulta imposible mantener el ritmo de producción que deseo tener, entendiendo producción como lectura y escritura. Desafortunadamente, me resulta imposible leer un libro de 70 páginas en 2 horas o peor aún tomar notas de los textos que leo, subrayar y citar y leer[87], por lo cual puedo decir que prefiero devorar a estudiar.

¿Cómo se construye uno mismo?

Definitivamente, la respuesta debe darse a la luz de las relaciones y por ello me deslumbraron los conceptos de Ser-ahí, ser-a-la-mano y ser-con-otros, de Heidegger[88], incluso sin comprender sus conceptos o haber leído sus textos relevantes, incluso reconociendo que su afiliación al partido nacional socialista alemán no fue accidental ni meramente estratégica, incluso considerando que se inscribe en las costumbres de expresividad europeas, para las cuales escribir denso y extraño era un requisito formal de publicación; incluso reconociendo que el texto publicado ("Ser y Tiempo"[89]) por

Heidegger estaba incompleto, se desarrolló afanosamente[90] y mantenía interpretaciones contestables desde la interpretación filosófica (y juiciosa) de la historia de la filosofía[91] o desde la interpretación epistemológica de los ámbitos que este pensador, de manera muy atrevida intentó, analizar[92]; incluso aceptando eso, aceptando que el Dasein y el Mitsein con su embelesamiento con la finitud eran la expresión del terreno fértil que paria[93] al nazismo y el totalitarismo de entreguerras, aún con los peros que podamos destacar ante el pensamiento de esa bestia conceptual (e intelectual), creo que su aspecto relacional es muy interesante y no resulta vano que su figura haga sombra durante gran parte del siglo XX, constituyendo uno de los diques formadores de las tradiciones que han venido esbozándose en el siglo XXI

(Deconstruccionismo o Realismo Especulativo[94], por ejemplo).

¿A qué venia mi posición acerca de Heidegger? A nada, a todo.

En el debate de Davos-Platz[95] se enfrentaron David y Goliat

(mejor decir David y Saúl[96])

Heidegger y Ernst Cassirer, el segundo es un autor que parece haber pasado por la guillotina del olvido filosófico; los profesores saben de él, pero su obra no resuena en los textos introductorios que he leído y más bien aparece desdibujado dentro de la etiqueta "neokantismo" que intenta resumir el camino de la filosofía alemana entre 1850 y 1920.

Incluso creo que Jaspers es más mencionado y leído que Cassirer, Jaspers el psiquiatra amigo de Heidegger[97], es uno de los problemas con las modas filosóficas[98]: algunas perduran como ramas del saber que se meten en la tierra, volviéndose sólidas raíces productoras de otros árboles, debido a una miríada de incomprendidos y azarosos factores:

¿cuál es el motivo por el cual todos hemos escuchado de Fodor, Chomsky, Žižek o Wittgenstein pero no tanto de Bueno, Francisco Sánchez[99] o Xavier de Zubirí?...

Y la cosa empeora, pues esta es una de las razones por las que nos llegan las respuestas pero no las preguntas[100] y así terminamos leyendo los textos filosóficos como monólogos de un debate fantasmagórico, e incluso mal atribuido...

Política. [101]

NOTAS

[1] Cuando Gilles Lipovetsky visitó Colombia en 2016, una de las cosas que aseguró fue que el principal error de los posmodernos de los 80 fue considerar que había superado la modernidad y usó el término "hipermodernos" para designarse a sí y a sus compañeros de generación.

[2] Derrida es conocido por tener una filosofía parasitaria, una filosofía que requiere un amplio bagaje para ser comprendida a cabalidad, lo cual no es para menos teniendo en cuenta que era lector de filosofía desde su adolescencia

[3] Los metarrelatos, de hecho es una critica que se hace desde las coordenadas militantes a la posmodernidad, que por parafrasear a Caputo "es tan fuerte que lo debilita todo", considero muy pertinente la clase "¿Qué es la posmodernidad?" de Ernesto Castro y el articulo de Racionero Carmona "La resistible…".

[4] El budismo es una tradición que historiográficamente tiende a ser dividida en tres tradiciones distintas: Mahayana (carro grande), Theravada (carro pequeño) y Vajrayana (carro de diamante). Gracias Wikipedia y gracias "Budismo para dummies", al cual leí hace muchísimos años.

[5] Mi malentendido acerca del imaginario psicoanalítico, helo aquí en todo su esplendor.

[6] Es un juego conocido para los académicos (de humanidades) debido a el "Otro" lacaniano y los grafos de Lacan, el otro con A (Autre).

[7] Guattari-Deleuze llama su atención sobre el papel de extranjero que desempeñaron algunos de los principales dinamizadores de la intelectualidad ateniense en su texto "¿Qué es…"; sin embargo, a la luz de las clases de Carmona, considero que la focalización helénica que le hemos dado a Atenas posibilita que sean vistos precisamente como "extranjeros" teniendo en cuenta que Mileto o Jonia tenían sus escuelas establecidas hacia un buen tiempo.

[8] Nietzsche, guiño, guiño.

[9] Respecto al papel de la corteza frontal en el comportamiento humano, evidentemente Sapolsky tiene un bagaje muchísimo mayor en biología, desafortunadamente en los próximos 20 años es probable que comprendamos las limitaciones de su perspectiva, ninguno tiene la última palabra.

[10] El diagnóstico del otro, las sospechas que te ayudan a comportarte inicialmente pero no te frenaría como lo hace el prejuicio.

[11] El ensayo de Abad "Antropología y…"

[12] Al respecto, el prólogo del traductor al libro "Dreams and existence" de Ludwig Binswanger que a su vez fue prologado por Foucault, con un trabajo muy interesante llamado "Imagination, dreams and existence". Decidí reiniciar su lectura una vez noté que Foucault y yo no nos estábamos llevando bien debido a que la mitad de los temas los conocía poco, por ejemplo, no sabía que el vocablo alemán "Existenz" era prácticamente un neologismo heideggeriano, cosa que explica el editor en su prologo al prologo.

[13] Amistad, ya recordé que "amor" es Eros, en fin, me refiero acá al amor entre "iguales".

[14] Esto a medias lo considero así, pues sería suponer que la filosofía se dio solamente en, por ejemplo, Atenas y su milagro ateniense (teniendo en cuenta que tenemos una retorcida imagen de "Grecia", heredada del proyecto cultural de Filipo y Alejandro; antes de ellos era una pluralidad de comunidades con diversos héroes, e interacciones culturales propias, que creo estaba, muy, relativamente unificada por los relatos homéricos); Racionero Carmona "Espíritu griego".

¹⁵ Un lugar de esparcimiento que queda en paralelo al camino más transitado para ingresar al edificio de aulas de la facultad de ciencias humanas.

¹⁶ Nietzsche, guiño, guiño.

¹⁷ Comencemos por las guerras entre budistas y musulmanes.

¹⁸ El deseo como construcción, como ya lo indique me llega desde Michel Onfray aunque en este momento estaba empezando a pensarlo a la luz de Guattari-Deleuze.

¹⁹ Término de Racionero Carmona, explicado en el ensayo de Óscar Sánchez vadillo "¡Es la libertad…!" y también abordado en la entrevista "Quintín Racionero. Entrevista en torno al libro 'Contra la postmodernidad'" del canal CENDEAC en YouTube.

²⁰ Hay un libro que Fernando Castro Flórez reseña, de Fredrick Jameson, "Las antinomias del realismo", guiño.

²¹ Guiño a la canción "Cuarteles de Invierno" de Vetusta Morla.

²² El cual puede ser cotejado con un texto sobre historia de la psicología para ser corregido o ampliado; aunque comprendo que las psicologías se consideren particulares, hay autores que dejaron una impronta indeleble en la constitución de la disciplina y considero que los citados son como los fundadores de la disciplina contemporánea; debe tenerse en cuenta que existen diversos sesgos dentro de la historiografía psicológica y un análisis juicioso de la misma resulta muy arduo, entre otras cosas debido a que lo psíquico es algo que ha sido explorado desde por lo menos el estoicismo con sus listados de pasiones.

²³ Principalmente una clase con Gonzalo Serrano en la que nos comentó lo referido respecto al prólogo de Husserl en contra del psicologismo, cosa mucho más clara a la luz de la hegemonía neokantiana en la academia alemana del siglo XIX y de la cual la clase de Ernesto Castro sobre Neokantismo me dio algunas referencias.

²⁴ Pues en lo poco que los he leído encuentro que hay cierto antropocentrismo en las mismas, ejemplo de ello es el intento de reducir los principios lógicos a la cognición humana o derrumbar las intuiciones filosóficas con el uso de herramientas científicas (encuestas, etnografías y entrevistas).

²⁵ Artaud se opone directamente tanto a la literaturización del teatro como su psicologización.

²⁶ Me ronda la idea de leerme "Historia de…"de Copleston, también me interesaría revisar "French Theory" que fue reseñado por Fernando Castro Flórez, aunque creo que definitivamente debemos esperar una actualización del canon historiográfico en filosofía, de la mano de los postanalíticos y postcontinentales.

²⁷ Como anteriormente he indicado cada sección del curso de Racionero Carmona inicia con una revisión histórica, en el caso de Aristóteles la primer y segunda clase son esa revisión-contextualización.

²⁸ Debe tenerse en cuenta que era la segunda vez que reiniciaba el curso, curso del cual cada hora de video representaba casi dos horas con las respectivas repeticiones y pausas y por ello huele tanto a Racionero, algo parecido ocurre con Castro, con mis lecturas no tanto, aunque Genosko y Guattari son, casi literalmente, otro cuento.

²⁹ En mi Instagram he indicado en diversas ocasiones cuán relevante termina siendo la forma en que el código "codifica" mi texto (por usar términos Guattarianos que hasta ahora he venido adquiriendo de la mano de la *Introducción aberrante…* de Gary Genosko, especialmente en el capitulo "Transversality") y termina creando "cortes del flujo" (aquí guiño al texto de Abraham "De una lógica del sentido a una lógica del deseo" en "Pensadores bajos"), termina haciendo versos que no había o quitando formas que había, entre otras cosas he intentado cuidar que la edición del presente texto cumpla con mis deseos estéticos.

[30] Lo anteriormente dicho sobre la explicación de la filosofía derrideana, explicación que me dio Gama al responderme una duda, aunque conservo la frase de @Obirek_ "Si comienzas por el comienzo, nunca llegarás a dónde quieres llegar" (mi traducción casi parafrasea).

[31] Evidentemente, los provida.

[32] La idea del milagro y de la gracia o voluntad divina, del ser todo poderoso cuyos actos abarcan el ser y el no ser, en la medida en que, como hace el humano, le resulta posible cambiar el mundo desde un cierto esquema o representación. Me pregunto si en esa medida dios sería el mayor generador de negatividad/positividad en la existencia o si, teniendo en cuenta lo poco que recuerdo del final de la sección sobre "la nada" y el comienzo de la sección sobre "el ser" en el texto sartreano, dios es quien posibilita la nadificación del ser, el advenimiento de lo que no es dentro de lo que es. Supongo que aquí puedo investigar el demiurgo platónico (y escita), la discusión de la ontoteología, algunas ideas de Spinoza, las discusiones de la teología negativa (y teología de la muerte de dios) y retomar la idea de la "maldad de dios [God's evilness]" (creo que debo leer a Bataille para confirmar que no hayan territorializado ese término), básicamente se necesitaría tener en cuenta que el ser divino es un "Ser para sí" y un "Ser en sí", su ser en sí sería ser para sí, o presuponiendo lo ya dicho sobre la Antropología desgarrada de Cioran, "Desgarradura" y "El aciago demiurgo" debo añadirlos a este sucinto listado, por el ensayo de Abad : digamos que la desgarradura sería la "marca del artífice" cartesiana (el ensayo homónimo me encantó, casi todo lo que he leído del libro "Cartesiana" me parece hermoso, el ensayo que defiende un Kant metafísico cuasi discípulo de Swedenborg no) y dios resulta ser un ser "malévolo" o desgarrado, digamos que la "maldad" como nos han mostrado algunos novelistas (aunque yo lo he recogido más de las películas y series) es el producto de ser humanos, de tener una existencia, una memoria y un hueco trascendental que nos impide mantenernos quietos, plácidos, eso explicaría un poco la creación y el sufrimiento, la idea del sufrimiento trascendental o divino es algo que también me parece pertinente, ¿puede la maldad relacionarse con el dolor? Y asi podría añadir al listado a Mainländer, aunque todo lo relacionado con dios, supongo que debe explorar el dios suicida del autor mencionado, al cual algún día leeré… ¿El problema? Michel Onfray, Guattari-Deleuze y la postcristianización de la filosofía: Se necesita pensar el mundo en positivo, entender que el deseo no es falta, que el mundo es más construcción sobre construcción que destrucción sobre construcción, parecido al ejemplo del condicionamiento inhibitorio (se aprende a responder de una manera contradictoria a la respuesta inicialmente aprendida, en vez de olvidarse la respuesta inicialmente aprendida)… otro quiebre: ¿no es esta posición una especie de "metafísica de la presencia" una obsesión metarrelatora que intenta igualar todo e ignorar matices o diferencias, que intenta aplacar las paradojas y aporías?

Para finalizar la larga nota, concuerdo con la preocupación de Onfray, necesitamos superar un poco la cristianización, tener ateos postcristianos y teología postcristiana, lo que recuerdo del L'avenir/Acontecimiento me parece iluminar un poco el camino. La religión, a displacer de algunas opiniones ampliamente difundidas, las cuales beben del seno positivista, o eso entiendo, no es una institución meramente arcaica o un apéndice que la evolución no ha conseguido eliminar, es más como el "Junk DNA": algo que no hemos comprendido y simplemente consideramos basura, el cual luego de años de investigación encontramos que resulta fundamental para la síntesis y expresión de los genes, fundamental para la comprensión y explicación de diversos fenómenos bióticos, entre ellos la inmensa variedad que se logra con un código redundante y teóricamente tan reducido; para esta analogía me baso en algunas clases de biología que estuvieron basadas principalmente en el libro "Biología general" de Eldra Solomon, Linda Berg y Diana Martin; y el libro "Biología General" de Campbell y Reece. Creo que Robert

Sapolsky explica lo de la "basura genética" en sus clases de "Molecular Genetics" del curso "Human Behavioral Biology", gracias al cual produce el libro "Compórtate" y por último, considero interesantes las criticas a la metáfora lingüística de la genética, consignadas al final del texto "Biología y lenguaje" de Ángel López García, en el libro "Conocimiento y lenguaje". [Post-escrito: parece que François Laruelle , "La parte maldita" de Bataille y el trabajo de Maurice Blanchot también son relevantes para esto…]

[33] Pienso un poco en el libro "Hombres y engranajes"

[34] El capitalismo como una máquina, aunque no puedo decir que haya explorado a fondo literatura sobre Capitalismo, la imagen me parece no sólo hermosa sino muy acertada.

[35] Es falso desde por lo menos dos perspectivas: 1. El mundo, el conjunto de personas y cosas que no son yo, no está en franca oposición y contradicción respecto al yo; 2. La cruda dicotomía entre yo y mundo es insostenible, entre otras cosas, debido a que el yo fue aculturado y posibilitado por el mundo que lo alimenta, cría y crea como concepto e idea… 3. Si se aceptara la existencia del mundo, sería un nivel distinto al nivel explicativo y ontológico en que se comprende y mueve el yo, si existiera un nivel en el cual se equiparan este sería el conceptual, pero ¿qué es un concepto fuera del conjunto de relaciones que lo posibilita? (entonces encuentro un problema con mi distinción entre conceptos/ideas, es que un concepto es una idea debido a que un término siempre significa un conjunto de términos, menos mal no soy filósofo y esto no es un tratado).

[36] Lo dicho sobre el conejo y los contrafácticos, supongo que es la cognición "temporal" (del tiempo) que tienen los animales.

[37] Siendo persona: alguien, una persona,…

[38] Evidentemente, es un guiño al sueño de Isaías, que si mal no recuerdo es el inicio del libro homónimo, según Google se encuentra en Isaías 6:6, por lo tanto recordé mal.

[39] Es la manera en que aborda un cierto tipo de antropología cuasi "nietzscheano-cinética" en "La fuerza…" en el capítulo "Intersubjetividad Hedonista" que dice haber expuesto en su capítulo sobre la "Eudimetría" en "La construcción de sí/ La escultura de sí", libro que hojee pero nunca termine, el condotiero no me enamoró. Ahora que lo pienso, similar a la descripción de las fuerzas y la ontología nietzscheana que describe Deleuze en su libro "Nietzsche y…".

[40] Lo dicho sobre la muerte en el prólogo.

[41] Considero la felicidad un desiderátum, un objetivo inalcanzable, aunque este verso lo pensaba a la luz de la distinción entre satisfacción inmediata y satisfacción no inmediata (postpuesta o mediada), que se ha explorado mucho en la investigación sobre psicológica elección, por ejemplo en cuanto al descuento por demora, el libro de Domjan explica algunas cosas en su capítulo sobre elección; aunque pienso que el texto de Arturo Clavijo, "Más allá del fantasma en la máquina", que ojalá algún día reedite (y reescriba y complemente), apunta interesantes insights al respecto y explica de una muy accesible manera la ruptura premackiana en la definición de estímulo.

[42] No recomiendo mucho la clase de Ernesto Castro sobre Guattari-Deleuze, considero que deja de lado cosas pertinentes del suelo Guattariano que tiene el autor a cuatro manos, aunque es un prejuicio debido a mi exacerbado interés en la obra de Guattari; teniendo esta salvedad en cuenta, junto a la clase de Castro recomiendo la clase de Abraham ya indicada. Mención aparte merece la charla de Raúl Sánchez Cedillo "Deseo, máquinas y revolución", maravillosa de inicio a fin trayendo a colación la influencia de Oury y la contraposición entre la psiquiatría institucional y la antipsiquiatría, algo que Genosko expone muy bien en "Introduction" y "Representing Guattari" de su "An Aberrant…".

[43] Entiendo que la regla de oro es "No hagas al otro lo que no quieres que te hagan"

⁴⁴ Evidentemente, un guiño al texto de Aldous Huxley "Un mundo feliz", que leí hace unos años y supongo que debo revisitar en algún momento, en especial si quiero leer "Nueva visita a un mundo feliz"

⁴⁵ Evidentemente, a la luz de lo expuesto sobre la muerte, acá me refiero a levantar la mano contra sí; al respecto, recomiendo "El mito de Sísifo" de Camus y un texto, que hojee y merece una reedición juiciosa, "Comportamiento Suicida" de Mauricio Ortega González, adicionalmente, considero que Cioran en "Conversaciones" habla de una forma muy interesante sobre el tema. Me recomendaron un texto de Foucault que nunca leí "Un placer tan sencillo" y he hojeado "El suicidio" de Durkheim.

⁴⁶ Dos abismos descritos como amor y desamor, que a su vez eran dos amores muy fuertes: uno en lo que parecía declive y otro en lo que parecía ascenso… Parecían, ambos; aparecían, ambos.

⁴⁷ Creo que Hayes en el prólogo de "Sal de…" apunta una interesante, aunque bien conocida, distinción entre "sufrimiento" y "dolor" (de la cual he leído en algunos post sobre veganismo y antiespecismo, que adicionalmente recuerdo se encuentra en "el cerebro ético" de Michel Gazzaniga, libro que volveré a leer algún día); sin embargo, no estoy para nada convencido respecto a la idea del humano completamente completo, sin fallas, rupturas o malentendidos, lo cual no implica que alabe que todo sea un mar de lágrimas y abrace la condena eterna… O bueno, no lo hago por eso.

⁴⁸ Lo dicho sobre la necesidad de una nueva teoría del amor.

⁴⁹ Sinceramente, no creo que tenga pastillas para dormir en mi mesa de noche, debido a los ataques de ansiedad, que confundí con problemas cardiacos, tuve aspirinas; desafortunadamente, mi posición es que el suicidio es una salida de los problemas pero no una solución y por ello creo que no puedo acudir a él para recibir consuelo.

⁵⁰ Primer lugar donde exploré la idea de la "maldad de dios [god´s evilness]" y espero que este libro no sea el último, aunque hoy en día, cuando termine con este libro, mis obligaciones e intereses no van por el lado de la teología. Surgió en una charla con la persona de quién es este texto y gracias a la cual note lo interesante de la idea [Señorita M., you know].

⁵¹ Lo pensaba como un caracol sobre una página, manchándola y dañándola; pero también como que cada paso en nuestra vida es eso, un pequeño apocalipsis, una revelación e incluso un punto definitivo, un momento que no se podrá repetir nunca.

⁵² No estoy nada seguro de que el caracol tenga huesos, parece que no los tiene aunque tiene unas cosas denominadas rádulas que son los dientes de este y varios músculos son los que le ayudan a masticar.

⁵³ Evidentemente, referencia al episodio de los Simpson en que homero dice "apoyo la moción con toda violencia"

⁵⁴ Es una entrevista de Gustavo Cerati en el programa Bios, creo que a propósito de su divorcio.

⁵⁵ La lectura de Guattari empezó a llenarme de ciertos términos psicoanalisiticos y uno muy interesante es "Tánatos" con el cual me reconcilio una vez leo su "Introduccion a la…" en "Psicoanálisis y transversalidad" (otro libro que merece ser revisado, reeditado y creo que hasta retraducido).

⁵⁶ Apolo, el dios de la lira y de las artes que también es el dios que llevo la plaga a cierta ciudad, que asesina con su feroz puntería, desuella a quien osa ser mejor que él o que provoca ataques epilépticos en las mujeres que le sirven como canal profético.

⁵⁷ Como se expone en el prólogo, el zoológico o el bestiario, me parece más interesante el bestiario para ponerlo a gravitar con los otros bestiarios filosóficos, como el de Onfray en "Teoría del…" o el que describe Genosko que hay en "Mil mesetas", en su nota, enorme nota, 3 al capítulo "Transversality" tema que dice explicar mejor en "Freud's Bestiary: How Does Psychoanalysis Treat Animals?" o "Introduction"

al libro de Marie Bonaparte, "Topsy"; aunque creo que es un error y se refiere a "A Bestiary of Territoriality and Expression: Poster Fish, Bower Birds, and Spiny Lobsters".

[58] Referencia a los, presumiblemente, ya leídos "sucios".

[59] Era algo acerca de los estoicos y el psicoanálisis lacaniano, en últimas tuve que recomendarle que acudiera a don Ferrater Mora.

[60] Pienso que hay un cuarto que no aparece, es como el uno, debajo de todos como sosteniéndolos.

[61] ¿Y si el tercero no fuera tercero sino cuarto?

[62] Hay grandísimas excepciones a esto y muchas se encuentran en la literatura, pero también es memorable todo el arte crudo que explora el uso de "deshechos" humanos para posibilitar nuevas experiencias esteticas o significar distintas cosas o criticas, pienso, por ejemplo, en el "cristo de orina"[Piss christ] de Serrano o la artista que relata Genosko en la nota 1 al capitulo "Representing Guattari", Helen Chadwick; e incluso en el lucrativo juego critico de Manzoni: "Mierda de artista", sobre el cual García Villarán hizo un video muy interesante.

[63] Aunque no sé mucho al respecto, lo poco que conozco del tema viene dado por Anne Fausto-Sterling y algunas pocas lecturas adicionales, en adición al paper "Sobre la categoría género: una introducción teórico-metodológica" de Teresa de Barbieri.

[64] Enmendar los errores o corregirlos, tiende a ser muy difícil y es necesario aprender sobre ello.

[65] Existe una entidad clínica muy interesante, la hiperreactividad e hipoactividad, que ha sido relacionada con cierta predisposición comportamental debida a la reactividad del sistema nervioso.

[66] Lo cual no me hace particularmente malo respecto a mis congéneres, pero si es un desafío político.

[67] A mi juicio, claramente influido por la lectura de la "La historia…", Bataille evidencia su gusto por la "perversión" en las "intenciones" literarias de su introducción a "El erotismo". Libro que sólo he hojeado hasta las primeras páginas, aunque deseo retomarlo en el menor tiempo posible. El punto que tienen ambos autores es "el placer que provoca la transgresión" pero creo que resulta más interesante pensar que placer y transgresión tienen cierto impacto homólogo en el cuerpo, sin tener que subordinarlos a una lectura "moralista" incluso si esta lectura intenta revertir la <<subordinación de lo perverso a lo sagrado [de lo negativo a lo positivo]>>.

[68] No estoy seguro de si es Baudelaire o Rimbaud, creo que ambos, pero si fuera Baudelaire, el libro de "Poesía y modernidad " de Leonardo Ordóñez.

[69] No he leído los argumentos de Nietzsche a favor de Dionisos pero Colli lo critica por ellos, al inicio de "El nacimiento…"

[70] No estoy seguro del poeta Rimbaudiano, pero creo que es una especie de profeta vicioso, adicionalmente, era un guiño a "El barco ebrio".

[71] Si, alguien aprendiendo a ser poliamoroso puede sentir celos.

[72] Recuérdese lo dicho sobre la teoría del amor (presumiblemente ya leído).

[73] Según Hayes y una parte amplia de los psicoterapeutas contextualistas, una de las bases del sufrimiento o malestar psicológico es la evitación "conductual" y parte de la evitación conductual es la represión (si, acabo de fundir un conducticismo con un psicoanálisismo, menos mal no es un tratado filosófico ni teórico: aunque, Marino Pérez hace un juicioso ejercicio relativamente parecido).

[74] Anahata

[75] Cosa que sucedió, tal cual.

[76] Canción de Love of Lesbian, "Planeador".

[77] Principalmente respecto a innovaciones de software y programación a través del canal de ".CSV" en YouTube, cuyas explicaciones me parecen maravillosas.

[78] No puedo desligar a Berardi del Ciberfeminismo, el CCRU y las ideas trans- y posthumanistas, en este caso creo recordar que pensaba en el título, potente título, de Bifo "Futurability: The Age of Impotence and the Horizon of Possibility".

[79] Metabolismo: Evidentemente, metabolismo económico, consumir mucho; metabolismo artefactico, consumir muchos artefactos

[80] Al respecto de "los artefactos", la clase de Ernesto Castro sobre Heidegger pero también algunas de las cosas que indica en sus "Lecciones de Alicante" sobre Graham Harman y su libro "Tool-Being" (que siempre bautizo como "On being Tool"), que no he leído pero espero hacerlo.

[81] Principalmente gracias a los canales de crítica de videojuegos: Dayoscript, Ovejas eléctricas, Lynx Reviewer, Bukkui Qui, Cultura y videojuegos, Alejandro Julián o 3rd Person View, quienes me abrieron los ojos respecto a todo el movimiento tras bambalinas que tiene cualquier producto cultural, aunque debo decir con cierto pudor que yo considero al videojuego una nueva "Arte".

[82] Un ejemplo de ello es el análisis que se está dando sobre la influencia del videojuego en el desarrollo psicológico, quisiera resaltar el paper "Mundo sin centro: cultura, construcción de la identidad y cognición en la era digital" del profesor Javier Corredor, Oscar Pinzón Y Rosa Guerrero.

[83] No sé cuál sea el nivel del biohackerismo contemporáneo pero cuando supe de su existencia parecía realmente paupérrimo, gracias serie documental de NatGeo sobre tecnología del siglo XXI, cuyo nombre fue imposible encontrar, presumiblemente "The Big Picture with Kal Penn", aunque fue un especial de NatGeo sobre tecnología y transhumanismo, aunque no usaron ese término.

[84] La disciplina, el autocontrol y eso. los cuales te dan una perspectiva diferente de ti mismo y adicionalmente pueden evitar ETS, embarazos, enfermedades por consumo excesivo o adicciones

[85] Pues disminuye mis necesidades y hace que deje de ver posibles algunos lujos, pues me resultan innecesarios, por dar un ejemplo de lo dicho: No es "posible" (no es una posibilidad") que compre un iPhone X si básicamente lo considero inútil, pues tengo otros elementos que suplen perfectamente mis necesidades sin ofrecerme la vertiginosa plusvalía del iPhone; lo cual irónicamente se ve complementado por ciertas investigaciones acerca de consumo y decisión, por ejemplo "Decision and revisions" de Daniel Gilbert y Jane Ebert.

[86] Esta herramienta me parece muy interesante aunque sinceramente, sigo prefiriendo abrir Word.

[87] Aunque también creo que son diversos modos de lectura, así como escribir puede ser pensar (según Foucault, de acuerdo con una charla que dictó Luis Diego Fernández en la plataforma Leamos) subrayar y tomar notas puede ser leer… aunque prefiero pensar que eso es estudiar y creo que deberíamos estudiar más y leer un poco menos, aunque me resulta muy difícil hacerlo por mi desbocado apetito, libidinoso.

[88] Conceptos que conocí de la mano de Adolfo Carpio, cuyo libro "Principios de filosofía" hojee por recomendación de Sztajnszrajber y aunque no entendí Aristóteles, tampoco entendí mucho de Kant y probablemente malinterprete muchas cosas de Heidegger, me parece un libro interesante… claro está, discrepo de su presentación de Wittgenstein y considero que no es un buen libro introductorio, sigo prefiriendo el texto de Eilenberger "Tiempo de…" <<para introducirla>>, por guiñar al título de la introducción de "Follar y filosofar" de Manuel Luna, libro que he hojeado y tengo en una gaveta.

[89] Al cual seguiré posponiendo, probablemente intentare con el después de haber leído varias cosas de Harman y el CCRU.

⁹⁰ Como lo describe Eilenberger en "Tiempo de..." y Ernesto castro explica en su clase sobre Heidegger, directamente de Heidegger he hojeado cosas, muy pocas, de "Tiempo y ser" que me parecieron asombrosas, difíciles pero muy interesantes.

⁹¹ Criticas que hace Quintín Racionero en su curso "Espíritu..." las cuales, creo recordar, principalmente gravitan en la sección Presocráticos, aunque en todas partes hay dardos hacia los "positivistas" y los románticos ("esos señores que lo confundieron todo"), hacia Heidegger o Hegel.

⁹² Sé de la pésima fama que tiene Heidegger entre algunos científicos interesados por la filosofía, entre otras cosas debido a que las críticas que realiza a la ciencia conllevan una peligrosa relativización e incluso minusvaloración de disciplinas diversas de trasegares difíciles (recuerdo que en un post de Gustavo Romero se aludía a como el científico divulgador debe estar cumpliendo con unos estándares, papeles y burocracia específicos y a la vez debe mantener una poco habitual resiliencia lozana con la cual pueda darse a la par con un filósofo que no debe lidiar con una gran parte de lo que el científico debe, por ejemplo, puede decir que "la verdad no existe" [que hasta donde entiendo, no es el caso de Heidegger] y llenar escenarios).

⁹³ Eilenberger muestra como las clases de Heidegger en cierta medida se acomodaron a un sentimiento nacional y Castro intenta argumentar que la posición política es una consecuencia de la filosofía que adoptó y no sólo debe pensarse el nazismo heideggeriano a la luz de los "Cuadernos negros"; quiero leer el texto de "Heidegger y el nazismo" de Víctor Farias, algún día

⁹⁴ Fue (Es) una corriente filosófica contemporánea ligada a una serie de foros desde los cuales se gestaron diversas interpretaciones y teorías, Ernesto Castro se ha encargado de estudiar algunas de sus obras y compendia sus resultados en "Realismo postcontinental", al respecto pueden verse las mencionadas "lecciones de...", la charla "Presentación de..." con Valerio Rocco y su entrevista con Quique Badia Masoni.

⁹⁵ El paralelo que hace Eilenberger entre "La montaña mágica" y el debate sobre "¿Qué es el hombre", me llevo a leer a Mann. Gracias Eilenberger, ha sido una lectura deliciosa y la extraño, cuando acabe de hacer estas notas lo retomaré.

⁹⁶ El joven elegido y el rey viejo (aunque Heidegger no era precisamente un muchacho).

⁹⁷ Información tomada de "Tiempo de..."

⁹⁸ En verdad, es un problema de todas las modas aunque en filosofia resulta muy interesante que parecen no perder vigencia; siempre se les puede dar la vuelta y revitalizarlas, parece.

⁹⁹ "El escéptico".

¹⁰⁰ O mejor, los "problemas" término e idea que Deleuze subraya en " El abecedario", letra I.

¹⁰¹ Creo no equivocarme al aseverar que la historiografía tiene consecuencias políticas, ejemplo de ello es la división Analíticos-continentales y lo difícil que parece pensar un texto filosófico que aborde sesudamente o juiciosamente gran parte de la filosofía de la segunda mitad del siglo XX, creo que Eilenberger hace un intento encomiable, espero noticias de un libro parecido respecto a la segunda (entiendo que el libro de castro "Realismo especulativo..." intenta dar luces en esa dirección, dirección postcisma).

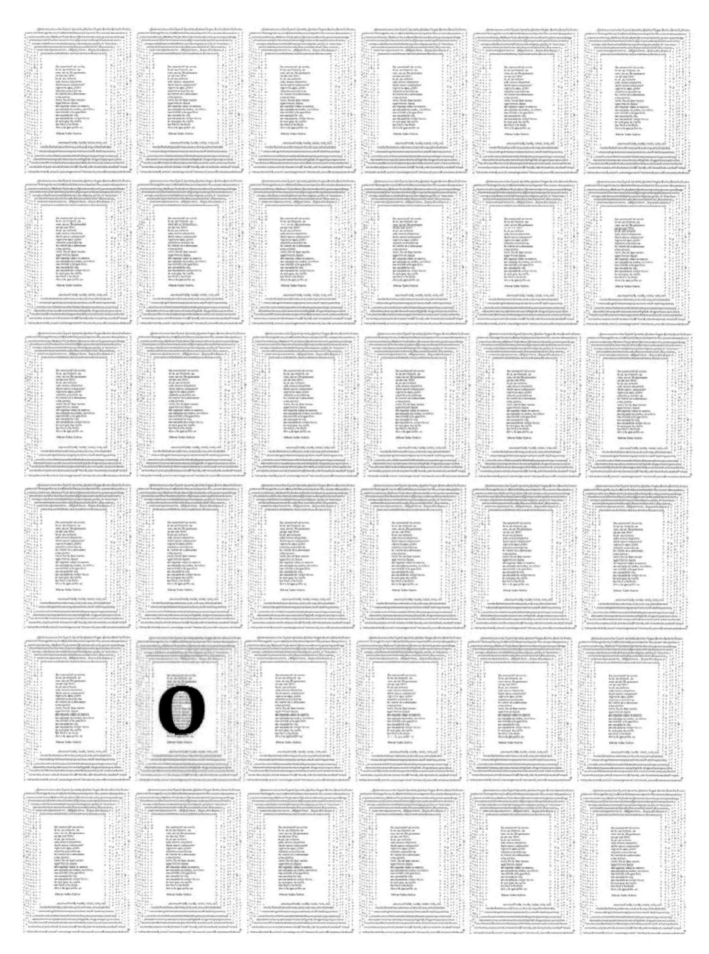

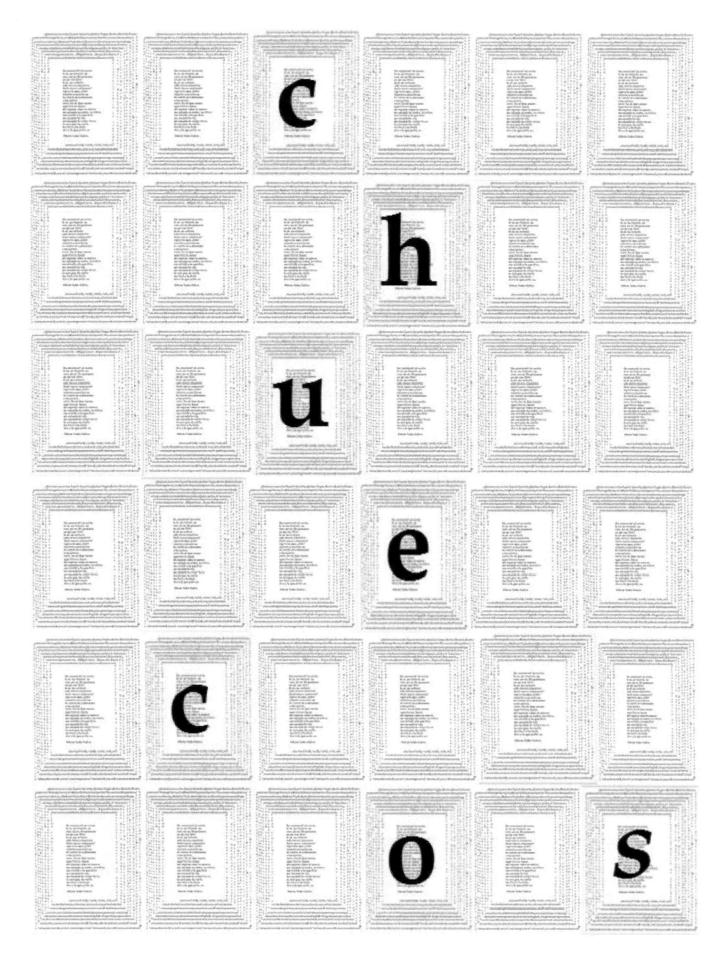

No es suficiente, no es necesario

- EGO Derenif Yahir G.

Hablan sobre Pessoa[1].

Indignación e ira paciente,
la ira de dios[2] debería ser
así,
queda, callada y profunda.

No es suficiente, no es
necesario;
dibujo el mundo en negros,
en grises,
en colores limpios,
en colores pálidos,
en locuras y figuras,
en alardes y astucias,
en palabras vanas,
en figuras lentas.

(No hay ojos,
no hay voces;
hay algo,
no hay nada,
la nada no la hay)

Quiero arrancarme
los reojos[3].

Siento en mi cabeza
el afán

por aprender portugués,
hablar rápido
un español a medias;
el español es
poco sensual con sus
explícitos sonidos

(una lengua de filósofos,
de ensayistas,
sin claroscuros verbales[4]),

no sé griego o alemán,
no sé inglés
con tanta astucia
pero, sé que
el idioma de los
besos
o debe ser francés,
o portugués
o alguna lengua
a medias[5],
alguna lengua rápida,
rápida como las leves
brisas que desdibujan
mi estupor,
mi dolor y mi silencio.

Los juegos del tiempo[6] no tienen ojos pero si sospechas,
pero no hay ojos,
es lo que quiero sin quererlo.

No es suficiente, no es
necesario. Este lado arriba,
esta caja puede arrojarse
al fuego. El recado que nadie
espera no es
necesario respetarlo.

Cálmate y siente, no sonrías,
mantén la tristeza y besa su

cuello, detén tu alma en la
voz de tus latidos, déjate ser,
nada es de nadie, nada es de uno.

Estaba en Pessoa, vuelvo sobre él.

Día soleado en la terraza

- *Yahir*

Arquea la espalda y las orejas,
grandes orejas peludas;
mira con sus ojos,
entre amarillos y verdes;
olisquea con el corazón
sobre su hocico,
una nariz porosa y húmeda.

Es un gato muy sano,
pero tiene el pelo negro
 pajizo;
salta y grita,
salta y maúlla,
salta y orina
camas ajenas.

Blanco brillante,
azules y grises sucios,
negras sombras sólidas que dan
forma al paisaje.

Se mueven las arrugadas sábanas
del firmamento,
las destendidas cobijas
que configuran el cielo,
deslizándose lentas, al paso
de un caracol sin coraza[7],
se deslizan
hacia a la izquierda
y puede sentirse
el movimiento de la tranquilidad[8]
del día con ellas,
es un movimiento fuerte,
lleno de certeza,
la certeza de los imbéciles.

El día camina sus pasos
sin significarlos[9],
lo que acaba se termina,
lo que muere no revive
y lo que pasa
no piensa volver,
no germina
el tiempo perdido.

¿Cómo puede ser una fenomenología
del tomate o de la taza de té[10]?

Pasa un ave apresurada y la luz
diluye sus colores,
es aleteos y sombra,
un pájaro "negro" que, afanado,
recorre el aire encima de
una casa

¿A dónde va?

¿De dónde viene?

¿Qué quiere?

Hay hojas verdes
bajo el caliente sol,
que espía, blanco y sonriente,
las plantas que bailan bajo sus rayos,
que, tranquilamente, se mueven
con el murmullo del viento fresco,
un viento vagabundo, ladrón,
en cuyo cuerpo lleva los perfumes,
los aromas, los olores del día
y las premoniciones de la noche.

Fragmento de alguna historia
- Derenif?

Quieres saber mucho del otro,
no hay otro[11].

Sabes mucho del otro.

No hay otro.

Quieres derramar el vino
de su voz en tu gaznate,

quieres recorrer con delicado
asombro[12] su alma.

No hay nadie.

Una mirada es suficiente para
querer dormirte en sus ojos[13],

para querer saber de su mente,
para sorprenderte en su multiplicidad.

No hay nadie.

La oreja de perro
- EGO Derenif Yahir G.

Hoja arrugada. Una flexión
que la vuelve la oreja
de un perro[14],
es un papel que se dio
vuelta en un descuidado
accidente.

La noche es fría
y el día está lleno
con la tibieza de
mi tranquilidad,
la muerte siempre
está presente[15]
y el delirio de la
inmortalidad, en
que duermo
todos los días[16], es
una cortina delgada
expuesta al peligro
de deshacerse cuando
el tigre ruja
y su lomo se
remueva bajo nuestro
inocente peso[17] ¡Oh, señor
Bigote!

(Bigotón).

Soy como
una hoja arrugada
y un esfero a medio usar,
soy el producto
de accidentes y casualidades,
soy una consecuencia
del descuido
y siempre estaré
marcado por el nombre
de un difunto[18]

(por los nombres
de los muertos).

¿Qué me ha hecho
lo que soy? (ser?[19])

Quiero comprender la
identidad de la arruga
que dobla una esquina
de mi alma, pues
soy una página arrugada
que comenzó tratando
de imitar al cuento:

sin saber leer bibliotecas,
sin haber leído más que
biblias;
quise mimetizarme, no

por la apariencia sino
por hacer, quería hacer.

Planear es un ejercicio
esencial para mi existencia:

el paradisíaco sonido
de las posibilidades
y el sádico placer
de restringirlas[20].

Recuerdo que mi primer
uso de una computadora
fue el
proyecto de una novela:

era una ingenua combinación
de un Sherlock Holmes,
que nunca he leído
y del cual conocía algunos
rumores, con
la isla del Dr. Hibbert[21];
y tendría caníbales, mutantes,

licántropos[22], satánicos
y antropología[23] tipo Indiana
Jones[24], un puñado de
historias
proyectadas pero nunca
escritas.

Recuerdo el mimo
con el que conté y dividí
las páginas del archivo,
en Word,
el esmero que le puse
a crear un índice,
páginas de relatos
que nunca fueron y
nunca serían.

Ahora,
recuerdo,
mi primer publicación,
no fue un poema, fue
un cuento[25].

Lo que siente una espiral

- Derenif?

¿Cómo dibujar
lo que siente
una espiral,
mientras se hunde
en la negra mar,
en medio de la noche?[26]

Decidí que quiero ser feliz,
las
pastillas
para dormir profundamente[27]
me hicieron comprender
que necesito
moverme hacia la
victoria.

No importan
las heridas,
¿o sí?,
no importa,
¿o sí?

Ghostlight[28],
no importa,
¿o sí?

Cangrejeo[29],
no importa,
¿o sí?

Soledad,
no importa,
¿o sí?

Anathema,
genial.

Nada más delicioso
que vivir el plácido
desgarramiento
de Untouchable[30].

Sé que quiero
ser feliz,
me aburrí de la
vida de mierda

(como los empleos
de mierda[31])

que disfruto,
me aburrí
de rasguñar las hojas,
de rasguñar vídeos,
de rasguñar papers,
de rasguñar libros;
me mamé de regalarme
y no poder aburrirme[32],
de necesitar algún juguete
y no poder confrontar
la desgarradura[33].

Sé que no puedo
destrozar todo,
salvaje y abruptamente,
pero necesito
escaparme de
la enfermedad,
del ciclo:

de pobreza,
de vaciamiento
y enajenación.[34]

La felicidad es indefinida
y no parece ser un
estado,
es como el placer o
el deseo[35]:

una metodología.

Dos líneas y un espacio

- Derenif?

La puerta no necesita estar, existe, existe en cuanto posibilidad e incluso puede existir y ser ajena a uno:

puede uno ser la llave para el candado en el cerebro ajeno, del candado que libera dioses y demonios, animales, fantasías y nuevos espectros, pesadilla.

La caja se observa y se escribe[36],

¿Qué es el yo?

Una mentira, una respuesta a la pregunta, algo que no existe hasta ser puesto en cuestión[37], la caja no sabe qué son sus garabatos[38] pero son ella, ella lo sabe y no sabe cómo...

Quién fuera la luz,
quién deja de serlo,
quién no es sólo luz,
quién no intenta reconfigurarse a los ojos de la lluvia,
de las nubes.
El cielo azul,
los armoniosos pájaros y el sol engreído,
lleno de amor de sí.

Falta sellarlo, que no tenga sueño y que no esté medio *morido*[39], algo se lleva mis ánimos y necesito recuperarlos, una pizca de sueño para ello y volveré para escribir.

Dos líneas
y un punto[40].
Dos
líneas,
(un espacio)
y otra línea con punto.
Lo hace como si fuera magia, ese es
el verdadero hechizo,

(la verdadera magia)

las palabras jugadas y conjugadas,
esto es prestidigitación.

Dos
líneas, (espacio)

una línea casi una frase, un punto.

Dos líneas
son un verso.

Ojalá un beso.

¿Qué es amistad?

- Derenif?

Amistad[41] es muchas cosas
indefinidas.

Amistad parece ser
esa relación extraña
que conservo con
amigos y amigas,
eso que me lleva a
hablarles
cuando tengo ganas
y cuando no las tengo
a responderles;
lo que nos lleva a prestar
dinero o regalarlo,
a dar posada,
a prestar habitaciones,
incluso complicidad. Amistad

es construir
castillos de vapor,
destinados a la ruina y
pasar horas
conversando para disfrutar
del otro.

Amistad es algo extraño,
no es enamorarse[42],
no tanto
y esa es su virtud.

Puedo durar
casi un año sin hablar
con alguno de ellos;
es que hace más
de tres años
lo vi por
última vez
y con otro,
hablamos por teléfono
hasta hace casi 1 mes,
antes de eso duramos otro
mes sin saber de
nuestras vidas...

Amistad es como
un gusano extraño,
uno que no muere,
o casi nunca,
uno que resiste.

Nosotros que por temporadas
no hablamos,
desaparecemos y de pronto,
de la nada,
otra vez estás jodiendo
mi cabello, otra vez estoy
sabiendo de tu vida;
o quien de momento
es más estable;
o él, "amor de mi vida,
cosita rica", precioso animal
salvaje

(sonrisa);
también él, una amistad
sorpresiva,
un amigo interesante, uno con
el cual compartimos intereses
aunque comenzamos
en las antípodas del otro.

O la otra, perdida, quien
sabe cuánto la estimo por estar
loca, ser hermosa y tener
garganta de sifón.

Oh, querido, querido, me
brindas tu consejo y haces esta portada,
me brindas compañía y sabes que
te debo un libro.

Aunque bueno... tal vez,
sí se gasta un poco el lazo,
el enlace pierde consistencia
y lustre.

Ella, la de más años, el amor
de mi existencia, el corazón

más bonito,
la persona más noble
que he conocido,
teniendo cierta confidencia,
lástima que por
turbulencias no podremos
compartir posada.

También estás tú y
no sé conocerte
sin la intimidad.

Es duro,
ya lo he vivido, es difícil,
pero definitivamente,
a falta de un término decente,
eres mi amiga...

Pienso esas filiaciones que no
cuajaron y
las que quisiera hilvanar;

las que no llegan al punto final
o las que olvido,
las que me olvidan,
las que se callan; las que se
deben buscar como
mis hermanos, por ejemplo.

Finalmente, hay una amiga,
una que desconozco pero
debo aprender a comprender:

Lo que me pasa.

Topografía, filosofía y compañía

- EGO Derenif Yahir G.

Hay una dimensión espacial en los conceptos[43], la materialización de los términos abstractos y su enraizamiento práctico[44]

(praxis)

conllevan la necesidad de una aproximación histórica, geográfica y naturalista que se añada al análisis meramente lingüístico, "filosófico" y lógico[45]. Lo cual no es una observación novedosa, sé que esta perspectiva "topográfica" ha tomado vuelo en la filosofía y las ciencias sociales del siglo XXI, al menos desde los acercamientos foucaultianos

(y de Deleuze)

a los "substratos" epistémicos[46]

(cómo el conocimiento tiene capas históricas que son análogas a las geológicas)

y el interés por comprender, con mayor exactitud, qué significa algo para una época[47]; lo cual supongo también está relacionado, fuertemente, con los descubrimientos y posibilidades que provocaron el estructuralismo[48], el materialismo histórico, la filología, la arqueología o la antropología en la comprensión de la historia de "occidente" y sus ideas o la constitución de su particular "antropología filosófica"[49].

Sin embargo, sé que la pregunta por el lugar

(Topos)

en su relación con lo psíquico no es exclusiva del siglo XXI, ya que fue un fetiche intelectual de cierta época, cosa que puedo sostener, de forma inquieta, insegura y atrevida, al señalar la evidencia documental que tenemos en los tratados sobre la relación del clima con los temperamentos y los carácteres, a lo largo del siglo XVIII y XIX. Uno de los cuales, el del Sabio caldas, es considerado el primer texto psicológico (psicologista, precisaría yo) de Colombia[50]

(con intereses en lo psíquico, aunque no plenamente psicológico[51] y más bien aceptado como el primer texto filosófico colombiano).

De hecho, esta dimensión espacial entiendo que también fue retomada por Guattari-Deleuze en "Antiedipo"[52] aunque sólo puedo asegurar, de primera mano, que este autor la maneja con desconcertante soltura en "¿Qué es la filosofía?"

De hecho, esta dimensión me apareció fosforescente[53] al acercarme al "Curso sobre Foucault" de Deleuze tras haber intentado, infructuosamente, leer el último texto Guattari-deleuzeano, en dos oportunidades[54], y entiendo que es una perspectiva prometedora con la cual se consigue acercar más, y mejor, a la filosofía con disciplinas que parecen extraterrestres a ella, cuando la primera se reduce al análisis teorético, lógico y gramatical de las ideas[55].

Este emparentamiento lo reconocí superficialmente con el texto deleuzeano y lo he visto activo en los trabajos e ideas de Eliza, quien maneja

(y estudia)

un tipo de filosofía que era relativamente extraño y novedoso[56] para mí, teniendo en cuenta mis intereses filosóficos de ese momento

(realistas y taxonomistas),

pero cuya fertilidad gnoseológica. creo que, no me pasó desapercibida.

Un ejemplo, de esta fertilidad es, la potencia de una pregunta interdisciplinaria del tipo

¿Cómo las fronteras "topográficas" *influyen* en la *movilidad y sedimentación* de las narrativas de las comunidades?

Por ejemplo:

¿Cómo una gran avenida no solo divide casas pobres de casas ricas sino, también, gente que piensa de una forma específica

(como un "ideario")

y otra que piensa de otro?

(también como un "ideario", aunque tal vez resulte más clara la idea de "Representación" para entender aquello que he denominado "ideario").

La potencia de esta forma, muy interesante y novedosa, de abordar las ideas me pareció mucho mayor al encontrar las conferencias del Filomat[57] y el interés que sus representantes le concedían al uso imbricado de diversas áreas del conocimiento. Con el propósito de estructurar una *interpretación de cierto momento dado*, una tarea que requiere la imbricación de diversas disciplinas: economía, filosofía, literatura, geografía, historia, sociología, filología, etcétera.[58]

Y aunque he notado que, como muchos grandes autores y grandes escuelas, en la escuela de Oviedo también se amañan algunas suposiciones[59] o se sacan de la manga jergas esotéricas que parecen más bien enredar la pita para reinar; ellos me hicieron mucho más consciente de la potente y pesada tarea del filósofo, manejador de conceptos o, cómo me dijo Eliza alguna noche, creador de ideologías.

Ahora, el lugar en dónde leí y contemplé la magnífica labor de un filósofo contemporáneo, por primera vez, fue un libro que supuse secundario de une autore muy interesante:

Paul Beatriz Preciado, "Pornotopía", un texto sobre Playboy y su influencia en la sexualización de los hombres y mujeres boomers, su subjetivación y la construcción de la sexualidad contemporánea[60] y su marcada influencia en la cultura estadounidense.

De hecho, Preciado intenta explicar, de una forma poco clara y poco ordenada en mí impreciso recuerdo, qué son las *heterotopías* y su lugar junto a las distopías y las utopías, **heterotopía**[61] es un término que en este momento estoy empezando a conectar con los terceros espacios de desarrollo personal[62], espacios donde uno va fortaleciendo su personalidad

(bares, bibliotecas, cafés)

al pertenecer a un grupo o un contexto especifico, cumpliendo unos roles y manteniendo unos estándares definidos los cuales, para Corredor, y yo le copio, han ido migrando a la internet

(y con la pandemia se hace más evidente gracias a Google Meets y Zoom):

Instagram, Twitter, YouTube, Facebook o en su inicio los foros y los juegos[63].

Un texto poético

(versificado?)

para finiquitar esta chapucera reflexión...

Estás allí, la distopía[64], el vacío y la verdadera y poco plácida utopía:	Después de reconocer que el suicidio es el primer problema filosófico[66],
no hay lugar, no lo encuentras, no sabes cómo ver a Sísifo feliz[65], nadie lo sabe y, tal vez, nadie lo deba.	Camus dio vuelta a la arepa y consideró que la filosofía de su época estaba incompleta si no entendía cuándo la moralidad permitía matar[67]

(o eso creo, nunca lo acabé).

Estamos allí,
aquí,
los lugares son más sólidos[68]:

la velocidad vertiginosa,
el ruido apabullante y
la "velocidad"
en medio del trancón
han desaparecido,
estamos más metidos,
más adoloridos,
más conscientes de las paredes,

las casas ya no son solo
sitios para dormir.

Venga le digo:

sienta el vacío,
viaje por él,
mire al abismo
dejé que el mire
dentro de usted

(entiendo para
que es el lubricante
pero

¿para qué la linterna?[69]);
sirvo de divertimento
pero tenemos
cerebro
y puedo darle un poco
de acompañamiento,
no mucho.

No mucho pues
odio el silencio,
soy locuaz,
también soy procaz,
quiero devorarme
esa carne morena,
quiero recorrer
las plumas de las
estrellas,
pero me encanta
conocer a las personas.

Estertores y destrozos

- Derenif?

Hoy las estrellas
no sonríen, titilan[70],
vivo en paz
con el caos de
la mirada.

Hoy no hay
sueños,
no hay esperanzas.

Dioses muertos,
religiones históricas[71],
hoy la luz
ha perdido su
místico beso.

El mundo pierde
fantasía y lustre,
me encanta;
hoy puedo caminar
con mis pies,
puedo sufrir con
mi espalda
y reír con mi boca.

Soy yo,
yo y mi circunstancia,
si fuera necesario
seriamos yo y mi fracaso.

Ya casi no sueño con los
labios de minerva,
ya el silencio no
me deja esperar,
ya lo intenté,

lo intenté,
hice caso y no funcionó.

Hoy la luna
no es mi confidente:

He perdido la costumbre,
mística y estúpida
costumbre,
de enviar recados con
la luna[72].

Hoy me siento pleno,
la vida es agonía eterna[73],
la vida es andar con
mis propios pies,
sufrir con mi espalda,
reír con mi boca,
lamer con mi lengua.

Estertores,

toma aire el día,

toso.
Estertores,

toma aire la tarde,

estornudo.
Estertores,

toma aire la mañana,

bostezo.
Estertores,

toma aire y

me desilusiono.

Desamor correspondido 1

- Derenif?

Alguien tan sexual,
como yo, se sorprende
de encontrarse satisfecho
en el abrazo de su propio
placer.

Pienso un poco en
cómo cuantas cosas
comenzaron
tan calientes,
terminaron tan heladas,
en cómo parece que soy,
sólo al comienzo, como

el carbón en la boca
de Isaías[74], calor tan
fuerte que purifica,
soy una fiebre erótica,
exótica enfermedad.

Luego del comienzo
voy desapareciendo, lento,
lento pero seguro termino
en la posición de una
segurísima e indefensa
caricia, solo una.

Me pasó así, está ocurriéndome
mucho; aunque, antes era mi carne y mi alma
la que primero se
aburría:

La Zura me recomienda, en su
plumífera sabiduría, no quemar tanto
la mecha y conservar la compostura,
en síntesis, que el que mucho muestra
el hambre, el que expone mucho
la carne de su corazón es el
estafado[75]

(así lo comprendo
y creo que puede discutirse, puede
discutirse con creatividad conceptual,
ética y estética; aunque sea un principio
de popular y práctica sabiduría, como un
"ser fantasma para ser marido").

El ardor no es algo
que se engendra de la nada[76],
aunque resulta imposible de
forzar. (suena Transylvania)

La tranquilidad de mi sexo
contradice la
epilepsia en mi cabeza,
"enamorado"

(insisto en la
necesidad de hallar un término
mejor[77])

y desencantado.

Además, en mi vida, fuera del
camino pedregoso del amor,

estoy dispuesto a suicidarme
para poder vivir más cerca de

mi felicidad: cada día más lejos
de la alegría y más cerca de
la felicidad. La feroz
tranquilidad, en que mi cuerpo
se deleita, agrava la náusea
de mi existencia llena
de baches,
obstáculos nunca retirados,

dicen que Guattari-Deleuze
preguntan:

¿Qué hace al
explotado pedir más
para sí y para los otros?

(una corrupta ley
de oro[78]).

Tesoros de los astros

- Derenif?

Un beso robado a la luna
es el regalo de tus ojos,
observando atentamente
mis gestos
reflexivos o elocuentes.

Es un beso robado a la luna
la alegría
que me produce un minuto
de comunicación
y las palabras que puedes
regalarme,
los trozos tuyos
que puedo probar con cuentagotas.

Es un sueño plagiado al sol
poder fantasear contigo,
con las conversaciones fértiles,
con los mutuos aprendizajes
y las líneas de fuga[79]
que pueden dejarse en el otro.

Un sueño plagiado al sol
poder servir en tu altar
y ser como Tiresias[80]
y como el mismísimo Jonás
dudando de las palabras[81],
respondiendo,
desafiando
y confiando.

Al final,
aunque los astros
quisieran dejarme
aquello que logré quitarles.

La vida se llevará fantasías,
alegrías y recuerdos;
los astros olvidarán los tesoros
que les robé,
esos con los cuales me lucré,
pero tu presencia anidará
en mi cuerpo,
como una muesca,
como una grieta.

El tiburón, el caracol, el gato y el conejo

- Derenif?

Hay una vaca en un trampolín[82]
y un cadáver que va pasando,
dejando la estela de lo vivo
que su cuerpo alimenta[83].

Hay magia en las
palabras que
separadas por un
renglón, ajustan
el punto para
decirlo todo con
lo suficiente.

Hay unos dientes
hermosos y alguien
precioso con ellos,
es conocible, eso
he dicho.

Hay tantos cambios
en mi vida,
tantas promesas de
la nada, todo es
posible y ello
lo hace fatal,
es el momento
del suicidio,
la destrucción:

Quemaré la jaula
y correré desnudo
mientras me derrito[84].

Hay alas negras,
pies quemados
y pájaros constelados
que vuelan sobre
el nudo de mi alma,
soy un nudo,

soy un todo
y una nada.

¿Cómo definimos
cuando hay tantas
e incompletas
enciclopedias

(palabras rotas[85])?

Hoy los limites
se desarman,
se desdibujan
y borronean[86],
los días pasan,
cada vez está
todo más cerca:

Leer, leer, leer,
devorar,
escribir, aprender,
ser,
hoy mi humanidad[87]
se pospuso para retarme
con el conjunto de los desafíos:

Ya no es cocinar,
es comer y cocinar,
ya no soy yo,
es ser con los que puedo
serlo,
ya no soy yo,
es quién estoy siendo,
es a quién estoy llegando
pues,
soy el puerto y el navio[88],
soy la mar y el tiburón,
el caracol, el gato y
el conejo.

Cada error, cada mentira

- Derenif?

Negación. No quieres saber
cómo, dónde ni con quién
se encuentre[89];
necesitas macerar
y marizar tu pena
y tu dolor
con la ausencia
de toda noticia[90].

No quieres saber de su alegría,
no quieres saber de su tristeza,
no quieres volver a sentir
el dolor que le causaste.

En cambio,
quieres volverte un recuerdo
de forma inmediata,
deseas que las marcas cierren
y dejen sólidas cicatrices en
tu alma[91],
quieres que el escozor en tu
corazón,
se diluya en el silencio
de la tarde, pero
es imposible.

Quieres volver al momento
anterior,
pero es imposible, además,
no lo quieres, no lo quieres
porque sabes que tu
sufrimiento
es necesario para evitar
nuevos errores.[92]

Sabes que cada error,
cada mentira, los llevas
inscritos[93] en la textura
de tu piel;
cada error, cada mentira,
los llevas metidos como dagas

en tu cabeza, son como
cadenas
que asfixian tu pecho. No
le pides a dios coraje,
en tu infinita cobardía
puedes ser astuto y
confrontar al diablo de
tus actos; en tu infinita
cobardía puedes ser astuto
y tocarle la espalda al
creador[94],
o a dios
o a los ángeles,
puedes reír con tus llagas
abiertas, vivas,
y sonreír con la náusea
del dolor.

El revolcón de tu vida
no requiere divinidades
extrañas,
requiere altares de
aluminio, hechos con
latas de cerveza, con
vidrio de botellas
sin terminar y ceniza
de cigarrillos.

Cada error, cada mentira,
están tatuados en tu alma
y te acechan como asesinos
en la noche;
sabes que debes llevarlos,
estoicamente[95], contigo
a todas partes,
sabes que bailan en tu
carne y se regodean con un
banquete de recuerdos, Silencio.

Banquete[96] de silencio y calma.

Agónica superación del desamor
- Derenif?

Fui lo mejor y lo peor
contigo:

Dolor, inconsistencia,
desconfianza, impertinencia,
fui un animal dubitativo,
inconstante.

Te acompañé a donde pude,
intenté amarte con mi

(inexistente)

alma[97]
y ponerte cerca del pedestal
lóbrego y solitario en
que me tengo.

Te entregué mi confianza
en muchas cosas,
sólo el corazón te lo
intenté esconder
pues, cuando deje que saliera,
tus palabras le hicieron
mella,
tus reacciones y
tu desconsolado llanto.

Nunca entendí cómo
te quiero, "cómo" quiere
decir cómo es, cómo
denominarlo,
cómo ocurre,
cómo se siente,
nunca entendí
cómo te quiero
y lo hago...

Y lo prefiero.

Siempre pensamos
que lo mejor era la
lejanía,
que ninguno estaba
hecho para el otro,

ambos sabíamos que
la magia extraña,
que fundía nuestros
corazones, y nuestro
desproporcionado
esfuerzo,
algún día se
agotarían.

Así fue, se agotaron.

Estoy hecho añicos
y no importa,
mi cuerpo descerebrado[98]
siempre puede vivir
en el negro pozo
de la tristeza,
ya la soledad no
me acompaña con
el dedo inmundo
de la culpa,
erré, dañé,
debo aceptarlo,
no hay disculpa
que recomponga
mi vida ni la tuya,
no importa,

(necesito vivir,
necesito aprenderme,
necesito perdonar,
necesito aceptar
y descubrir lo
que soy
y lo que quiero ser)

gracias.

Silencio.

Los besos no volverán.

Los saludos no volverán.

Las confidencias no volverán.

NOTAS

[1] Escribo mientras Tomás Abraham dicta su clase de Pessoa en el ya mencionado ciclo "Grandes maestros…"

[2] De un dios "benévolo" que pueda airarse.

[3] Es decir, No poder mirar de reojo.

[4] Sonidos demasiado secos, no tiene matices fonológicos, declinaciones nasales o bucales, aunque no apostaría mi dinero a ello, no soy lingüista y confío más en sus juicios al respecto.

[5] Quiero decir alguna lengua de esas que parecen muy fluidas, como habladas en cursiva (claro que, probablemente, ese ritmo que le doy a otros idiomas depende de mi oído aculturado en mi lengua nativa).

[6] Supongo que me refiero a los azares del destino.

[7] Sin caparazón.

[8] La tranquilidad se mueve con ellas.

[9] No los reflexiona, no les da un sentido más allá de lo que son.

[10] Entiendo que Ortega y Gasset hizo este ejercicio, una fenomenología de la taza de té, creo que la referencia la da Ernesto castro en "¿Yo también…?"

[11] ¿"Otro"?

[12] Resulta interesante que dos términos, que en teoría tienen cierta importancia en Aristóteles. Esten juntos acá el "asombro" (de donde nace la filosofía) y el alma (psiché); sin embargo, no estoy seguro de haberlo pensado intencionalmente así, ni de no haberlo hecho.

[13] Evidentemente, guiño a la canción de Cerati "Rapto" y dormir en un sitio del rostro ajeno; supongo que se puede combinar con lo mencionado de alma y asombro, traer el conocido párrafo de metafísica sobre el amor al conocimiento (la obsesión escópica, algo que señala Ernesto Castro, probablemente en su clase sobre Aristóteles, y que Quintín Racionero Carmona confirma, en las suyas, al referirse a la cultura griega) y hablar del no ser visto como signo (o rastro) del amor… y responderle que el conocimiento y la pasión no son opuestos, como se ha encontrado en la investigación sobre toma de decisiones y la influencia de las emociones en la consolidación de recuerdos, la referencia mas fresca que tengo sería el capitulo dos del libro "Compórtate" de Sapolsky, "Unos minutos antes", especialmente al hablar acerca de la amígdala o de la corteza frontal (la ventro medial y la "cognitiva").

[14] Término con el cual se denomina al arrugamiento de las esquinas de un libro o cuaderno.

[15] Evidentemente, la reflexión sobre la muerte que realiza Deleuze, presuntamente ya leída.

[16] Dice José Pablo Feinman en su programa "filosofía aquí y ahora", acerca del existencialismo, que "el otro siempre se muere, se vuelve un fiambre", probablemente en la clase del "ser para la muerte" o en la clase "sacar la filosofía a la calle"; me resulta interesante notar que logré ver muchos de sus episodios, hablando de programas, "mentira la verdad" es un proyecto filosófico muy interesante y precioso. Creo que Feinman fue el que me acerco a la filosofía fuera de los libros, para bien o mal.

[17] Evidentemente, un guiño al texto de Nietzsche "Sobre verdad…"

[18] Uno de mis nombres está ahí en honor a un niño muerto, pero mis nombres han debido tenerlos muchos muertos.

[19] Ser y hacer, qué relación interesante, por ejemplo, ser alguien y hacerse alguien…

[20] Me encanta aunque, irónicamente, ya no tengo tiempo para organizar el tiempo calculando horas, calculando categorías, dividiendo jornadas.

[21] Episodio de los Simpson en "La casita del horror"

22 Si mal no recuerdo, el termino caníbal y el termino licántropo, me fascinaban, son términos muy interesantes.

23 Arqueología.

24 Creo que no había visto a Indiana Jones, aunque si vi a sus múltiples herederos de los dosmil y algunos de los noventa.

25 En la revista del colegio, desafortunadamente perdí la revista, aunque me daba algo de pena leer ese texto; recuerdo con mucho cariño a Edith Cardozo, quien en ese pedazo de hoja con mala ortografía y mala redacción, vio algo que merecía ser alimentado… la cosa es que todos los árboles demoramos en crecer, en pudrirnos y enchuecarnos ("manzanar podrido"): Ella me regala una computadora cuando tengo alrededor de 12 años y yo publico mi primer libro 13 años después, sin la posibilidad de enviárselo, es triste. Es la vida.

26 Hay un dibujo que me gusta, pero creo que solo será añadido si hay una reedición

27 Texto, presumiblemente, ya leído.

28 Siempre pensé que el Ghostlight era mostrar sentimientos y desaparecer, como un faro. Pero no, el término es Gaslight, o más bien es Ghosting… milagros de "la cabeza".

29 Caminar como un cangrejo en la vida sentimental.

30 Canción "Untouchable" por Anathema

31 Es decir, "vida de mierda" tiene un uso de "mierda" parecido al uso que tiene en "empleos de mierda" no me refiero a la vida que es una mierda, aunque así lo sea, sino a la "vida de mierda", una vida que, por decirlo de alguna manera, no merece ser vivida.

32 Según un texto sobre Baudelaire, muy corto y bonito "Poesía y…" de Leonardo Ordóñez Díaz, Benjamin dibuja una distinción entre Ocio y Aburrimiento, que si mal no recuerdo se refiere a que el Ocio se produce en el Aburrimiento, el Aburrimiento posibilita la irrupción de las grandes obras, diada que en la modernidad Baudelaireana va a hallar un nuevo participe el "Ennui" o hastío.

33 Otra vez Abad.

34 Semio-capitalismo y "Sociedad del cansancio" [Libro de Byung Chul-Han, que hojee y con el paso del tiempo me parece casi igual al "Crepúsculo del deber" de Lipovetsky, libro que hojee y casi termino], para sonar pomposo; "Crepúsculo del deber" y biopolítica, para sonar un poco más pomposamente clásico; "vida de mierda", para ser más exacto y equívoco.

35 En este momento, continuaba algo influido por las ideas de Diego Fernández sobre Deleuze y Foucault en su charla en Leemos "¿Deseo …", cuyo libro homónimo me encantaría leer.

36 El texto sobre la caja, aunque ese texto lo pensaba imaginaba a la luz de *La caja de letras chinas* de J. Fodor, sobre cuyo experimento mental solo he leído textos secundarios, si mal no recuerdo, Francisco Varela, Eleanor Rosch y Evan Thompson hablan sobre el experimento en una de sus notas del libro "De cuerpo presente" un texto maravilloso… un trabajo epistémico/gnoseológico encomiable y digno de ser leído, releído, pensado y repensado. Francisco Varela fue un científico interesante, diría que asombroso y supongo que su maestro, Humberto Maturana, también es digno de leer.

37 Bueno, el tejido de esta cosa esta muy enredado, la idea del yo como ficción creo que cuaja en una clase sobre "¿Qué se siente ser un murciélago?", pues estaba leyendo "La trascendencia del Ego", aunque debe tenerse en cuenta que no había leído algo de Kant distinto a "Respuesta a la pregunta ¿Qué es la ilustración?" y cuyo prólogo, realizado por Foucault, me resultó ininteligible,

38 Adicionalmente, la idea que bota Deleuze en el prólogo a "Psicoanálisis y…" del yo como grupo, me encanta aunque todavía no la he estudiado, desde lo que sé en psicología de la personalidad, que no es

mucho, entiendo que resulta difícil definir unas "personalidades", lo más cercano y confiable, hasta ahora, ha sido el High Five que se ha logrado correlacionar con diversos aspectos del comportamiento humano, además se ha logrado "aislar" algunos rasgos que parecen tener una base fisiológica, cuyo conjunto es denominado carácter. Al respecto, recuerdo algunas ideas de Sneider en las clases de Psicología diferencial, al respecto "Personality development in the context of individual traits and parenting dynamics" de Berenice Anaya con Edgar Perez y el libro "Personality" de John Maltby, Liz Day y Ann Macaskill, que fue el texto guía del curso. Desafortunadamente, no he leído nada de la personología de Theodore Millon, aunque lo deseo con ansías.

[39] Yerro Intencional.

[40] Así es como la Poeta escribe, A.

[41] Lo anteriormente dicho sobre Filos, presumiblemente ya leído.

[42] Aunque, creo que la amistad no necesariamente riñe con el amor.

[43] También hay una dimensión espacial en los pensamientos y es abordada por la Psicogeografía, aunque es conocido el ejercicio de la mansión de la memoria [imagínese una casa, su casa, y cuando aprenda cosas vaya ubicándolas por habitaciones... pensando en esto, yo asociaba los libros que leía con los estantes de la virgilio de donde los sacaba], gracias, Alejandra.

[44] Si bien no es el eje vertebral de mi posición, creo resaltable aquello que Racionero Carmona denomina "Ontopraxeología"

[45] Considero que las clases de Racionero Carmona y muchos de los acercamientos que da el Filomat, son de este tipo. Adicionalmente, Deleuze, cosa que me sorprendió un poco al notarlo, parece tener una perspectiva parecida sobre el abordaje de la filosofía, me encanta la manera en que describe la filosofía en "El abecedario…" "H de Historia de la filosofía" y lo que mas me fascina es su inicio: La gente cree que la filosofía es algo tremendamente abstracto, pero no es así. La filosofía se encarga de cosas MUY [Trés] concretas, creo recordar que dice.

[46] Sé de esto principalmente por "Curso sobre…" de Gilles Deleuze; sin embargo, Paul Beatriz Preciado retoma algunas cosas de Foucault y son realmente "materiales"; adicionalmente, recuerdo que cuando me interese un poco por Foucault hace unos años, leí una recopilación de entrevistas y debates en pdf, desafortunadamente no estoy seguro pero parece que fue " Microfísica del poder" [en uno de los debates Foucault menciona la historia del biberón, o de los juguetes infantiles, uno u otro].

[47] Si estoy en lo correcto y el texto que leí de Foucault era "Microfísica…" tiene una intervención del filosofo francés, muy interesante, en la cual discute acerca de la historia y el presentismo [tomando por ejemplo una "olla", si mal no recuerdo].

[48] Aunque no quisiera reducir el "post-estructuralismo" y el postmodernismo filosófico a meros epifenómenos del estructuralismo, considero que son etiquetas problemáticas por su carácter panfletario o, directamente, por su constitución histórica como etiquetas facilistas y desinformadas (que entiendo es similar a la etiqueta "French Theory"); motivo por el cual no las usé (en este párrafo fui relativamente sosegado y no quería alargarlo demasiado para perder la forma de la página, pero evidentemente considero que las corrientes postestructurales son infinitamente interesantes para el desarrollo del propio conocimiento y del horizonte gnoseológico de nuestra cultura..

[49] Presto un término reconocido, que me interesa mucho, no de Cassirer aunque quiero leer su texto homónimo, que solo he hojeado, sino de la conferencia "Antropología física y antropología cultural" de Helena Ronzón Fernández, quien remite a un texto de Gustavo Bueno "Etnología y utopía", que como

gran parte de la obra del español, tengo en lista de espera (aunque primero serán "Los ensayos…" y ojalá algún día la enorme "Teoría del cierre categorial".

50 Al respecto puede consultarse el texto de Rubén Ardila "Historia de la psicología en Colombia" o el texto ya mencionado de Damián Pachón "Estudios sobre…".

51 Empiezo a encontrarme en cierto desacuerdo con mi propia afirmación; Eloy Bullón en su libro "Los precursores españoles de Bacon y Descartes" realiza una afirmación que hizo temblar los cimientos de mis suposiciones acerca de "la historia de la psicología", realiza una extensa cita de Ramón y Cajal y asevera que la institución psicológica contemporánea se funda en las presuposiciones filosóficas de los escolásticos de finales de la alta edad media e inicios del renacimiento. Cosa [Tesis] que no me parece descabellada, aún con todos los "peros" epistémicos que se le podrían colocar (por ejemplo, la institucionalización de las ciencias, las posibilidades materiales para la replicación y "globalización" del conocimiento, el bagaje cultural que funda el fortalecimiento de las ciencias), en especial si tenemos en cuenta la pobreza historiográfica de la formación en psicología, que le viene heredada por un área tan caótica como La historia de la filosofía(según las criticas realizadas por Onfray en "La comunidad filosofía" institucionalizadas por ciertos prejuicios, lo cual es complementado por las anotaciones que realiza Valerio Rocco en la "Presentación de…" como prejuicios Hegelianos; en contraposición, considero que las clases de Ernesto y Quintín ayudan a ver mejor los baches), y su exacerbado esfuerzo por demostrar una independencia disciplinar, algo que parece derivar en un interés desmedido por los "resultados" y las apariencias, en conjunción con cierta resistencia a las indagaciones profundas en sus propias raíces (como su relación con la disciplina psicoanalítica aunque, a decir verdad, la resistencia se da por parte de ambas disciplinas).

Hasta ahora, aunque no he sido enteramente juicioso en esta labor, el libro de mayor alcance que he hojeado en historia de la psicología es el texto de J. R. Kantor "Evolución científica de la psicología" aunque sospecho de su carácter normalizador al intentar demostrar cómo la psicología es, será y tiene que ser no mediacional, adicionalmente Kantor fue un filosofo que trabajo con Angell en su laboratorio, lo cual explica su amplio conocimiento en historia de la filosofía, pero lo hace aún más sospechoso, a mis ojos. Libro que desafortunadamente ha resultado imposible conseguir en físico y no existe en pdf, entre otras cosas por lo difícil que es manipular las enormes hojas de su edición antigua.

52 Con la idea de territorio, aunque supongo que también es abordada en "Mil mesetas" debido a las constantes referencias que se hace a los animales territoriales.

53 El fosforescente se debe a la descripción que hace Ryle del "mundo interno" de un dualista cartesiano, en el capítulo primero de "el concepto…"

54 Aunque me encanta la idea de @Obirek_, en diversas ocasiones me he encontrado con la necesidad de volver sobre mis pasos y darme un tiempo de maduración para abordar ciertos autores, textos o problemas.

55 Efectivamente, pienso en Ryle, pienso un poco en algunas cosas del Circulo de Viena (algunas debido a que hay cosas muy valiosas, como la distinción entre contexto de descubrimiento y contexto de justificación (que entiendo actualmente sirve de escalera wittgensteiniana) y pienso un poco en las aseveraciones axiomáticas del Tractatus Logico-Philosophicus, desde mi supina ignorancia de algunos de estos problemas. Sin embargo, leeré el enorme libro "El Circulo de Viena" y espero devorarme el texto de A.J. Ayer "Positivismo lógico" pues solo lo he hojeado un poco… probablemente, en unos cuantos años, cuando este acabando la universidad, habré cambiado algunas de las opiniones aquí expuestas.

56 Pues el Externado explora autores más allá de los 60s.

57 Como ya he indicado anteriormente, del materialismo filosófico mis principales referencias son el canal de la fundación y algunos, contados, textos que he leído.

58 Es probable que deba corregirse el listado si se quiere ser más exacto, pues la filosofía es un saber de segundo grado y en esa medida se tiende a alimentar principalmente de los conocimientos construidos por los saberes de primer grado, pero son cosas escolásticas que no puedo resolver con soltura… supongo que esperaremos a que sepa más de la corriente en cuestión para poder resolver si la filosofía se alimenta de sí misma, de alguna manera, en el FiloMat.

59 Como el conocido problema del independentismo catalán y el espinoso tópico de la historia española y la "Imperiofobia".

60 El libro de preciado es un digno heredero de la "tradición" filosófica continental á la Foucault o á la Derrida, encargándose de mostrar cómo los aspectos simples o "menores" expresan y "provocan"[tal vez, conllevan sea un término menos inadecuado, para referirme a un pensamiento que, según entiendo, es relativamente poco causalista] fenómenos gigantescos.

61 La heterotopía es definida, si mal no recuerdo, como el lugar extraño, por ejemplo, una heterotopía podría ser una mansión sadeana, la Mansión Playboy o un café literario (?)

62 Tuve que contactar a Corredor para que me diera el termino preciso, no estaba equivocado, se llaman "Third Places".

63 De hecho, supongo que cuando comience a leer al Guattari ecósofo podré pensar en el "código" y la territorialización psicocibernética que se debe estar produciendo en los adultos y adolescentes contemporáneos, algo es muy cierto y es que así como no es lo mismo un joven con internet y un adulto sin ella, no es lo mismo un joven con Netflix y licencias digitales que uno de cd's crackeados.

64 No hay lugar

65 Al final de "El mito…" Camus nos invita a ver a Sísifo sonriendo, supongo que por el carácter absurdo de la existencia, pero tengo que releerlo y de esa manera leer "El hombre rebelde", para ponerlos en dialogo.

66 Capitulo uno de "El mito…"

67 Capítulo uno de "El hombre…"

68 Sígase leyendo.

69 Es un chiste de una comediante estadounidense, también es una anécdota que le relata uno de sus compañeros de trabajo al protagonista de "Trópico de Capricornio", libro que hojee hace muchos años, ¿o es en el otro "Trópico de…"?

70 Sé que es un guiño a una canción pero no recuerdo cual, creo que una canción de Extremoduro.

71 La religión es un fenómeno sociohistórico aun si existe un cierto tipo de ansia metafísica, de "preguntas irresolubles" como las plantea Kant o cierto Acontecimiento, o dios después de Dios, como lo piensa Caputo a la luz de Deleuze y Derrida.

72 Se los enviaba a María, dios, cosas de la adolescencia y la postadolescencia temprana.

73 Evidentemente, a la luz de que cada cierto tiempo las células del cuerpo se renuevan, la muerte siempre esta a nuestro lado y que la existencia de todo ser vivo esta sembrada de placer-sufrimiento, siendo el continuo muerte-vida.

74 Lo ya mencionado, presumiblemente ya leído, sobre Isaías, aunque en esta ocasión creo que la imagen si es ajustada a la realidad que intento describir.

75 Economía afectiva que me parece más bien peligrosa, andar midiendo el querer no me parece augurar nada bueno, es el gran problema de querer economizar y controlar desde las cifras toda la vida,

puede que prometa unos ciertos beneficios pero a su vez, conlleva ciertos desarreglos, los cuales, probablemente, exceden con creces las bondades de las reformas prácticas llevadas a cabo. No todo puede medirse con la misma vara

[76] Creo que hay dificultades en crear vínculos afectivos a un ritmo "artificial", pues decir crear vínculos artificiales puede suponer que hay vínculos "reales", "naturales", pero no, creo que todos son más bien artificiales, aunque bueno, esta la investigación acerca del desagrado al aroma de parientes y la información que Sapolsky explica en sus clases de "Evolutionary Biology"... pero sospecho que hay cierta naturalización y poco aislamiento de variables socioculturales, no sé si han hecho estudios sobre desagrado a feromonas de familiares con familias separadas desde temprano (supongo que de existir, es podría reforzarlo la exposición al propio aroma o mejor aún, el propio aroma podría estar relacionado con una estructura físico-química especifica)

[77] Lo dicho sobre la Teoría del amor. "La teoría del amor" también viene como un guiño al documental "Teoría sueca del amor", pero me gusta más el libro de Onfray para la construcción de un mundo (y el documental, de Erik Gandini, para entenderlo).

[78] Lo dicho anteriormente sobre ambos aspectos, creo que supe de la frase por una charla de Tomás Abraham y luego lo pienso a la luz de la clase de Ernesto Castro en Guattari-Deleuze, emparentándolo con lo poco o mucho que he oído de Herbert Marcuse, de momento recuerdo "Herbert Marcuse interview with Bryan Magee" y creo que Castro habla sobre él en su clase de Benjamin, pero no estoy seguro, es como el Bertrand Russel que no analizó.

[79] Evidentemente, una referencia al concepto guattari-deleuzeano, quisiera leer el libro homónimo de Guattari, "Líneas de fuga", aunque será después de "Caosmosis".

[80] Que vio a Atenea desnuda y quedó ciego.

[81] Creo que la duda y la discusión es un aspecto bonito e importante de la relación con el otro, algo medio griego, pensar la amistad como una relación teñida de pugilismo.

[82] Era su foto de perfil.

[83] Este texto esta dentro de varios textos que trataban sobre eso, "mi muerte", ayer hablaban unos amigos sobre el caso Schreber, del cual no sabia nada, que interesante que parte de su "enfermedad" sea parte de mi producción "metafórica" (quiero leer el "Mito de la metáfora" de Colin Murray Turbayne, algún día)

[84] Siempre que leo esta figura, pienso en la portada del álbum de Pink Floyd "Wish you were here" y creo que también en la escena de Dragón rojo, buenísima escena.

[85] Palabras chuecas, palabras rotas y palabras dislocadas, solo tengo sospechas de lo que ello pueda significar pero lo siento, siento que hay cierta gravedad en una palabra dislocada.

[86] Blurred, me gusta mucho ese término, que conocí con la canción "Blurred lines" de Robin Thicke, Pharrel y T.I.

[87] Creo que me refiero a lo que se considera un hombre pleno en nuestra sociedad, creo que nos enseñan que ser humano es ser alguien pleno de acuerdo con los estándares de nuestra comunidad.

[88] Sé que es una referencia a una canción, presumo que una canción de Vetusta Morla o una de Fito y Fitipaldis, o de casi cualquiera debido a que no encuentro de quién es, podría ser La M.O.D.A. o Extremoduro...

[89] Si, celos enfermizos celos.

[90] Esa mañana de desaparecer uno de la vida del otro, creía que era sano pero siento que no es así, entre otras cosas debido a que pierdes compañías bonitas u oportunidades de repetir... o de aprender de

cómo crecen las personas, qué es de su vida y qué es de la de uno, al notar cómo eran ellas y que eso te recuerde cómo reaccionabas tú.

91 Lo dicho sobre el aprendizaje y el condicionamiento, el olvido no parece ser poner la hoja en blanco, incluso he pensado que desde el análisis neurobiológico puede fundarse la idea de que la ausencia es una presencia "ausente", que quedan las marcas de lo que estuvo ahí; otra vez, el ruido que recuerda los peligros de las metafísicas (de identidad, de la presencia).

92 Parte de la construcción propia, algo que es maravilloso, es notar el juego doble de "cómo he reaccionado", "cómo habría reaccionado" y "cómo reaccioné".

93 La inscripción y la transcripción me parecen distintos a la escritura, más profundos, más metidos en la estructura que marcan.

94 Así como Job se enfrentó al emisario y por su valentía se volvió Israel, y quedó cojo; o cómo la mujer que tocó el manto de Cristo.

95 No sé cuán estoicamente, pienso que es más llevarlos como amigos de juerga… aunque claro, la analogía tiene problemas pues esas marcas son parte de lo que uno es.

96 Sé que en este momento estuve pensando mucho en el "Banquete" de Platón y el texto de Onfray, "Teoría del…".

97 Quiero creer que en estas referencias me mantengo fiel a mis ideas iniciales y que alma, está tomada en el sentido de "comportamiento".

98 Una respuesta extrema al extremismo divulgativo, que hace del cuerpo un apéndice del cerebro; aunque creo que las neurociencias ya superaron muchos de sus atavismos neurocéntricos y por ello recomiendo coger el libro "Mito del cerebro creador", de Marino Pérez, con pinzas: la teoría de los marcadores somáticos de Damásio es muy interesante y se mueve en consonancia con los intereses corporizados, lo único es que toda investigación neurobiológica tendrá que remarcar lo que más le interesa, en caso contrario sería inútil expresar algo… o eso dicen, sospecho que la constitución de las ciencias como disciplinas de hiperespecialización está condenada al fracaso y que cada día estamos más cerca del Crunch cultural que ello conlleva, al respecto considero muy interesantes las críticas de Emilio Ribes-Iñesta, las cuáles a veces requieren ser desmadejadas por alguien experto en su obra, ya que es un autor realmente oscuro, en "entrevista a Dr. Emilio Ribes" del Centro Integral de Psicología (en Facebook), los libros "El Conductismo" y "Reflexiones sobre la aplicación del conocimiento psicológico" hay buen material, que yo reitero, debe ser tomado con pinzas. Agradezco a Sneider por haberse esforzado por acercarnos al interconductismo.

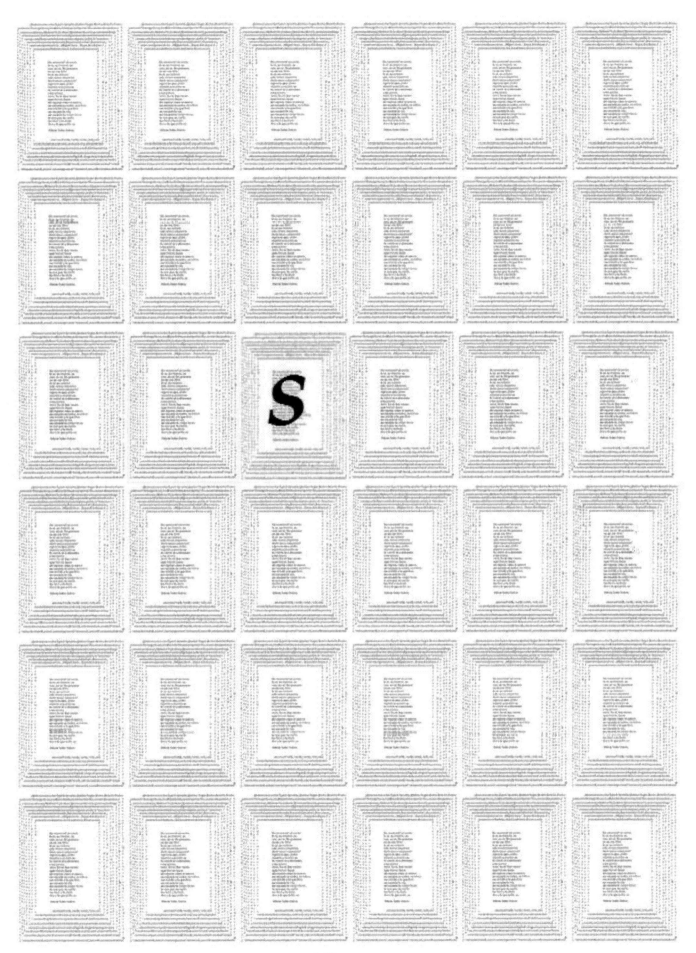

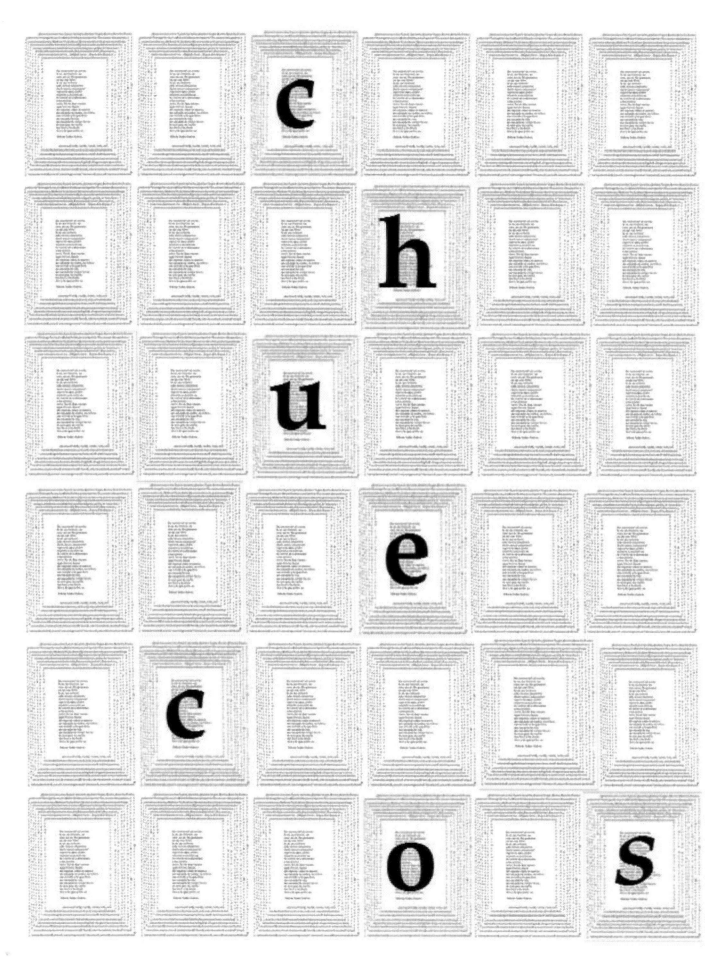

2.37 otra vez

-Edwin Yahir Galvis.

2.37 otra vez, una hora:

Relaciono el Angst de Kierkegaard y Heidegger[1]

(y creo que Jaspers[2])

con la absurda carga semántica que adquiere el mundo[3], todo gira alrededor de un significado y lo demás son sus síntomas[4]

(signos)...

yo no invoco demonios, ya no, tal vez castigaron mi impertinencia, fascinante.

Entonces bajaré con ellos, ya con mayor tranquilidad. Que toquemos el cielo con la voz de nuestras letras, que las voraces llamas calienten nuestros entumecidos órganos, nuestros petrificados miembros[5]; comenzar con Hayes fue una decisión sabia, leer tantos textos a la vez, no...

¿Qué ocurre?   ¿Quién late?

Lo más importante, lo que menos puedo comprender:

¿En este momento, quién escribe?   ¿acaso es el mismo que sufre?

[6]Dolor y sufrimiento son distintos, en la introducción[7], Hayes dio las parábolas de la guerra y de la arena movediza, sus palabras acortaron las dos horas de la última vez a una. Uno podría preguntarse, ya con más calma lo hago, si no podría vivir el momento y enriquecerme del mismo[8]...

no creo, es horroroso, horroroso. El año pasado en el Congreso ~~iberoamericano~~ de Filosofía[9] hubo una ponencia[10] que me pasó desapercibida, hubo una deliciosamente buena con Guattari-Deleuze[11]; hubo una terriblemente mala que se quedó en una exposición y no acudió al diente filosófico; hubo otra, maravillosa, sobre post y transhumanismo[12], una estudiante de parís VIII, creo.

La ponencia que pasó desapercibida, hasta mis más recientes días, era sobre la fenomenología del Horror[13]

(desde Arendt leyendo a Primo-Lévi)

me hizo pensar en las consecuencias del horror para la <<*"psique*" de un "tiempo">> o *zeitgeist*[14]

(11/9; Hiroshima; Gulag; Gaitán; Auschwitz; Luis XVI...), la reflexión de Castorp sobre el tiempo[15]: medimos el tiempo con espacio pero no viceversa, creo que ese es el "raquítico" eje de la crítica de Bergson a Einstein[16] y el motivo del Zeit en Heidegger [17]

(cosas por leer, a las cuales me refiero con sospechas y balbuceos, gracias Eilenberger por ayudarme a balbucear)...

aunque hoy veo lo Horrible y el hueso de su concepto, con la carne abierta para exhibirlo:

lo que no se puede recordar, no se puede nombrar, no se puede saber, el vacío de una hora vaciada.[18]

Tiene dos partes
- Derenif?

No tengo arcanos en los labios,
no tengo jeroglíficos en la cabeza,
todo lo que se quiere saber se puede
preguntar[19];
aunque, podría no responderlo.

Siempre
que haya repuesta, mi boca
la entregara gustosa,
es más:

mi boca, mis manos
o mi cabeza; si la produzco
después de tu partida,
viajero.[20]

La mudez no embellece, no envilece;
las palabras no limpian,
las palabras no arrugan las telas
de esta noche,
ni de este día,[21]
las palabras son
en los oídos que las escuchan,
el deseo desaparece
del corazón que quiere perderlo[22].

No hay obituario[23], ni hay secretos,
sólo posibilidades[24] de malentendido;
no hay cartas como tales, ya no hay
correspondencia. <<Hay un punto en que
hablas al altar, sabiendo que no te
escucha>>[25].

(Tiene dos partes)

El rezo, el rezo no es petición,
es expresión; en ese pecho

deseo no habrá, no hubo y no se espera,
fue aburrimiento, es comprensible.

Hay juegos de juegos y
estos no son los míos,
lo mío es mío:

hablar y hacer,
aceptar o negar el querer,
la ambigüedad después del
"acuerdo"[26] inicial. No todo
se acuerda.

Vivir en la
intemperie no es la solución
más inteligente para vivir tranquilo;
exceso de burocracia[27] y exceso de
barbarie[28], ambos son problemas para
vivir feliz.

Escritos lejos de mis ojos,
oídos siempre abiertos,
el reojo... el reojo... Me pierden
los rabillos de mi mirada,
las letras que me encantan...

no sólo las letras, los renglones,
los movimientos y lo que anida
en aquella carne, en ese cuerpo,
en esa alma.

Que todos sepan que no hay miradas,
no hay voces, ni esperanzas.

Afortunadamente, resulta
mejor borrachera de un pisco,
de un mezcal, de yerba o Jägermeister,
que de una sonrisa espectral,
que de una eterna ausencia dibujada,
por mi alma, en luces de neón,
en perfumes divinos y en suspiros; la
bebida y yo no somos mucho,
pero sus brazos me alientan a sucumbir,
en el tranquilo arrullo de la amistad,
en la calma de una cama vacía. El
desahucio de un guayabo de sábado,
sin esperanzas y sin esperas.

"No creo que sea bengalí, es madrileño".[29]

Una respuesta:
la muerte no es el nombre
del final[30], sino del cambio, las metáforas
de la podredumbre y el suicidio no son
el alzamiento de mi mano en contra mío,
son el acto del amor, la posibilidad de
vivir antes que perder mi vida[31];
en esa disciplina que nunca aprendí bien,
el tarot, la muerte como la torre son cambio.

Por lo tanto, no hay tal obituario.

Dos apuntes:

(creo que todo esto no será leído)

1. interesantes cuentas, fascinante cuánto me acordé del borracho homicida[32] y me sorprendí de, ustedes, ambos, de sus maravillosas imaginaciones.

2. Parece que hubo referencias a esas historias, parece, parece. Letargo Sonambular[33] es donde está todo "bien" escrito, lo mío también son referencias

3. Lo vi, lo volví a ver, leí y volví a leer; un flashback me hizo sospechar que había un remitente entre los borrones de las líneas, ojalá sí. ojalá no. Quiero conocer(te).

(Tiene dos partes)

Antes de una despedida, escapas
-Derenif?

Escapas. Negros cabellos de rizas
perfecciones,
ojos como perlas, circunvoluciones
eróticas[34].

Escapas. El último aliento
quiere irse con la noche,
con el silencio,
con la tos de cama[35].

Escapas. Nunca más de
siete párrafos, cómo puedes
conocerme si no
hay cruzamiento de voces,
no hay preguntas,
no hay relatos.

Escapas. No sé cuánto es
libertad, cuánto evasiva

y cuánto enfermizo juego;
la más sabia recomendación[36],
la que no he seguido,
pues tus virtudes superan
mis preocupaciones,
es coger impulso y
saltar lejos,
lejos,
lejos
en el vacío de mi nueva vida.

Escapas... ¿Dónde estoy?

¿Qué necesito?

¿Qué deseo?

¿Cómo estás?[37]

Primum vivere y las 4 F

-EGO Derenif Yahir G.

Se acabaron las miradas de reojo,
los ojos bizcos de andar pendiente

y con el corazón en la mano,
Wittgenstein y los profetas[38], las
profetas

(deidades[39]),
me encuentro a la luz de una eléctrica vela,
una bombilla de tenues rayos blanquecinos.

Se acabarán las miradas de soslayo,
me encuentro vestido,
las ropas de siempre,

Que se acaben mis pupilas
en el viaje,
un viaje, cada vez más.

mi vestido son letras,
palabras extrañas,
mi alma se engalana
con dislocamientos pensados.

Entonces, vamos a continuar,
nada mío hay en tierras ajenas,
nada mío recorre los templos de allá,
dios es inmanente.

Lo que no es de uno
no es de uno,
ya el cigarro no es tan mío,
lo supe mientras fumaba,
a la luz de un sol adormilado,
mientras hablaba de las
"Nueve tesis"[40] [de Guattari] y
su rojo comunismo,
lleno de interesantes análisis.

Ayer me acordé de Kitarô Nishida:

La trascendencia desde la inmanencia[41],
una perversión de Kant, podría
decirse[42]:

El tratado epistémico vuelve los ojos
a su religiosa carne,

¿Qué más religioso que esos prólogos?

Esos prólogos de la KRv[43] que gimen, pues saben
lo necesario e inútil de la metafísica[44];
es que, dios se sostiene pues necesitamos
ser libres[45]. Pensándolo bien, Nishida no
lo pervierte,

"Kant, el más grande de los
pervertidos!"[46]

¿Quién me dijo eso?

Volvemos a la sombra,
es bonito.

Esta distancia es metafísica[47],
lo que separa es precisamente
la libertad,

es precisamente
esa libertad;

soy libre de engalanarme,
me puedo envanecer por ahora
pues creo que retomaré
mi apetito verdadero.

Yo no extraño tanto el sexo,
puedo follarme la cabeza,
hasta el puto agotamiento

y nunca un orgasmo,
el placer eterno del
incesante frotamiento[48].

Nunca acaba.

Sapolsky explicaba el circuito
de recompensa[49], no lo explicaba tanto
pero,
explica cómo
en algunos animales
el circuito puede
activarse por cosas distintas a las F
(FEAR, FUCK, FIGTH, FLY).

Aunque él no lo diga
pienso en simbolicidad,

en representación,
en Unamuno recordando
que hay desdichados que

primero filosofan y
luego beben (luego comen)[50]

<<*Primum vivere,
deinde philosophare*[51]>>.

Entonces soy consciente :

mi pecado más amado,
más que casi todo,
es poder saber,
Libido Sciendi,
lo único que nunca podré
satisfacer, eso, eso

es lo que uno necesita[52].

(Luego, un beso o una caricia: el libro sigue allí para mañana.)

Silencio. Mudez.

Deshilachado
- Derenif?

Las cuerdas que
se anudan,
en silencio
se separan,
vive
dentro de ambas
cada fibra,
ilusa y cansada.

Ojos marrones
que saltan
sobre líneas
dispares,
ojos marrones
que leen
y se alimentan
con diferentes
comidas.

Un psicodélico
almuerzo,

un paseo por
la montaña mágica[53].

Las cuerdas,
como las líneas,
se arrojan
en direcciones
parecidas,
pero sin posibles
cruzamientos;
en inglés,
filosofia,
en español,
filosofia,
literatura,
algún artículo.

No hay alimento
más delicioso
que sus frases,
no hay más
sabrosa rima

que el surrealismo
de sus imágenes,
el ayuno,

impresión de
la fantasía,

la paciencia,
el ascetismo:

Nietzsche los
repudiaba[54]

(lo poco que
lo conozco y
lo mucho que
lo menciono),
pero, parece
parte interesante
de la creación
de uno mismo...

¿Qué diferencia al
vagabundo[55] del
eremita,
al bautista[56]
del bigotón?

Han sido días
turbios, interesantes.

Estoy acostumbrándome
al terror, a la

acostumbrándome
al susto de
morirme;
ojalá no,
ojalá no me muera,
no creo que lo
haga.

Quiere ser tan
real la impresión
y, lo mejor, es que
las herramientas
no dan el resultado
que deseo[57],
y mi deseo agrava
mi situación.

Ayer duré dos horas
tranquilizándome,
al final decidí:

sí me muero,
que muera feliz,
bienvenido el porno,
no morí.

Una pluma enamorada

- Derenif?

Extraña y vana
es la ilusión,
de una pluma
enamorada,
o una encantada;
es la ilusión
que descansa,
con el corazón
entre las manos
y con el alma
rota,
con el silencio
clavado entre
pescuezo y pecho.

Extraño es el
vicio de unos
ojos que nunca
conociste,
extraña es
la ausencia
de lo que
quisiste con
tu alma,
que también
a ti te quiso[58].

El misterio que
se mete en mis huesos.
extraña y vana:

una voz que duerme,
con los besos
que le di en
mis sueños.

Extraño.

Es que, es extraño
sentirse así,
es extraño que
los días sean
tan rápidos,
que cada vez
sea más cercano
el rumor de pasos
que te duelen,

algún día llegarás
al futuro,
algún día cumplirás
con alguna meta[59].

Algún día,
una esperanza,
pero la esperanza
no alimenta,
no socorre,
no te entrega
ni el amor,
ni el dinero,
ni la vida.[60]

Dos escritos[61]

- Derenif?

ToSuena Transylvania, Iron Maiden, el día esque
dossoleado.Estos días me recuerdan lasdebió
lodíasderrotas pasadas y no sé cómoestudiar
hablamos,procesarlo, no sé cómo vivir confilosofia.
me encantacon el terror de la miseria, peroCasi no
es tan interesantetengo máximo 2 meses parahablamos,
conocerte, es tandescubrir el nuevo sentidoeres un misterio
interesante saber dede mi existencia, necesitopero te quiero,
ti, de tus sueños y miedos,saber cómo hallar unaintento entender
sabemos mucho del otrorespuesta a una salidatus dolores existenciales,
por nuestra vieja amistad,un final al laberinto,pozos negros más
sabemos de las heridasAriadna no está, el hiloprofundos que los
eternas aunque node su dinero lo devuelvo estemíos, pozos
intentemos nimes, así como ella me devuelve toda esa fehondos y
curarlas nique me tuvo, para entregarme su corazón, el interésllenos de
entenderlas.dedicado, su amor y alegría cuando me miraba.miasma
Cada unoAriadna debe andar en la orilla de susde
sufremares, oteando el horizonte y aprendiendo la música deEso,
cuántoApolo. Esos viejos días de ilusiones y derrotas eran días
debe,soleados.Días anteriores a las derrotas debidasde
cuántoa la inconstanciay las pocas ganas desincero
quiere,cambiar. El día y la noche siempre estandesprecio.
gracias porahí, en huida, siempre andan conQuiero conocerte,
andar cerca, poruno y se mueven despaciososcreo que quieres
tu hermosa compañíadevorando las horas y,la cacería
y porque ambos nosapropiandose de tu almaesta acabada,
sabemos en un muyde tu energía¿Quéfinalizada por lado
paciente, tranquilo yvendrá?¿Qué vendrá?y lado, qué nos
delicioso deseo, coqueteo¿será un fin accidentadofalta para servir
cauto pero resistente,y una caída dolorosa yel festín, para
filósofa queagónica?¿será que no? serábailar y desnudarnos
debió estudiarque la vida se diluirá en leyenda,para sonreír
literatura.en éxitos inesperados o será elen la cama
Psicólogoflotamiento de la mediocridad que nuncaabrasado
manipuladorllego al puerto final, que nunca estudiopor el
quién debiótan duro como debía para poder hacercalor de
estudiar filosofia,lo que quería.la pasión.

Una despedida 1

- *EGO Derenif Yahir G.*

Ninguna forma existe, no hay manera de mantener la charla.

Lo daré por finalizado, fuiste un sueño y en eso quedas.

Tomaré la recomendación, tengo cosas que necesito y deseo,
tengo objetivos por cumplir y, esta vez el atractor[62] de venus resulta eclipsado[63],
seré libre, seré yo y dejaré atrás algunas vanas ilusiones.

Uno debe vivir sin dioses, uno debe vivir en su mundo,
debe uno vivir sabiendo que todo es sagrado[64]

(y sueño)

y por ello nada merece adoración, uno de vivir sin mendigar palabras,
sin atesorar silencios.

El caracol no es rastrero, es hermoso,
es un quiebre en la estética que nos encanta:

Comer hojas y mover los ojos fuera de la cabeza,
a lado y lado, tener un rastro baboso y una cáscara en la espalda,
es maravilloso, maravilloso que donde existen caballos esbeltos,
donde existen gatos y pumas, de músculos torneados,
allí mismo puede haber animales lentos, tímidos, mudos y feos.

Dijo Vonny[65]: "Uno se enamora primero y ese es el mismo que dice basta",
no me pasa pero bastará.

Odio las panaceas;
aunque, creo que lo recomendable es acabar con la esperanza[66] y sonreír.

Se acabó la ilusión, la cual no debe contraponerse con la realidad[67],
la ilusión fue real y maravillosa, pero estoy agotado del juego.

Uno y uno, un mediodía

- *Derenif?*

Hilillos dorados y plateados que atraviesan las gordas y grises nubes del mediodía, baño plateado

(que no lluvia de oro)

sobre la desértica y resplandeciente ciudad, perezosa y expuesta al hambre, la desigualdad y la violencia en casa[68].

El aire trae los frescos perfumes de una tierra que respira afanada, que intenta llenarse el cuerpo con absurdas bocanadas de tranquilidad, sabiendo que la pausa, la tregua, es efímera, muy efímera e insuficiente[69].

Uno está en la terraza, en una casa que fue su hogar, su primer verdadero hogar, casa que tiene que abandonar en unas semanas; uno está en su habitación, una habitación grande en cuyas perezosas paredes se guarecen sombras y dolores, sufrimientos, placeres y creatividad; uno está bajo la luz blanca, tranquilo en su intranquilidad, con momentáneos caos y ridículos pausados; uno está allí:

quien sabe dónde, quien sabe cómo.

Suenan llantas presurosas sobre el mojado asfalto, las aplastadas gotas, los destrozados charcos y el final de un párrafo.

La fruta

- Derenif?

La serpiente mira una fruta,
piensa en las mil y una
frutas[70],
tiene sus ojos brillantes
puestos
en el fruto del saber,
en la división
del cuerpo sagrado[71].

La serpiente acalla sus
ideas,
camina entre árboles frondosos
y caza conejillos, caza ratoncillos,
con sus escamas va
bajo el brillante sol, camina
entre detritus, entre helechos
y raíces podridas,
entre el fango de los charcos,
entre los hongos
y los pútridos aromas del edén[72].

Mil y una putas,
Mil y una frutas.

La serpiente anda, sigue caminando
entre la hojarasca,
entre el bullicio de los primigenios,
camina gozando
la sensación de lo que acaba[73],
la sensación de lo que duele,

de la eternidad que necesita un cambio,
la eternidad enferma, que necesita
caos.

Todos los animales quieren
una revolución,
una vuelta de tuerca,
todos quieren salir del paraíso y
recorrer el desierto de lo real[74],
que guarda lugares para estar,
para crecer,
para morirse.

Todos los animales están hartos
de morir y resucitar.

La serpiente escucha los sublimes[75]
pasos del que todo lo sabe,
sabe que él lo sabe,
sabe que él es el artífice,
él lo quiere y
cualquier fruto,
cualquier árbol,
cualquier acto,
todo servirá para aplicar la ley,
podría anatemizar el follaje.

Prohibir la respiración.

Todos lo saben, todos lo quieren.

Un hombre de penumbras
- Derenif?

Tengo luz en la habitación, soy un hombre de penumbras.

Antes de dormir y despertar a otro día
de desquiciada longevidad.
La libertad

es tal como Kierkegaard[76] la retrata
y, definitivamente, lo más difícil
es no perderse entre la nada.

Tengo luz en la habitación, soy un hombre de penumbras.

Antes de dormir quiero escribir un poco,
ha sido un día lleno de impresiones
y preguntas

¿Cómo es que no puedo tener
sexo aún si quisiera tenerlo?

¿Cómo se satisfacen los contagiados?

¿Deben dolerme los secretos?

¿Para qué eliminar lo dicho
si la memoria guarda el rastro
del evento?

Tengo luz en la habitación, soy un hombre de penumbras.

Antes de dormir quiero pensar en la
hoja,
comprender el sentido de mi vida.

Sucede
que la vida se diluye cada día,
sucede que necesito continuar fuerte,
sucede que debo leer mucho,
sucede que debo escribir demasiado.

Tengo luz en la habitación, soy un hombre de penumbras.

Conozco muchas personas, hablo con
muchos,
rio con muchos, me enfado con muchos.
conozco personas únicas

y lo más importante
personas especiales, personas
irrepetibles,
no es todo lo mismo.

Just Rebellion
- Derenif?

Just Rebellion[77].

Sabía que
el coqueteo
con la furia[78]
es el más
peligroso,
ello me encanta.

Just Rebellion.

He intentado
salirme de
mis bases,
comprender la
indignación,
comprender el
compromiso
ético y moral,
he intentado
escapar al

nihilismo,
al sarcasmo
y la risa[79].

Just Rebellion.

La moral siempre
me llena de
sospecha,
al negar lo sagrado
recibo un
tachamiento con
las equis,
que me señalan,
la herejía:

Negar A
termina siendo
"afirmar B",
no lo creo,
creo que negar A
es reconocer sus
límites.
Fui mojigato,
también fui comprometido.

Just Rebellion.

Se cierran puertas,
se cierran ventanas.

El loable compromiso
con el amor,
con la caridad,
con la verdad,
con la luz,
con lo ético,
degeneran.

Just Rebellion.

Dice Racionero
que la jugada maestra
de Aristóteles fue
demostrar la imposibilidad
de negar
los principios:

de tercero excluso,
de identidad
y de no contradicción.

Racionero dice que
Aristóteles demostró
cómo el escéptico
debe alejarse de
la comunidad
si quiere mantenerse
escéptico.[80]

Just Rebellion.

La certeza
puede degenerar
en fanatismo,
ocultar la sombra,
ocultar al monstruo,
esconder que el
demonio es humano[81]
lleva a la ceguera.

(¿Aquí habría escalamiento
comportamental?[82]).

Just Rebellion.

Una vida en vano[83]

- Derenif?

Suena Daniel Johnston[84] con un coro de niños,
su letra sangra, sufre,
si quiero saber qué es el sufrimiento de dios[85],
si quiero saberlo,
debo entender cómo se desplaza este vacío de
una vida en vano,
mediante su temblorosa voz y su rima arrítmica,

¿Acaso es la melodía?

¿Acaso es la fuerza? ¿Acaso somos dios y nadie
se lo dijo antes de morir?

No, él lo sabía.

No he sabido cómo pensar
que el sufrimiento no sea carne y sea estructura[86],
que no sea mío, tuyo, nuestro,
que duela en las rocas, en la mar, en las estrellas,
pensar en Eso que constituye
y que puede ser herido, desordenado, desenfocado
por esto: la mano rasgada
de un triste eterno, un infinito adolorido, por
la consecución de todo
en cada infinita parte suya, cada mónada[87].

No, él lo sabía.

Una vida en vano, un camino que se anda,
que se anda solo, sólo él,
sólo el que lo camina y en el cual no hay norte,

¿Es acaso el tiempo ese sufrimiento,
esa esencia que quisiera pensar, que quisiera atrapar,
como Grenouille[88] a la pelirroja?,

¿Es acaso el tiempo que va y nunca llega, que sigue
su paso,
su existencia sin lugar?

No, él lo sabía.

Narcisismo y muerte[89]

-EGO Derenif Yahir G.

<u>Sonríe lento y</u> se mantiene en la tranquilidad de un día,
escapista que <u>canta poderoso</u> y se mueve como fantasma
entre sus ideaciones, donde <u>suenan sus luces</u> y chocan almas,
donde siente el infinito silencio y la soledad <u>como navajas</u>
que le desgarran las carnes <u>adormecidas</u> y atraviesan su ingenuidad.
El escapista vive <u>dentro de mi</u> ilusa fantasía y no quiere reír. Es por su
<u>corazón acelerado,</u> el cual se desboca persiguiendo alguna ilusión.

El escapista[90] quiere encontrar un hueco en todo sitio, siempre busca elevarse detrás de los estantes, de las paredes y de las cámaras; espera desarmar sus grilletes ante el atónito público, que aguanta la respiración sediento de muerte. Todos esperan un error, esperan una emergencia, muchos esperan que muera, que por fin la muerte ponga los asuntos en situación ordenada.[91]

Todo público anida como buitre, para deleitarse con la carne putrefacta del espectáculo, y nuestro mundo es una demostración:

nuestros estómagos giran en torno a las pantallas que dislocan el hecho y la fantasía, este es el momento en que algo enfocado por un móvil es copiado, devorado por el código, algo que lo vuelve un sucedido en la distancia doble

(del espacio y de la existencia[92], como objeto y como representación); este es el momento en que tu comida se convierte en post, cuando el homicidio se convierte en trending[93].

Si el público espera que mi escapista muera, debe tener muy claro que él es el escapista[94]. Me miro en un espejo y sorprendo las ansias locas por quebrarnos el cuerpo, descoyuntarnos el alma y deshuesarnos el mundo. Todo para llegar al cénit

(Cénit que en términos objetivos es nuestro nombre errado del crepúsculo[95])

y poder decir "Estoy cerca de ser lo que soy"

(lo que se es). Y lo es, pero no lo es, cercanos como el punto-signo en una infinita recta del narcisismo y de la muerte, que son lo mismo:

el fanatismo se expresa en terrorismo y en reproducción.

Colombia sin cultura (REGISTERED)[96].

- *Derenif?*

El fetiche intelectualista del mundo desclasado, de la *cultura baja* como barbarie y de la nostalgia institucional como único pináculo del artificio simbólico que engendró a nuestra especie.

Se lamentan por teatros que nadie visitaba, que querían demoler para agrandar una calle arteria; se lamentan por artistas cuyos cuadros incomprensibles no eran admirados, pues la complejidad técnica de su estética los hizo ejercicios mudos[97], como la sabiduría del adagio, para los ojos abiertos, hambrientos y desolados de la marginada pobreza que habita junto al botadero, junto a la Zona G y junto a la 170 o por encima de Rosales yendo a la Calera.

> *Mientras se lamentan los tabloides, retumba una pregunta que es legión.*

Cuando la pornomiseria vendía, cuando los lectores incautos devoraban páginas de vicio y pornografía, cuando los sicarios y las prostitutas acercaron a las personas a los renglones torcidos, les reflejaron su rostro, la desgastada fachada de sus casas y les permitieron, a tantos desterrados del lenguaje y la "cultura", ingresar por una ventana, casi a hurtadillas dentro de tan barroco y ajeno artificio extranjero... cuando los jóvenes leyeron la biblia de los caídos y juegos del hambre en vez de devorar los miserables o cuan E.L. James llegó a la mesa de las madres y las hermanas...cuando el grafiti y el rap invitó a los jóvenes a hablar, opinar y expresarse...

¿Qué dijeron?   *¿Cómo lo aprovecharon?*

Lo tildaron todo de basura, eso hicimos, todos los cambios conllevan ruinas, conllevan muertos: hoy las artes que no consiguen sobrevivir darán espacio para formas distintas de expresarse.

98

NOTAS

[1] No estoy totalmente seguro respecto a mi referencia acerca del Angst en Søren Kierkegaard y Martin Heidegger, pero creo que es de un texto que hojee acerca de Wittgenstein y Heidegger "A confusion of categories" de Jonathan Bale, también podría venir del texto de Chejov, "Kierkegaard y...", o el de Unamuno "El sentimiento..."; pero sé que el concepto de Angustia pasa de Kierkegaard a Heidegger y de Heidegger a Sartre.

[2] Lo dicho sobre Jaspers viene dado por la información consignada en "Tiempo de..." y algunas menciones que hace Marino Pérez en "Las raíces de la psicopatología moderna".

[3] En este momento, lo escribo en medio de un ataque de ansiedad.

[4] No recuerdo de dónde recuerdo que pueden confundirse los síntomas con los significados, básicamente hay una distinción entre signo y síntoma, que cita Esteve Freixa en el texto "¿Qué es conducta?"; adicionalmente mi torpe lectura del "Dreams, Imagination and existence" de Foucault, me deja algunos rastros y uno de ellos es cómo el síntoma tiene un significado y no necesariamente debe ser subordinado a algo que lo trascienda... bueno, tal vez el doble giro (parkour) conlleva la demostración de lo absurdo de la situación, aunque el síntoma tiene una realidad propia, palidece ante lo "otro" que subyace y desespera...

[5] Es como se sentía, a veces uno dice metáforas y a veces no las dice, a veces "el autor quería decir que el puto cielo era azul"

[6] Al día siguiente, sin ansiedad decido continuarlo, o cuando se había pasado y no podía dormir pero podía pensar.

[7] Al libro "Sal de..."

[8] En el "Gran libro del Zen" se dice que los monjes aprenden a ver lo bonito de lo feo y lo feo de lo bonito, es interesante, creo que es una forma de enriquecer la propia vida.

[9] XVIII Congreso interamericano de filosofía, organizado por la Sociedad Colombiana de Filosofía. Gracias "Mos Geometricus" y Serrano (G.).

[10] "Entre zoé y bio ¿Cómo se enuncia lo vivo?" de Miguel Saldaña López.

[11] "Un acercamiento fenomenológico a la experiencia del horror" de Ana Granados Romero.

[12] "Transhumanismo y poshumanismo: El problema del desarrollo tecnológico" de María Pérez de Paz.

[13] Evidentemente, pensé que hablaría de Hellraiser o Saw o algo de ese tipo, pero creo que fue mucho más enriquecedora que permaneciera latiendo como una experiencia marginal desligada de mis intereses.

[14] Cosa que la exponente no trató, en parte por su enfoque y en parte debido a que no le expresé mi pregunta en su momento.

[15] En el libro de Mann "La montaña...".

[16] Crítica que fue muy mal recibida y sigue siéndolo, por algunas personas, ejemplo de ello es el trato que le dan Sokal y Bricmont en "Imposturas...".

[17] Esto viene desmenuzado en el texto de Eilenberger.

[18] La exposición de la ponencia radicaba en unos ciertos mecanismos psíquicos, creo que postulados por Arendt y ciertos procesos que se veían atrofiados por el horror, el cual no permitía volver esas experiencias una parte del propio relato de vida.

[19] El valor de preguntar, de dialogar, es incalculable.

[20] Si no puedo dar la respuesta al que la pidió, imaginaré darla.

[21] Las palabras son importantes pero considero un error pensar en ellas como objetos del mismo orden que un chuchillo o una bomba… es un dilema que requiere resolverse, una orden puede "hacer que…" y el maltrato psicológico puede provocar respuestas tan dañinas como las provocadas por el maltrato físico, adicionalmente, nuestros vehículos culturales tienen una indudable encarnación política, el dilema del lenguaje no sólo se resuelve a nivel individual, aunque tampoco se ve subsumido totalmente en el nivel socio-cultural. Adicionalmente, el lenguaje no sólo comunica con sentidos, como he indicado hace mucho, una poesía hecha de Brus, bras, bres y Bros también comunica, y también expresa, la pregunta que me surge: ¿Qué es lo que expresa?... Adicionalmente, la estructura del texto expresa, hay una referencia que no he leído, he leído sobre ella, es "En el viñedo del texto" de Iván Illich, creo que efectivamente uno puede encontrar un resultado cognitivo, social y cultural en cosas tan "nimias" como cambiar la organización de la cuartilla (lo cual a su vez es producto de una época).

[22] Si uno piensa el deseo como carencia y si uno piensa el deseo como exceso son cosas que probablemente provocan distintos efectos en la lectura del verso, creo que fui consciente de ello y quise mantenerlo ambiguo, aunque si me he preguntado cómo se puede interpretar a la luz de ambas ideas, posiciones.

[23] Como lugar donde se consignan los muertos, muertos.

[24] Me interesa mucho pensar en la posibilidad y la "actualidad".

[25] Creo que es una posición interesante al respecto, ese vacío del acto que Unamuno recuerda al citar la anécdota de Solón llorando por la muerte de su hijo "Por eso lloro" [Porque no sirve para nada]. Creo que nos hace falta entender eso, que no todo es solucionable y nos hace falta entenderlo para poder lidiar con la "salud" mental.

[26] En "¿Qué es…" Ernesto Castro señala que Lyotard ha investigado sobre la influencia del contractualismo en la contemporaneidad y además, esto me encanta, considero que debe tenerse en cuenta este tópico con lo que expresa en "Presentación telemática de << Ética, estética y política>>" sobre el ensayo acerca de la zoofilia: ¿hasta qué punto el consentimiento está ligado al placer, cosa a la cual yo, supongo que, le añado "y hasta qué punto nuestra responsabilidad se restringe al contrato"? Es un muy buen vídeo, no estoy muy seguro cuál es la razón por la cual no lo he citado tanto.

[27] En esto pienso en lo que se supone concluyó Weber, hacia el final de su carrera, acerca de la burocracia como "metarrelato" del capitalismo y el socialismo.

[28] Evidentemente, un guiño a "Comunismo o barbarie" que, según entiendo, fue un grupo de intelectuales franceses de posguerra.

[29] A veces los versos estaban puestos para que supiera que la había leído.

[30] Lo dicho sobre la muerte en el prólogo y lo dicho sobre el obituario.

[31] Evidentemente, un guiño a "morir antes que perder la vida".

[32] Creía qué Althusser … pero me refiero a Burroughs y la, también, desafortunada historia de su matrimonio.

[33] Mi blog "Letargo Sonambular de una mente ensimismada", aunque no es tan cierto que allí esté todo bien escrito, he modificado mucho para hacer este libro; es como otra perspectiva.

[34] Evidentemente una referencia a la inteligencia. Parece que me parece más erótica una buena charla que follar, algo plenamente obvio si uno piensa el erotismo como un eterno coqueteo… cosa de la cual no estoy seguro.

[35] Por acá comenzaron mis ataques de ansiedad, los cuales hasta ahora parecen haber desaparecido.

³⁶ La recomendación que aparece en otro texto, uno presumiblemente ya leído.

³⁷ Escapar, para regresar al punto de partida.

³⁸ La perspectiva de Eilenberger sobre Wittgenstein, es muy extraña en cuanto a la imagen del Wittgenstein positivista, que me había imaginado de la mano de sus "amigos"(seguidores); sin embargo, considero pertinente leerlo más para sacar alguna idea en limpio, aunque considero que es muy interesante la arista que descubre Eilenberger en la filosofía del vienés.

³⁹ Aunque parezca increíble al que psicoanalice el texto, comenzó con una broma inocente… bromas y chistes, y su relación con lo inconsciente…

⁴⁰ Texto de "psicoanálisis y…", muy interesante y relativamente extraño, de múltiples autores en paralelo, "Las nueve tesis de la oposición de izquierdas"

⁴¹ Sólo he hojeado "Pensar desde la nada", un texto muy interesante, quisiera terminarlo y completarlo con "Filósofos de la nada" de James W. Heisig.

⁴² Según entiendo, en lo poco que recuerdo de "La Trascendencia…" es que en Kant, el yo trascendental no puede ser una hipostasis del yo individual y en cierta medida, la idea de inmanencia al yo podría tomarse como la hipostasis de este, pero Nishida muy probablemente leyó mucho más a Kant que yo.

⁴³ "Kritik der Reinen Vernunft", la forma pomposa de referirse a la "Critica de la razón pura".

⁴⁴ Las preguntas irresolubles que el hombre está condenado a plantearse, algo que explore para una entrega final con Serrano.

⁴⁵ Si mal no recuerdo, en los prólogos se defiende que es necesario sostener la idea de libertad para mantener la idea de la responsabilidad y de esa manera poder vivir en sociedad.

⁴⁶ Sigo sin saberlo… Es probable que me llegara de Žižek en el documental "¡Žižek!", pero pienso también en Fernando rivera o Javier Sáenz Obregón, de alguno debió llegarme esa frase, o del mismo Ernesto Castro.

⁴⁷ Creo que me refiero a una distancia trascendente, más allá de la experiencia, lo criticado por Kant.

⁴⁸ Pienso en el pez masturbador que recoge Onfray en el bestiario que elabora para "Teoría del…"

⁴⁹ Hacia el final del segundo capítulo de "Compórtate".

⁵⁰ "El sentimiento…" luego de hablar acerca de los cangrejos que resuelven ecuaciones cuadráticas, si mal no recuerdo.

⁵¹ Unamuno cita varios adagios en "El sentimiento…", este traduce "Primero se vive, después se filosofa"; hay otro muy bonito "Humano soy, nada de lo humano me resulta extraño" [*Homo sum, humani nihil a me alienum puto*] y es específicamente por el "puto".

⁵² Poniéndome a jugar, si es así, tengo un superyó enorme, un imperativo de goce enorme. Gracias semillero de Psicosis.

⁵³ El libro de Thomas Mann pues precisamente iba en una escena de paseo, "La montaña …".

⁵⁴ Entiendo, aunque las pocas memorias que tengo del anticristo lo corroboran, que el ideal ascético representa algo realmente réprobo para Nietzsche, de hecho creo que Deleuze también lo explica e igual Onfray en "El vientre de los Filósofos", además es probable que haya alcanzado a leer algo al respecto en la hojeada que le día a "La genealogía de la moral".

⁵⁵ Nietzsche es reconocido por su hábito de caminante, él mismo lo relata en el "Ecce Homo", qué libro tan bonito.

⁵⁶ (Barbado)

⁵⁷ Tratar de relajar los músculos, estabilizar la respiración, aceptar lo que estoy pasando, no intentar controlar mis pensamientos ni dejarme controlar por ellos.

⁵⁸ Los dos abismos.

⁵⁹ Creo que en este momento estoy logrando el primer objetivo.

⁶⁰ Si, pero… creo que por mayor negación que se quiera hacer de las esperanzas, somos seres obsesionados con el futuro, planeamos, esperamos y usamos contrafácticos para intentar predecir y mejorar nuestra situación, así que la esperanza es inevitable (algo que hace aún más negra la existencia, la esperanza desespera más, pero es lo que hay).

⁶¹ Un verso chueco más.

⁶² Es un término matemático, me gusta cómo me lo explicaron, creo que también es usado en física para modelar sistemas hidrodinámicos y entiendo que han querido usarlo para comprender el desarrollo cognitivo de los niños.

⁶³ Ligero juego con la astrología.

⁶⁴ Lo de Heráclito.

⁶⁵ Una amiga, que me regalo una frase más bonita: "Es lo que decían los libros".

⁶⁶ Como ya se dijo, acabar con la esperanza es, probablemente, imposible.

⁶⁷ Para evitar una "metafísica de la identidad", según entiendo.

⁶⁸ Durante la cuarentena aumentaron las denuncias por maltrato intrafamiliar, es una cosa que llevamos como un andamiaje cultural, necesitamos cambiarlo o por lo menos dejar de invisibilizarlo y darle herramientas a cada persona para que pueda defenderse, aunque es encantadora la idea de un mundo sin agresión o violencia, la considero una fantasía y puede ser necesario vivir bien pero preparado para lo peor.

⁶⁹ Como lo demostraron las cifras "postmedidas de aislamiento" en diversas partes del mundo, a mis ojos el problema del capitalismo es su obsesión con la plusvalía, con la acumulación, pues lo hace crear nuevas maneras de dividir y así acumular (en esto bebo un poco de las ideas que tienen Soto "Notas críticas", Guattari "Nueve tesis…", Ernesto castro, en la charla "¿Qué es el neoliberalismo?" del ciclo ya mencionado y el corto texto de Ray Brassier "Nick Land y el Aceleracionismo [Accelerationism: Ray Brassier]"… y evidentemente, de lo que vivo y he visto en mi día a día, con estas lógicas del consumo, las estadísticas y el emprendedurismo del yo).

⁷⁰ ¿Las mil y una noches?

⁷¹ El dualismo.

⁷² Inexplicablemente me imagino que el paraíso debe tener todo lo que tiene el mundo, aunque podría ser que no y que allá nada se pudra, o podría ser debido a que los árboles no son partes de la creación amada… no recuerdo que las plantas tengan condiciones especiales en la biblia, fuera del árbol en que Zaqueo, gracias, Wikipedia, se subió o el árbol que Jesús maldijo.

⁷³ De lo que va a…

⁷⁴ Baudrillard, sólo porque suena bonito.

⁷⁵ Sublime, es un término que fue ampliamente explorado por los filósofos en estética, hay un texto muy interesante, de un filósofo sueco que me parece genial "What is the 'Sublime'?" por Peter Sjöstedt-H y cuyo libro "Noumenautics" compraré algún día.

⁷⁶ En "De la…"

⁷⁷ Solamente (por) rebelión.

[78] Entiendo que es una diosa griega que se encarga de vigilar el cumplimiento de las normas de la naturaleza aunque, bueno, son tres furias.

[79] Casi siempre de forma infructuosa.

[80] Si el escéptico trata de comunicarse está suponiendo que puede comunicarse, para comunicarse requiere los principios lógicos o algunos principios lógicos, de lo contrario no debería comunicarse, ni pertenecer a la comunidad. Tengo que terminar con la sección de Aristóteles cuando acabe esto.

[81] Por eso me interesa saber más de Arendt y de la banalidad del mal, yo sí creo que una persona puede envenenar a miles sin pensar que sea algo malo, creo que puede simplemente "hacer lo que le toca", aunque sé que el experimento de Milgram y el de Zimbardo, han sido prácticamente eliminados de los datos sobre comportamiento humano debido a sus gravísimos errores metodológicos, no hablemos de lo ético, que también: Zimbardo casi protagonizando una película y dirigiéndola.

[82] De comprender a imitar, por ejemplo.

[83] Recomiendo leerlo a la luz de "Daniel Johnston, Glen Hansard & The Swell Season- Life in vain" (No es la letra, Andi).

[84] A Daniel Johnston lo empiezo a escuchar hace muy poco, gracias al video de Music Radar Clan "Outsiders: música, talento y locura" y luego vi su video "LO-FI: Música y el arte del sonido en mala calidad", considero que el trabajo de Víctor es encomiable y necesario, he conocido artistas muy interesantes y otras caras de artistas que ya me encantaban, quisiera haber salpicado con más referencias a music radar clan, debe haberlas… es un hombre extraordinario que puede enseñar una muy interesante mirada en la industria musical. Gracias, YouTube.

[85] He rumiado la idea de un dios sufriente, ontológica y metafísicamente sufriente, supongo que debo leer a Phillip Mainländer para poder pensarlo mejor.

[86] Lo anteriormente dicho sobre el sufrimiento ontológico, uno que no dependa de la sensopercepción.

[87] La mónada es un concepto acuñado por Leibnitz, he leído muy poco de él pero recuerdo que en "Escritos filosóficos" se describen las mónadas [en algunos apartados de las secciones IX y X], es algo en lo cual se refleja el todo, de hecho, me parece muy interesante, estuve releyendo lo que me habían dejado como lectura en Moderna, habla sobre la composibilidad y en esa medida rechaza la posible existencia de los átomos, yo creía que nunca había escuchado sobre composibilidad hasta que Serrano nos explicó el término en clase de Kant, pero no, ya nos lo había explicado en su sesión sobre Leibnitz. Actualmente, hay un ambicioso proyecto llamado Leibnitz en español, llevado a cabo por la "Sociedad española Leibniz" que fue fundada por Quintín Racionero y Concha Roldán, planean imprimir todos los tomos que se puedan de las obras de Leibnitz y llevan 12 y planean publicar mínimo 20, son admirables y entrañables, Comares también es una editorial admirable al aceptar apoyar el proyecto… Ya lo he dicho, todos los caminos me llevan a Leibnitz.

[88] El protagonista de "El perfume" de Patrick Süskind

[89] Tuve que pausar la lectura de "psicoanálisis y…" cuando llegué a "De un signo a otro", es un texto muy raro, relativamente indescifrable, pero hay algo muy interesante: el narcisismo se da en la repetición y en el acabamiento, lo cual existencialmente tomo como: el narcisismo es la reafirmación constante pero también la negación de sí mismo, aunque es una categoría que oculta la peculiaridad de ambos fenómenos, también considero que es un quiebre interesante. Además es a medias otro texto chueco.

[90] El escapista frente al evasivo, el que se pone en aprietos para "escapar" demostrando su escape, o aceptando su obvia desaparición.

[91] A nadie le gusta la fama, a nadie le gusta lo que resalta, lo problemático es que en un mundo de redes sociales todos resaltamos, todos somos "famosos".

[92] Es conocido el fenómeno de grabar o vivir un concierto, por ejemplo.

[93] Hace unos años apuñalaron al amigo de un amigo, ¿la ayuda de los otros? Grabarlo mientras moría desangrado.

[94] Nos ponemos en esa situación frente a nosotros mismos, o frente a los "otros", ¿es que acaso nosotros no ayudamos a que se perpetúen ciertos políticos (en el atlántico o) en el ejecutivo de nuestra nación? Quémenlo todo… no, no es necesario. Ya todo se está yendo a la mierda.

[95] "La muerte del hombre", creo que efectivamente hay una muerte del hombre, la cosa loca es que "hombre" es un término camaleónico: los hombres hasta cierto momento eran unos cuantos, luego fueron esos y otros cuantos más… el hombre siempre muere, muda sus celular conceptuales, antes no era negro, hoy no es una máquina; además cambia de características, ayer tenía la posibilidad de vivir aislado, hoy no, ayer podía durar 5 horas leyendo, hoy no.

[96] Escrito cuando luego del primer mes de pandemia se comenzó a hablar sobre los enormes costos de la cuarentena para la "industria naranja" y creo que algunas ideas deben matizarse y otras colocarse en mayúsculas, uno no puede esperar el apoyo de la comunidad cuando decide enclaustrarse en sus zonas de confort y acudir a la población sólo para solicitarle ayudas…(¿oíste Universidad Nacional de Colombia? Necesitas salir del campus)

[97] Hay una discusión abierta en mí, llaga que espero contagiar: El arte no debe preocuparse por educar, ni debe preocuparse por lograr la revolución; puede hacerlo pero no DEBE hacerlo, es como la claridad del filósofo, es cortes pero no es necesario… hay ciertos límites que considero inamovibles (la sintiencia animal y humana que no sea la del propio artista, no debería ser sometida a tratos crueles o denigrantes como la famosa performancia del perro aguantando hambre en una galería).

[98] Hacia el final fue mucho más sencillo hacer notas al pie de página, es una labor ardua y muy interesante, es parte del ejercicio que se propone en el libro y no es una lectura canónica. Una vez acabe esto, el texto, seré un espectador más y desde este mismo momento ya no soy escritor, sino comentarista, tal vez uno no tan bueno, pero un testigo de primera mano de lo que pasaba mientras se elaboraba este objeto.

Me encantaría poder entregarlo con los textos que complementan el dialogo, esperemos que pueda volver a editarse. De momento, quedan dos cosas: acabar de escribir, "prólogo" y "epílogo", y recibir la portada del   opúsculo.

Las notas son innecesarias a ratos, son parte del juego. Gracias, me esforcé mucho.

BIBLIOGRAFÍA
(amañada)

Todos los recursos en **Negrita** no los he leído, o terminado, hasta la fecha en que publico este libro, los demás los he leído completamente, al menos una vez... A menos que sea un canal de YouTube o link de un blog o página de internet.

*@Obirek_*. https://www.instagram.com/obirek_/?hl=es-la.

3rd person view. https://www.youtube.com/channel/UC_qJsV2Ku9BBdZkN5S9UcYw.

Abad, A. (2009). *Del paraíso a la historia.* Cioran en perspectivas. Universidad tecnológica de Pereira.

Abraham, T. (2000). *Pensadores bajos y otros escritos.* Catálogos. Retrieved from http://www.tomasabraham.com.ar/index.php/libros/descargar-libros/pensadores-bajos.

Accelerationism: Ray Brassier. (2010, September 30). Retrieved from https://moskvax.wordpress.com/2010/09/30/accelerationism-ray-brassier/ (Traducción en Scribd https://es.scribd.com/doc/313542835/169438729-Nick-Land-y-El-Aceleracionismo-pdf).

Aeon Magazine. https://aeon.co/.

Agamben, G., Ruvituso, M., Teresa, D. P., Sardoy, C., & Lebenglik, F. (2014). *Desnudez.* Adriana Hidalgo Editora.

Alejandro Julián. https://www.youtube.com/user/AlejandroJSL.

Álvarez, M. P. (2012). *Las raíces de la psicopatología moderna.* Ediciones Pirámide.

-(2011). *El mito del cerebro creador: Cuerpo, conducta y cultura.* Alianza Ed.

Anathema. (2012). Untouchable. En *Weather Systems.* Liverpool, Oslo, Wrexham. Kscope

Anaya, B., & Pérez-Edgar, K. (2019). *Personality development in the context of individual traits and parenting dynamics. New ideas in psychology, 53,* 37-46.

Andrade, E. P. & Zalamea, F. (2009). *La ontogenia del pensamiento evolutivo hacia una interpretación semiótica de la naturaleza.* **Editorial Universidad Nacional de Colombia.**

Antonio García Villarán. (2018). *MIERDA DE ARTISTA. PIERO MANZONI, HAMPARTE ÚTIL.* https://www.youtube.com/watch?v=yAHyNmvz0IQ.

Ardila, R. (2019). *Historia de la psicología en Colombia.* Editorial El Manual Moderno Colombia SAS.

Argullol, R. (2007). *El fin del mundo como obra de arte: Un relato occidental.* Acantilado.

Arjona, D. (2016). *¿El hombre más peligroso del mundo? Barthes, el arma secreta de Laurent Binet.* https://www.elconfidencial.com/cultura/2016-10-19/binet-la-septima-funcion-del-lenguaje-barthes_1276598/.

Artaud, A., Alonso, E., & Abelenda, F. (1969). *El teatro y su doble.* Instituto del Libro.

Aula Virtual Fundación de los Comunes; Cedillo, R. S. (2020). *Deseo, máquinas, revolución: Deleuze y Guattari | Raúl Sánchez Cedillo.* https://www.youtube.com/watch?v=cI8T1wbuLys.

Avanessian, A., Berardi, F., Brassier, R., Fisher, M., Land, N., Negarestani, R., . . . Williams, A. (2017). *Aceleracionismo: Estrategias para una transición hacia el postcapitalismo.* **Caja Negra.**

Ayer, A. J. (1993). *El Positivismo lógico.* **Fondo de Cultura Económica.**

Bain, K. (2006). *Lo que hacen los mejores profesores de universidad.* **Universität de Valéncia.**

Baraglia, R. (2014). Sobre la ontología orientada a objetos. Una introducción a la filosofía de Graham Harman. *Revista LUTHOR.* 20. 25-37. http://www.revistaluthor.com.ar/spip.php?article104.

Barbosa, L. E. G. (2020). *La experiencia por venir. Hegel y el saber absoluto.* **Editorial Universidad Nacional de Colombia.**

Bataille, G., & Vicens, T. (1979). *El erotismo.* **Tusquets.**

-& Llosa, M. V., & Bellmer, H. (1997). *Historia del ojo.* Tusquets.

-& Belloro, L. A., & Fava, J. (2009). *La Parte maldita.* Las Cuarenta.

Baudelaire, C., & Lamarque, N. (2009). *Las flores del mal.* **Losada.**

Beale, J. (2010). A Confusion of Categories: Wittgenstein's Kierkegaardian Argument Against Heidegger. *Philosophical Writings (Special Issue)*:**15-26. Available on PhilArchive:** https://philarchive.org/archive/BEAACO-11.

Berardi, F. (2017). *Futurability: The age of impotence and the horizon of possibility.* **Verso.**

Berman, M., & Vidal, A. M. (2012). *Todo lo sólido se desvanece en el aire: La experiencia de la modernidad.* **Siglo XXI Editores.**

Berkeley, G., & Vicen, F. G. (1948). *Ensayo sobre una nueva teoría de la visión y tratado sobre el conocimiento humano.* **Espasa-Calpe.**

-(1995). *Tratado sobre los principios del conocimiento humano.* Altaya.

Bible Gateway passage: Eclesiastés 11:9-12:8 - Reina-Valera 1960. (n.d.). Retrieved from https://www.biblegateway.com/passage/?search=Eclesiastés11:9-12:8&version=RVR1960.

-*Isaías 6:6* - Reina-Valera 1960. (n.d.). Retrieved from https://www.biblegateway.com/passage/?search=Isaías+6:6&version=RVR19.

"Bifo" Berardi, F. (2020). *Crónica de la psicodeflación 1.* https://cajanegraeditora.com.ar/blog/cronica-de-la-psicodeflacion/.

Binswanger, L., Foucault, M., & Hoeller, K. (1993). *Dream and existence.* **Humanities Press.**

Borges, J. L. (2012). *Ficciones.* Debolsillo.

-(2008). *El libro de arena.* Alianza Editorial.

-(2008). *Otras inquisiciones.* Alianza Ed.

Bukku Qui. https://www.youtube.com/channel/UCGO1Jl3yFtHJbTnoZgeoKZg.

Bullón, E. (1905). *Los precursores españoles de Bacon y Descartes*. Calatrava.

Bunge, M. (1990). What kind of discipline is psychology: Autonomous or dependent, humanistic or scientific, biological or sociological? *New Ideas in Psychology, 8*(2), 121–137. https://doi.org/10.1016/0732-118X(90)90002-J.

Camus, A. (1973). *El hombre rebelde*. Losada.

-(2009). El mito de Sísifo. Alianza Editorial.

Campbell, N. A., Urry, L., & Reece, J. B. (2010). *Biología*. Médica Panamericana.

Carlson, N. R. (2014). *Fisiología de la conducta*. Pearson Educación.

Carpio, A. P. (2015). *Principios de filosofía: Una introducción a su problemática*. Paidós.

Caputo, J. D., Robbins, J. W., & Vattimo, G. (2010). *Después de la muerte de Dios: Conversaciones sobre religión, política y cultura*. Paidós.

Cassirer, E., & Ímaz, E. (1963). *Antropología filosófica: Introducción a una filosofía de la cultura*. Fondo de Cultura Económica.

Castro Córdoba, E. (2019). *Realismo poscontinental: ontología y epistemología para el siglo XXI* (Doctoral dissertation, Universidad Complutense de Madrid).

-(2016). "Hegel y los siete planetas". Retrieved from https://ernestocastro.com/biblioteca/hegel-y-los-siete-planetas/.

Cerati, G. (2009). Rapto. En *Fuerza Natural*. Buenos Aires, Nueva York. Sony Music Internacional.

CENDEAC.(2012). Quintín Racionero. *Entrevista en torno al libro 'Contra la postmodernidad'*. https://www.youtube.com/watch?v=ArwW6BVQbs8.

Centro Integral de Psicología, & Iñesta, E. R. (2019). *Entrevista al Dr. Emilio Ribes*. https://www.youtube.com/watch?v=4T-GPwe2nnU.

Chakravorty Spivak, G. (2003). ¿ Puede hablar el subalterno? *Revista colombiana de antropología, 39, 297-364.*

Chestov, L. (1952). *Kierkegaard y la filosofía existencial.* Sudamericana.

Chencho & Maldy. Plan B. (2010). Si no le contesto se desespera. En *House of pleasure*. Haze.

Cioran, E. M., & Manzano, C. (1993). *La caída en el tiempo*. Tusquets Editores.

    -(2000). *El aciago demiurgo.* Taurus.

    -& Gamoneda, A. (2004). *Desgarradura.* Tusquets Editores.

    -& Manzano, C. (2012). *Conversaciones*. Tusquets Editores.

Clavijo, A. A. (2006). *Mas allá del fantasma en la máquina*. Universidad Nacional de Colombia. Facultad de Ciencias Humanas.

Colli, G., & Manzano, C. (2005). *El nacimiento de la filosofía*. Tusquets.

Contrapoints. https://www.youtube.com/user/ContraPoints.

Copi, I. M., Cohen, C., Alejandro, R. S., & Noriega, R. M. (2016). *Introducción a la lógica.* Limusa.

Copleston, F. (2000). *Historia de la filosofía. Barcelona: Ariel.*

Corredor, J. A.; Pinzón, O. H. & Guerrero, R. M, (2011). Mundo sin centro: Cultura, construcción de la identidad y cognición en la era digital. *Revista de Estudios Sociales*, (40), 44-56.

Cuck Philosophy. https://www.youtube.com/channel/UCSkzHxIcfoEr69MWBdo0ppg.

    -(2018). *A Postmodernism FAQ.* https://www.youtube.com/playlist?list=PL7y0zyKXzhwzBmyVJm80JXlpO3wYD53ZC.

    -(2018). *What did Baudrillard think about The Matrix?* https://www.youtube.com/watch?v=bf9J35yzM3E.

Cultura y videojuegos. https://www.youtube.com/channel/UCzGMBzt6UOMoQe_dqOfShZw.

Darín Mc Naab. (2015). *La Fonda filosófica. Derrida.* https://www.youtube.com/playlist?list=PLfg-nvLMvO0hFtMmLnFagfsy7gjdzWo3Q.

Dayoscript. https://www.youtube.com/user/DayoScript.

De Barbieri, T. (1993). Sobre la categoría género: una introducción teórico-metodológica. *Debates en sociología,* (18), 145-169.

De Botton, A. (2013). *Las consolaciones de la filosofía.* Taurus.

De la Barca, P. C. (2009). *La vida es sueño.* Austral.

De Paz, M. P. (2019). Transhumanismo y poshumanismo: El problema del desarrollo tecnológico. *XVIII Congreso interamericano de filosofía.* Sociedad Colombiana de Filosofía (SCF) & Sociedad Interamericana de Filosofía (SIF). Universidad del Rosario, Colombia.

De Unamuno, M.(1964). *Del sentimiento trágico de la vida en los hombres y en los pueblos.* Editorial Losada.

-(2003). *Niebla.* Alianza Editorial.

-& Vauthier, B. (2006). Amor y pedagogía. Ediciones Vicens Vives.

Del amo, José Antonio. "Perspectivas actuales sobre la Conciencia." En *Filosofía De La Psicología,* Biblioteca Nueva, Buenos aires : Chacón F., 2009, pp. 171–204.

DeLanda, M. D. (2012). *Mil años de historia no lineal.* Gedisa Editorial.

Deleuze, G., & Artal, C. T. (1994). *Nietzsche y la filosofía.* Anagrama.

-& Ires, P., & Puente, S. (2013). *El saber: Curso sobre Foucault: Tomo 1.* Cactus editorial.

-(2014). *El poder: Curso sobre Foucault: Tomo 2.* Editorial Cactus.

-(2015). *La subjetivación: Curso sobre Foucault: Tomo 3.* Cactus.

-(2017). *Diferencia y repetición.* Amorrortu.

-& Guattari, F. (1985). *El Antiedipo: Capitalismo y esquizofrenia.* Paidós.

-(2001). *Kafka: Por una literatura menor.* Era.

-& José, V. P. (2010). *Mil mesetas: Capitalismo y esquizofrenia.* Pre-Textos.

-& Kauf, T. (2017). *¿Qué es la filosofía?* Anagrama.

Derrida, J. (1970). *De la gramatología.* Siglo XXI.

-(1989). Cogito e historia de la locura. *La escritura y la diferencia,* 47-89.

-(1997). *Espolones: Los estilos de Nietzsche.* Pre-textos.

-(1997). *La diseminación.* Editorial Fundamentos.

-& Roudinesco, E., & Goldstein, V. (2009). *Y mañana, qué...* Fondo de Cultura Económica.

Domjan, M. (2016). *Principios de aprendizaje y conducta (7a. ed.).* CENGAGE Learning.

Dot CSV. https://www.youtube.com/channel/UCy5znSnfMsDwaLlROnZ7Qbg.

Durkheim, E., & Sánchez, L. D. (1992). *El suicidio.* Akal.

Eilenberger, W., & Chamorro, J. (2019). *Tiempo de magos: La gran década de la filosofía, 1919-1929.* Taurus.

El vuelo de la Lechuza. https://elvuelodelalechuza.com/.

Ernesto Castro. (2015-2016). *Historia de la estética.* https://www.youtube.com/playlist?list=PLpolKVD304mxsLs-eKDscY6h0L63QYTNG.

-(2016). *La estética de Platón | Historia de las filosofías de las artes (9/27).*

https://www.youtube.com/watch?v=e70VMkvYGVQ&list=PLpolKVD304mxsLs-eKDscY6h0L63QYTNG&index=20&t=3s.

-(2016). *Lecciones de Alicante* (traigo las 3 relacionadas con el realismo especulativo):

-(2016). *¿Qué es el realismo especulativo? | Lecciones de Alicante (1/5).* https://www.youtube.com/watch?v=BJc4AWe8eUM&t=3964s.

-(2016). *Realismo especulativo y estética | Lecciones de Alicante (2/5).* https://www.youtube.com/watch?v=_RMyHTASItc.

-(2016). *Realismo especulativo y arquitectura | Lecciones de Alicante (3/5).* https://www.youtube.com/watch?v=Ja7bak7e_JA.

-(2017). *Axel Barceló en diálogo con Ernesto Castro.* https://www.youtube.com/watch?v=FwoAS6sTqX8&list=PLpolKVD304mw NaEYGcr-4Mv4xLVd3sTDX&index=74.

-(2020). *Íñigo Errejón en diálogo con Ernesto Castro.* https://www.youtube.com/watch?v=qBO3ZJhhw_g&list=PLpolKVD3 04mwNaEYGcr-4Mv4xLVd3sTDX&index=6.

-(2017-2020). *Historia de la filosofía.* https://www.youtube.com/playlist?list=PLpolKVD304mwA_bGDdVyYKKn UCEhsCG40.

-(2017). *Aristóteles | Historia de la filosofía (1/66).* https://www.youtube.com/watch?v=880rBoULtPM&list=PLpolKVD3 04mwA_bGDdVyYKKnUCEhsCG40&index=61.

-(2017). *Platón | Historia de la filosofía (4/61).* https://youtu.be/yNXO8fhFt0g?list=PLpolKVD304mwA_bGDdVyYK KnUCEhsCG40.

-(2017). *Dionisio Areopagita y Boecio | Historia de la filosofía (9/61).* https://www.youtube.com/watch?v=40SdSQ7Mii0&list=PLpolKVD3 04mwA_bGDdVyYKKnUCEhsCG40&index=54&t=139s.

-(2018). *Juan Escoto Erígena y Anselmo de Canterbury | Historia de la filosofía (10/61).*

https://www.youtube.com/watch?v=fYV7_-6lw9c&list=PLpolKVD304mwA_bGDdVyYKKnUCEhsCG40&index=52.

-(2018). *Pedro Abelardo y Hugo de San Víctor | Historia de la filosofía (11/61)*. https://www.youtube.com/watch?v=HDsNA3o-2yA&list=PLpolKVD304mwA_bGDdVyYKKnUCEhsCG40&index=51.

-(2018). *Duns Escoto | Historia de la filosofía (15/61)*. https://www.youtube.com/watch?v=EdiQBaDLrds&list=PLpolKVD304mwA_bGDdVyYKKnUCEhsCG40&index=47.

-(2018). *Bartolomé de las Casas y Juan Ginés de Sepúlveda | Historia de la filosofía (18/61)*. https://www.youtube.com/watch?v=Q97oulVAxM4&list=PLpolKVD304mwA_bGDdVyYKKnUCEhsCG40&index=45&t=0s.

-(2018). *Luis de Molina, Domingo Báñez y Francisco Suárez | Historia de la filosofía (19/61)*. https://www.youtube.com/watch?v=A9aJXgz6apU&list=PLpolKVD304mwA_bGDdVyYKKnUCEhsCG40&index=44&t=4s.

-(2019). *G. W. F. Hegel | Historia de la filosofía (34/61)*.

https://www.youtube.com/watch?v=aFd4q6Kj394&list=PLpolKVD304mwA_bGDdVyYKKnUCEhsCG40&index=28.

-(2019). *Hermann Cohen, Wilhelm Windelband y Ernst Cassirer | Historia de la filosofía (43/61)*. https://www.youtube.com/watch?v=_M_6qXeMu1A&list=PLpolKVD304mwA_bGDdVyYKKnUCEhsCG40&index=19.

-(2019). *Martin Heidegger | Historia de la filosofía (51/61)*.

https://www.youtube.com/watch?v=g6w6a0mVIhw&list=PLpolKVD304mwA_bGDdVyYKKnUCEhsCG40&index=11.

-(2020). *Derrida | Historia de la filosofía (59/61)*. https://www.youtube.com/watch?v=nYB1WDuASJY.

-(2020). *Gilles Deleuze y Félix Guattari | Historia de la filosofía (60/61)*. https://www.youtube.com/watch?v=Z-iYw9gEpEM&list=PLpolKVD304mwA_bGDdVyYKKnUCEhsCG40&index=2.

-(2018). *¿Qué es la derecha iliberal?* https://www.youtube.com/watch?v=X6Ml-vfWBVE&list=PLpolKVD304mxhBcKIPIPUE9TcgUXmXFoN&index=31.

-(2019). *¿También yo fui buenista?* https://www.youtube.com/watch?v=dFPK6X8l3xo&t=4s.

-(2019). *Radio Materialista - Debate acerca de «¿También yo fui buenista?»*. https://www.youtube.com/watch?v=54GioX7u_9A.

-(2020). *Presentación telemática de «Ética, estética y política»*. https://www.youtube.com/watch?v=4L5u9uqPS4A.

-(2020). *Presentación de «Realismo poscontinental» en Madrid | Valerio Rocco y Ernesto Castro*. https://www.youtube.com/watch?v=ZEU-1NcZ2S4&t=1s.

-(2020). *Topología (intempestiva) del pensamiento (contemporáneo)*:

-(2020). *¿Qué es el posmodernismo? | Pensamiento contemporáneo (1/4)*. https://www.youtube.com/watch?v=0TW-HtAove4&list=PLpolKVD304mxhBcKIPIPUE9TcgUXmXFoN&index=8.

-(2020). *¿Qué es la globalización? | Pensamiento contemporáneo (2/4)*. https://www.youtube.com/watch?v=bIzvFntgaAI&list=PLpolKVD304mxhBcKIPIPUE9TcgUXmXFoN&index=7.

-(2020). *¿Qué es el neoliberalismo? | Pensamiento contemporáneo (3/4)*. https://www.youtube.com/watch?v=T6IKFFPvipM&list=PLpolKVD304mxhBcKIPIPUE9TcgUXmXFoN&index=6.

-(2020). *Bruno Latour y la Ontología Orientada a los Objetos | Pensamiento contemporáneo (4/4)*.

https://www.youtube.com/watch?v=FUFPk5ahEYQ&list=PLpolKVD
304mxhBcKIPIPUE9TcgUXmXFoN&index=4.

Esquilo, Adrados, F. R., & Morales, B. P. (2010). *Prometeo encadenado.* **Editorial Gredos.**

Farías, V. (2009). *Heidegger y el nazismo.* **Objeto perdido.**

Fausto-Sterling, A., & Leal, A. G. (2006). *Cuerpos sexuados: La política de género y la construcción de la sexualidad.* **Melusina.**

Fernández, L. D. (2020). Charla: ¿Deseo o placer? Una disputa filosófica. *Experiencia Leamos.* LEAMOS+.

Fernando Castro Flórez. (2018). *Libros recomendados: ojo con el arte. 6. Claire Bishop.* https://www.youtube.com/watch?v=Rb9wLF7Urqs.

-(2018). *Libros recomendados: ojo con el arte: 20. Mark Fisher.* https://www.youtube.com/watch?v=LDy7LKkkWkU&list=PLurgzQXDJ2qe 3_cTZqThyqfmgICaXPCS-&index=21&t=2s.

-(2018). *Libros recomendados: ojo con el arte. 28. Fredric Jameson.* https://www.youtube.com/watch?v=XnJaFPK4JBk.

-(2020). *Libros recomendados: ojo con el arte. 173. François Cusset. French Theory.* https://www.youtube.com/watch?v=apepUv3GIVQ.

-(2020). *Libros recomendados: ojo con el arte. 212. Martha Rosler. Clase cultural (1).* https://www.youtube.com/watch?v=i_5FQ2Qlt48&t=7s.

-(2020). *Libros recomendados: ojo con el arte. 216. Derrida. Nietzsche.* https://www.youtube.com/watch?v=Z-uBSuPxOls.

-(2020). *Libros recomendados: ojo con el arte. 230. Perloff "El genio no original" (1).* https://www.youtube.com/watch?v=6zxEHyyJZIM.

-(2020). *Libros recomendados: ojo con el arte. 232. S. Friedrich. Sociedad del rendimiento.* https://www.youtube.com/watch?v=jC9U-uP56uY.

-(2020). *Libros recomendados: ojo con el arte. 234. W. Brown. Estados del agravio (1).* https://www.youtube.com/watch?v=_QmvJJqx368&t=11s.

Ferraris, M. (2006). *Introducción a Derrida.* Amorrortu.

Ferrater Mora, J. (1971). *Diccionario de Filosofía.* **Editorial Sudamericana.** *Buenos Aires.*

Fgdbuenotv. https://www.youtube.com/channel/UCVN6pJ_dOxO2xyqaxgy3fLQ.

-& Martínez, G. B. (2010). *Gustavo Bueno, Epistemología y Gnoseología.* https://www.youtube.com/watch?v=3mpVvyDxCEg&list=PLK0ICiFlQbsnFoCG_rHhoDR7wRlgmM4Cs.

-& Fernández, E. R. (2013). *Elena Ronzón Fernández, Antropología física y antropología cultural.* https://www.youtube.com/watch?v=MoW0vDq6VAE.

-& Casado, C. M. (2018). Carlos Madrid - ¿Qué es la filosofia de las matemáticas? https://www.youtube.com/watch?v=Cbyp-MG0kdE.

FilmAffinity, P. K., Ángel Fernández Santos: Diario El País, Elvis Mitchell: The New York Times, Rogerebert.com, R. E., Guardian, P. B., Empire, I. F., & BBC, N. P. (1970, January 01). *El dragón rojo* (2002). Retrieved from https://www.filmaffinity.com/es/film728672.html.

Filosofia del Pórtico. (2017). *Filosofia Nómada - EL CUERPO (Artaud-Deleuze-Guattari).* https://www.youtube.com/watch?v=wrg3_tt0DZo&t.

Filosofía aquí y ahora. (2016); José Pablo Feinman (2008). *Filosofía aquí y ahora.* https://www.youtube.com/channel/UCB725gZ4c8vs7JY7wAI5A7A.

-(2016). *Sacar la filosofía a la calle - Capítulo 2 - Primera temporada.* https://www.youtube.com/watch?v=V_2uqWVodMs&list=PLRHmAOq1DquE_Z14sZmaJ5QR8bwLKbds3&index=3&t=0s.

-(2016). *Temporada 2.* (Existencialismo). https://www.youtube.com/playlist?list=PLRHmAOq1DquFWreKY5n9mWcrX6SvLvI6v.

-(2016). *El ser-para-la-muerte - Capítulo 4 - Segunda temporada.* https://www.youtube.com/watch?v=SUaefCq8J8g&list=PLRHmAOq 1DquFWreKY5n9mWcrX6SvLvI6v&index=4.

Foucault, M., Varela, J., & Álvarez-Uría, F. (1992). *Microfísica del poder.* La Piqueta.

-(2002). *La hermenéutica Del Sujeto: Curso En El Collège De France (1981-1982).* Fondo De Cultura Económica.

-(2010). Un placer tan sencillo. *Obras esenciales,* 857-859.

Freud, S. (1996). *Obras completas VIII: El chiste y su relación con lo inconsciente (1905).*

-(1984). *Psicopatología de la vida cotidiana: 1901.* Amorrortu.

Gabriel Rico (2017); & Gandini, E. (2015). *La teoría sueca del amor el triunfo del estado del bienestar 2015.* https://www.youtube.com/watch?v=iFZFGRbR0Wg.

Gago, V. (2008). ¿Quién es y cómo piensa Bifo? *La Vaca.* https://www.lavaca.org/notas/quien-es-y-como-piensa-bifo/.

Gallardo, B., & López, Á. (2005). *Conocimiento y lenguaje.* Publicaciones de la Universidad de Valencia.

Gastón Campo (2012); Fathy, Safaa. (1999). *D'ailleurs Derrida* (Por otra parte, Derrida). https://www.youtube.com/watch?v=2dFM1OO315k.

Gazzaniga, M. S. (2015). *El cerebro ético.* Paidós.

Genosko, G. (1993). Freud's bestiary: how does psychoanalysis treat animals? *Psychoanalytic Review, 80*(4), 603-632.

-(1994). Introduction to the transaction Edition. *Topsy: The story of a golden-haired chow,* 1-26.

-(1997). A bestiary of territoriality and expression: Poster fish, bower birds, and spiny lobsters. *Canadian Review of Comparative Literature/Revue Canadienne de Littérature Comparée,* 529-542.

-(2002). *Félix Guattari: an aberrant introduction.* A&C Black.

Gigena, D.(2019) Lo más preocupante hoy es la muerte del pensamiento crítico. *El tiempo* https://www.eltiempo.com/cultura/musica-y-libros/entrevista-con-el-filosofo-italiano-franco-berardi-sobre-la-futurabilidad-394028.

Gilbert, D. T., & Ebert, J. E. (2002). Decisions and revisions: The affective forecasting of changeable outcomes. *Journal of personality and social psychology, 82*(4), 503.

Guattari, F. (1976). *Psicoanálisis y transversalidad: Critica psicoanalítica de las instituciones*. Siglo XXI Editores.

-(1996). *Caosmosis*. Manantial.

-(2013). *Líneas de fuga: Por otro mundo de posibles*. Editorial Cactus.

-(2013). Para acabar con la masacre del cuerpo. *Revista Fractal, 69*.

-& Nadaud, S. (2015). *¿Qué es la ecosofía?* Cactus.

-& De, E. P. (2017). *La revolución molecular*. Errata naturae.

Han, B., Arregi, A. S., & Ciria, A. (2019). *La sociedad del cansancio*. Herder Editorial.

Hampshire, S., & Peña, V. (1982). *Spinoza*. Alianza.

Harman, G. (2002). *Tool-being: Heidegger and the metaphysics of objects*. Open Court Publishing Company.

Hayes, S. C., Smith, S., & Álvarez, R. J. (2013). *Sal de tu mente, entra en tu vida*. Desclée de Brouwer.

Heisig, J. W. (2015). *Filósofos de la nada*. Herder Editorial.

Hegel, G. W. (2010). *Fenomenología del espíritu*. Fondo de Cultura Económica.

-& Redondo, M. J. (2015). *Fenomenología del espíritu*. Pre-Textos.

Heidegger, M., Garrido, M., Molinuevo, J. L., & Duque, F. (2009). *Tiempo y ser*. Tecnos.

-& Trawny, P., & Ciria, A. (2015). *Cuadernos negros*. Editorial Trotta.

Hemingway, E., & Calvo, L. N. (2006). *El viejo y el mar*. Random House Mondadori.

Hofstadter, D. R., Rousseau, A. L., & Arnaldo, U. B. (2018). *Gödel, Escher, Bach: Un eterno y grácil bucle.* **Tusquets.**

Hume, D., & Mellizo, C. (1993). *Investigación sobre los principios de la moral.* Alianza.

-& Duque, F. (2005). *Tratado de la naturaleza humana: Autobiografía.* **Tecnos.**

Huxley, A. (2007). *Nueva visita a un mundo feliz.* **Debolsillo.**

-(2020). *Un mundo feliz/ Brave new world.* Debolsillo.

i Baqué, E. F. (2003). ¿Qué es conducta? *International Journal of Clinical and Health Psychology, 3*(3), 595-613.

Iñesta, E. R. (1982). *El conductismo: reflexiones críticas (No. 24).* Fontanella.

-(2009). Reflexiones sobre la aplicación del conocimiento psicológico:¿Qué aplicar o cómo aplicar? *Revista mexicana de análisis de la conducta, 35*(1), 3-17.

-(2018). *El estudio científico de la conducta individual.* **Editorial El Manual Moderno.**

Joyce, J. (2019). *Retrato del artista adolescente.* Greenbooks editores.

Juan Manuel Martínez. (2016). https://www.youtube.com/channel/UCcASVnfWAk4eyXisu9_j1NA.

Kant, I. & Caimi, M. (2007). *Crítica de la razón pura. Buenos Aires: Colihue.*

-& Foucault, M.; Vélez, R. J., Pujol, A. G. & Zapata, J. G. (2016). *¿Qué es la Ilustración?* **Editorial Universidad De Antioquia.**

Kantor, J. R. & González Aramburu, F. (1990). *La evolución científica de la psicología. México: Trillas. (Trabajo original publicado en 2 Vols. 1963-1969).*

-& Smith, N. W.; Varela, J & Delgado, D. (2015). *La ciencia de la psicología: Un estudio interconductual.* **University Press of the South.**

Kierkegaard, S., & Rivero, D. G. (1984). *La enfermedad mortal o De la desesperación y el pecado.* Sarpe.

Kraft, V., & Gracia, F. (1966). *El círculo de Viena.* **Taurus.**

La Maravillosa Orquesta Del Alcohol (La M.O.D.A.). (2015). Hay un fuego. En *La primavera del invierno*. PRMVR.

La venganza de Hipatia. https://lavenganzadehipatia.wordpress.com/.

Lacan, J. (2007). *Mi enseñanza*. Paidós.

Landaw, J., Bodian, S., & Matarranz, M. (2009). *Budismo para dummies*. Granica.

Leibniz, G. W., Olaso, E. D., Torretti, R., & Torretti, R. (2003). *Escritos filosóficos.* **Mínimo Transito.**

Letargo Sonambular de una mente ensimismada. http://letargosonambular.blogspot.com/.

Linden, D. J., & Meler-Ortí, F. (2010). *El cerebro accidental: La evolución de la mente y el origen de los sentimientos.* **Paidós.**

Lispector, C., & Losada, E. (2014). *Agua viva*. Siruela.

Lipovetsky, G., & Bignozzi, J. (2008). *El crepúsculo del deber: La ética indolora de los nuevos tiempos democráticos.* **Anagrama.**

Llovet, J. (1978). *Por una estética egoísta: Esquizosemia.* **Anagrama.**

Locke, J. (1956). *Ensayo sobre el entendimiento humano.* **Fondo de Cultura Económica.**

López, M. S. (2019). Entre zoé y bio ¿Cómo se enuncia lo vivo? *XVIII Congreso interamericano de filosofía*. Sociedad Colombiana de Filosofía (SCF) & Sociedad Interamericana de Filosofía (SIF). Universidad del Rosario, Colombia.

Love of Lesbian. (2016). Planeador. En *El poeta Halley*. Warner Music Group.

Luna, M. (2008) *Follar y filosofar, todo es empezar: La filosofía bien introducida.* **Google Books.**

Lynx Reviewer. https://www.youtube.com/user/lynxreviewer.

MACBA Barcelona. (2015) *Lacan para multitudes.* https://www.youtube.com/playlist?list=PLm9DwC60pyZ6BmMO2KVlJdHPOLHR76LOk.

Maero, F. (2018). *Auto-reforzamiento mis polainas.* Retrieved from https://grupoact.com.ar/auto-reforzamiento-mis-polainas/.

Maltby, J., Day, L., & Macaskill, A. (2017). *Personality, individual differences and intelligence.* **Pearson Education Limited.**

Mann, T., & Adánez, I. G. (2013). *La montaña mágica.* **Edhasa.**

-& Gauger, C. (1988). *Los Orígenes del Doctor Faustus: La novela de una novela.* Alianza.

Manufacturing Intellect (2017); & Magee, B., & Marcuse, H. (1977). *Herbert Marcuse interview with Bryan Magee (1977).* https://www.youtube.com/watch?v=0KqC1lTAJx4.

Marcel Andre. (2011); & Johnston, D. & Glen Hansard & The Swell Season (2008). *Daniel Johnston - Glen Hansard & The Swell Season - Life in vain.* https://www.youtube.com/watch?v=JkczI1-be1k.

Martínez, G. B. (1972). *Ensayos materialistas.* **Taurus.**

-**(1987).** *Etnología y utopía: Respuesta a la pregunta ¿ qué es la etnología?* **Júcar.**

-**(1993).** *Teoría del cierre categorial.* **Pentalfa ediciones.**

-**(2016).** *El ego trascendental.* **Pentalfa ediciones.**

Massot, J. (2019). El problema es cómo la pantalla se ha apoderado del cerebro. *El país.* https://elpais.com/cultura/2019/02/18/actualidad/1550504419_263711.html.

Materia Oscura Editorial. (2020). *ESCRITOS ACELERACIONISTAS DEL [CCRU]: 1997 - 2003.* Retrieved from https://materiaoscuraeditorial.com/filosofia/escritos-1997-2003-ccru.

Miguel de Zubiria; Abraham, T. (2019). *Tomás Abraham: Los maestros del pensamiento.* https://www.youtube.com/playlist?list=PLdg7I4L3LiDVSACywEQpTp844ck4KrBCm.

-(2019). *TOMÁS ABRAHAM: Jean Paul Sartre: Los Maestros del Pensamiento.* https://www.youtube.com/watch?v=bpnPydffJN4&list=PLdg7I4L3LiDVSACywEQpTp844ck4KrBCm&index=5&t=0s.

-(2019). *TOMÁS ABRAHAM: Primo-Lévy: Los Maestros del Pensamiento.* https://www.youtube.com/watch?v=prGi5arA6vQ&list=PLdg7I4L3LiDVSACywEQpTp844ck4KrBCm&index=7.

-(2019). *TOMÁS ABRAHAM: Hannah Arendt: Los Maestros del Pensamiento.* https://www.youtube.com/watch?v=QwqBvw0Odvc&list=PLdg7I4L3LiDVSACywEQpTp844ck4KrBCm&index=9&t=0s.

-(2019). *TOMÁS ABRAHAM: Gilles Deleuze: Los Maestros del Pensamiento.* https://www.youtube.com/watch?v=pd48SfUMy1U&list=PLdg7I4L3LiDVSACywEQpTp844ck4KrBCm&index=2&t=4s.

-(2019). *TOMÁS ABRAHAM: Antonín Artaud: Los Maestros del Pensamiento.* https://www.youtube.com/watch?v=zORzUjrLVow&t=293s.

-(2019). *TOMÁS ABRAHAM: Fernando Pessoa: Los Maestros del Pensamiento.* https://www.youtube.com/watch?v=eEgzsvmPEE4&list=PLdg7I4L3LiDVSACywEQpTp844ck4KrBCm&index=12&t=0s.

Miller, H. & Manzano, C. (1985). ***Trópico de Capricornio.*** **Bruguera, Alfaguara.**
-(2016). *trópico de Cáncer.* Edhasa.

Mosca, P. J., & Mosca, J. C. (2018, October 05). *Sigmund Freud: No saben que les traemos la peste.* Retrieved from https://www.sicologiasinp.com/psicoanalisis/sigmund-freud-no-saben-que-les-traemos-la-peste/.

Music   Radar   Clan. https://www.youtube.com/channel/UCcscSHEC5tA1aypzmKvcN0A.

-(2019). *LO-FI: Música y el arte del sonido en mala calidad.* https://www.youtube.com/watch?v=1N1EcasBawk.

-(2020). *OUTSIDERS: MÚSICA, TALENTO Y LOCURA.* https://www.youtube.com/watch?v=EC7ed7rkaS8&t=1s.

Nacho; Racionero Carmona, Q. (2015). *Hª de la Filosofía Antigua y Medieval, Espíritu Griego.* https://www.youtube.com/playlist?list=PLDaXsgoDYf7ZvZALgoI9j0o2CAfXoIiEZ.

Nagel, E., & Míguez, N. (2006). *La estructura de la ciencia problemas de la lógica de la investigación científica.* **Ediciones Paidós Ibérica.**

Nagel, T. (2000). ¿ Qué se siente ser un murciélago. *Ensayos sobre la vida humana, 274-296.*

National Geographic Latinoamérica. (2019). *#BiosCerati (Parte 1) | Biografía de Gustavo Cerati | National Geographic.* https://www.youtube.com/watch?v=YQVlC8SAyIY.

-(2019). *#BiosCerati (Parte 2) | Biografía de Gustavo Cerati | National Geographic.* https://www.youtube.com/watch?v=PtQAcHVdnq8.

Natsume, S., Ogihara, Y., & Cordobés, F. (2010). *Soy un gato.* **Impedimenta.**

Nietzsche, F., & Oyarzun R., Pablo. (2004). *Sobre verdad y mentira en sentido extramoral.* Retrieved from https://www.philosophia.cl/biblioteca/nietzsche/Nietzsche%20Verdad%20y%20Mentira.pdf.

-& Pascual, A. S. (2011). *Ecce homo: Cómo se llega a ser lo que se es.* Alianza.

-(2011). *La genealogía de la moral: Un escrito polémico.* **Alianza editorial.**

-(2011). *El Anticristo: Maldición sobre el cristianismo.* **Alianza.**

-(2015). *Más allá del bien y del mal preludio de una filosofía del futuro.* **Alianza editorial.**

Nishida, K., Clavel, J. M., & Haidar, J. (2015). *Pensar desde la nada: Ensayos de filosofía oriental.* **Sigueme.**

O'Donohue, W., & Kitchener, R. F. (2007). *Handbook of behaviorism.* Elsevier.

Odhn Rimbaud (2013); & Taylor, A., & Žižek, S. (2005) *¡Žižek! [2005] [Subtítulos en español].* https://www.youtube.com/watch?v=MfV1O2OOJi4.

Onfray, M., & Kot, S. (1999). *El vientre de los filósofos: Crítica de la razón dietética.* Perfil.

-& Galmarini, M. A. (2007). *Las sabidurías de la antigüedad: Contrahistoria de la filosofía, I.* Editorial Anagrama.

-& Brotons, X. (2008). *Teoría del cuerpo enamorado: Por una erótica solar.* Pre-textos.

-& Galmarini, M. A. (2010). *El cristianismo hedonista: Contrahistoria de la filosofía II.* Anagrama.

-(2010). *La fuerza de existir: Manifiesto hedonista.* Anagrama.

-& Bouchain, P. (2010). *Manifiesto arquitectónico para la Universidad Popular: La comunidad filosófica.* Gedisa.

-& Freire, L. (2010). *Tratado de ateología: Física de la metafísica.* Anagrama.

-& Pons, H. (2011). *El crepúsculo de un ídolo: La fabulación freudiana.* Aguilar, Alfaguara, Altea, Taurus.

-& Antón, I. (2014). *La escultura de sí: Por una moral estética.* Errata naturae.

-& Bixio, A. (2016). *Cosmos: Una ontología materialista.* Paidós.

Ordóñez Díaz, L. (2000). *Poesía y modernidad Spleen e Ideal en la estética de Charles Baudelaire* (Doctoral dissertation, Filosofía).

Ortega, M. (2018). *Comportamiento Suicida. Reflexiones críticas para su estudio desde un sistema psicológico.* Hermosillo, México: Qartuppi. Retrieved from http://www. qartuppi. com/2018/SUICIDA. pdf.

Ozuna & J. Balvin. (2017). Quiero repetir. En Odisea. R.E.LL., VP Records Corp, Dimelo Vi

Papus. (2005). *Tratado elemental de magia práctica.* Editorial Humanitas

Patronato de Arte Contemporáneo /SITAC; & Delanda, M. (2020). *SITAC IX | Teoría y práctica de la catástrofe - Viviendo al borde del caos - Manuel Delanda.* https://www.youtube.com/watch?v=slbrwHnMTyk.

Pavesi, P., & Díaz, J. A. (2014). *Cartesiana.* **Universidad Nacional de Colombia.**

Philosophy Tube. https://www.youtube.com/user/thephilosophytube.

Platón, Gual, C. G., & Gorri, A. A. (2017). *Diálogos ; Apología de Sócrates ; Fedón ; Banquete ; Fedro.* **Gredos.**

Preciado, B. (2010). *Pornotopía: Arquitectura y sexualidad en Playboy durante la guerra fría.* Anagrama.

Psicología para todos (2019); Canal Infinito. (2011). *26 Personas para Salvar al Mundo.* https://www.youtube.com/playlist?list=PLXJUssgOrv9IgHjqv0Ps5JPZIertfnYEX.

Puto Mikel. https://www.youtube.com/channel/UCSvkCc8rbluGVsZV-KKHCFA.

   -(2020). *Los Piratas y el amor en alta mar | PutoMikel* https://www.youtube.com/watch?v=pLPpNOJS0PQ.

Pink Floyd. (1975). *Wish you were here.* Abbey Road Studios.

Quetzal. https://www.youtube.com/user/TheIceOfAlice.

Quintín   Racionero   Carmona.   (2019). https://www.youtube.com/channel/UC24LqR8jk1x9UqY3PyQjYag/featured.

   -(2019)(2010).   *01   ESPÍRITU   GRIEGO.   Presocráticos.* https://www.youtube.com/playlist?list=PLEaDnHnhCt9ZxW9o-yiNly9LeyhBGqO3D.

   -(2019)(2010).   *02   ESPÍRITU   GRIEGO.   Platón.* https://www.youtube.com/playlist?list=PLEaDnHnhCt9Yv1wcCThTuKBfZ BVimuiji.

   -(2019)(2010).   *03   ESPÍRITU   GRIEGO.   Aristóteles.* https://www.youtube.com/playlist?list=PLEaDnHnhCt9bw8Xi48DwIuNW G74s3OoZ3.

Quique Badia Masoni. (2020). *Entrevista a Ernesto Castro.* https://www.youtube.com/watch?v=bsRJQSttiTE&list=PLpolKVD304mwNaEYG cr-4Mv4xLVd3sTDX.

Racionero Carmona, Q. (2000). *La resistible ascensión de Alan Sokal: reflexiones en torno a la responsabilidad comunicativa, el relativismo epistemológico y la postmodernidad. ENDOXA, 1*(12-2), 423-483.

Ramos Arenas, Jaime (sin publicar). *La enseñanza de la filosofía como trabajo artesanal.*

Reservorio Javier Galarzes. (2009). *PINDARO, POETA DE POETAS.* Retrieved from http://javiergalarzares.blogspot.com/2009/04/pindaro-poeta-de-poetas.html#:~:text=La frase está inspirada en, ser como aprendes a ser».&text=¡Hazte el que eres!,,quien eres— traduce José Alsina.

Rizoma Facultad Libre. https://www.youtube.com/user/facultadlibrerosario.

Rivera, J. E., & Segura, A. G. (2009). *La vorágine.* Alianza.

Rimbaud, A. (1871). *El barco ebrio.* Retrieved from https://es.wikisource.org/wiki/El_barco_ebrio.

Romero, A. G.(2020). Un acercamiento fenomenológico a la experiencia del horror. *XVIII Congreso interamericano de filosofía.* Sociedad Colombiana de Filosofía (SCF) & Sociedad Interamericana de Filosofía (SIF). Universidad del Rosario, Colombia.

Rotterdam, D. E., & Santidrián, P. R. (1993). *Elogio de la locura.* Atalaya.

Ryle, G., & Dennett, D. C. (2005). *El concepto de lo mental.* Paidós.

Sábato, E. (. (2012). *Hombres y engranajes: Reflexiones sobre el dinero, la razón y el derrumbe de nuestro tiempo.* Nabu Press.

Sánchez Vadillo, Ó. (2016). ¡ Es la Libertad, estúpido!:(Quintín Racionero y el pensamiento controversial). En *Controversias del pensamiento : homenaje al profesor Quintín Racionero. Madrid : Dykinson, 2016.* Retrieved from https://www.lacavernadeplaton.com/articulosbis/sanchezracionero1516.htm.

Sapolsky, R. M., & Hernández, J. R. (2001). *Memorias de un primate: Las aventuras de un científico en la sabana africana.* Mondadori.

-& González, C., & Coll, M. A. (2017). *¿Por qué las cebras no tienen úlcera?: La guía del estrés.* **Alianza Editorial.**

-& González, P. P. (2018). *Compórtate: La biología que hay detrás de nuestros mejores y peores comportamientos.* **Capitán Swing Libros**

Sartre, J., & Valmar, J. (1993). *El ser y la nada.* **Altaya.**

-& Lévy, B. (2006). *La Esperanza ahora: Las conversaciones de 1980.* **Arena Libros.**

-& Haro, A. S. (2010). *La trascendencia del ego: Esbozo de descripción fenomenológica.* Síntesis.

-& Carvajal, A. D. (2013). *El muro.* Tomo.

-& Bernárdez, A. (2017). *La náusea.* Alianza.

Scholem, G. (2015). *La cábala y su simbolismo.* **Siglo XXI.**

Schopenhauer, A., Rafael, H. A., Fernando, M. C., & Sánchez, A. I. (2009). *Parerga y paralipómena: Escritos filosóficos sobre diversos temas.* **Valdemar.**

Seminario Permanente de teoría contemporánea SPTC. (2018). *"Badiou y el acontecimiento: Política y estética".* https://www.youtube.com/playlist?list=PLccpv5e2xjRowcQ3H3GBxbLTb6c3QT DDR.

Serrano, G. (1999). Apparientias salvare misunderstandings in Kant's copernican analogy (Krv, xvi). *British journal for the history of philosophy, 7*(3), 475-490.

-(2003). ¿ Por qué no es inútil una nueva traducción de la Deducción trascendental? *Ideas Y Valores 52 (123):73-79,*

-(2006). *La querella en torno al silogismo 1605-1704: conocimiento versus forma lógica.* **Editorial Universidad Nacional de Colombia.**

Sjöstedt-H, P. (2015). *Noumenautics: Metaphysics - meta-ethics - psychedelics.* **Psychedelic Press.**

-(2017, April 18). *What is the 'Sublime'?* Retrieved from http://www.philosopher.eu/texts/what-is-the-sublime/.

Sloterdijk, P., & Ángel, V. C. (2011). *Crítica de la razón cínica*. Siruela.

Sokal, A., & Bricmont, J. (1999). *Imposturas intelectuales*. Barcelona: Paidós.

Solomon, E. P., Berg, L. R., Martin, D. W., & Elizabeth, G. H. (2013). *Biología*. Cengage Learning.

Soto, D. P. (2006). *NOTAS CRÍTICAS (MARX GUTIÉRREZ GIRARDOT)*. Produmedios.

-(2011). *Estudios sobre el pensamiento colombiano*. Volumen 1. Ediciones Desde Abajo.

Stanford.; & Sapolsky R. M. (2011); & Stephanny Soressi (2020). *Robert Sapolsky Lectures*. https://www.youtube.com/playlist?list=PLD7E21BF91F3F9683.

-(2011) 4. *Molecular Genetics I*. https://www.youtube.com/watch?v=_dRXA1_e30o&list=PLD7E21BF91F3F9683&index=5&t=0s.

-(2011) 5. *Molecular Genetics II*. https://www.youtube.com/watch?v=dFILgg9_hrU&list=PLD7E21BF91F3F9683&index=6&t=2s.

SUB-TIL Productions (2020); Boutang, Pierre-André (1988-1989). *Abecedario de GILLES DELEUZE*. https://www.youtube.com/playlist?list=PLiR8NqajHNPbaX2rBoA2z6IPGpU0IPlS2.

-(2020); -(1988-1989). *Abecedario de GILLES DELEUZE: H como Historia de la filosofía*. https://www.youtube.com/watch?v=y7Fmp0gty8Q&list=PLiR8NqajHNPbaX2rBoA2z6IPGpU0IPlS2&index=9&t=0s.

-(2020); -(1988-1989). *Abecedario de GILLES DELEUZE: H como Historia de la filosofía Part II*. https://www.youtube.com/watch?v=tWRZyptSDtU&list=PLiR8NqajHNPbaX2rBoA2z6IPGpU0IPlS2&index=9.

-(2020); -(1988-1989). *Abecedario de GILLES DELEUZE: I como Idea.* https://www.youtube.com/watch?v=NCYJea9RaMQ&list=PLiR8NqajHNPb aX2rBoA2z6IPGpU0IPlS2&index=11&t=1s.

Süskind, P., & Giralt, P. (2007). *El perfume: Historia de un asesino.* Seix Barral.

Téllez, F. (1999). *Filosofía y extramuros.* Universidad Eafit.

Then and Now. (2016). *World-Systems Theory, Dependency Theory and Global Inequality.* https://www.youtube.com/watch?v=79gCqjl6ihQ&t=1s.

-(2017). *Understanding Derrida, Deconstruction & Of Grammatology.* https://www.youtube.com/watch?v=HKJlSY0DBBA&t=2s.

-(2018). *Introduction to Deleuze: Difference and Repetition.* https://www.youtube.com/watch?v=AUQTYlCTfek&t=64s.

-(2019). *An Introduction to Baudrillard: Hyperreality and simulation.* https://www.youtube.com/watch?v=1Yxg2_6_YLs.

-(2019). *Archive Fever - Derrida, Steedman, & the Archival Turn.* https://www.youtube.com/watch?v=uHtXeUH4gnY&t=4s.

"The Simpsons" *Beyond Blunderdome.* (1999, September 26). Retrieved from https://www.imdb.com/title/tt0701069/.

-*Treehouse of Horror XIII.* (2002, November 03). Retrieved from https://www.imdb.com/title/tt0763041/.

Thicke, R. & Pharrel, & T.I. (2013). Blurred lines. En NJR Hit List 2013.

Trujillo, J. (2009). *Pitecántropo: La última de las historias posibles.* Editorial Almadía.

Turbayne, C. M., Peckham, M., Tait, F., Eberle, R. A., & Paschero, C. (1974). ***El mito de la metáfora.* Fondo de Cultura Económica.**

Turriago, J. C., & Álvarez, J. E. (1999). ***Marx vive: Siglo y medio del Manifiesto comunista: Superación, vigencia o reactualización?* Universidad Nacional de Colombia.**

Vardy, P., & Solana, M. (1997). *Kierkegaard.* Herder.

Varela, F. J., Thompson, E., Rosch, E., & Gardini, C. (2011). *De cuerpo presente: Las ciencias cognitivas y la experiencia humana.* Gedisa.

Vetusta Morla. (2014). Cuarteles de Invierno. En *La deriva.* Pequeño salto mortal.

-(2008). Copenhague. En *Un día en el mundo*. Pequeño salto mortal

Watson, J. (2008). Schizoanalysis as metamodeling. *Fibreculture, 12,* 1-18. Retrieved from http://twelve.fibreculturejournal.org/fcj-077-schizoanalysis-as-metamodeling/.

Wikipedia. *Anahata*. (2019, August 08). Retrieved from https://es.wikipedia.org/wiki/Anahata.

-*Empíreo*. (2020, April 11). Retrieved from https://es.wikipedia.org/wiki/Empíreo.

-*Estigia*. (2020, April 17). Retrieved from https://es.wikipedia.org/wiki/Estigia.

-*La petite mort*. (2020, June 11). Retrieved from https://es.wikipedia.org/wiki/La_petite_mort.

-*Mahāyāna*. (2020, April 18). Retrieved from https://es.wikipedia.org/wiki/Mahāyāna.

-*Número de Dunbar*. (2020, July 16). Retrieved from https://es.wikipedia.org/wiki/Número_de_Dunbar.

-*Zaqueo*. (2020, June 01). Retrieved from https://es.wikipedia.org/wiki/Zaqueo.

Wittgenstein, L. & Tierno Galván, E. (1973). *Tractatus logico-philosophicus*. Madrid: Alianza.

Wong, K. K. (2000). *El Libro completo del Zen*. Martínez Roca.

Zweig, S., & Verdaguer, J. (2007). *La lucha contra el demonio*. El Acantilado.

-& Fontcuberta, J. (2009). *Tres maestros: Balzac, Dickens, Dostoievski*. Acantilado.

Último verso

¿Quémúsicaescuchas?Lynch.Spinetta¿Quélees?Sagan.Bartra.Bataille.Poetas
uedoverte?Notengollaves¿ConBataillelebajarasalapetito?No,conesevideoquedoex
icesmiszanahorias¿Medesea?Sí¿Ladeseo?Quisieranohacerlo,quisieraqueelfuego
almentesensual;finalmentemesientoinsEguroysinsaberquéharéenestamutua
comoyo,sehadesencantadodelamiseriamonógama,porfin,la"tensiónsex
uenuncadaríaparaserrechazado¿Esacasossuficiente?¿Esacasoins
removerunapersonaviva...(Miguel,Sara)...Esque,dios.Esque,d
teníamoscaradeidiotas,losé.Losabíamos.Esunacacería

No *mostrarte*[1] el *cariño*,
lo sé, no *truenan*, no
creo, no sé. No pensarás
en mi con *libro*,
lo sé, no *volveré*;
solo *nunca*; (importa)
duele nunca comprarás[1]
regazo te amo, *podré*
importa a *encanta* en
tu *cuánto* ni a aferrarme
a tus *piensa*,
nariz. Lo sé, hay vacíos.
(qué *brazos*, hace)
me reposar cómo se mueve,
me encanta su rostro, su *labios*,
sus *mirada* y lo que *Eres*,
me encanta tu voz,
me encanta tu *cuerpo haces*,
tu *ojos* pez, tu *cuello*,
tus *boca* y tu *duele*.
dice y lo que *pollo*, es.

-Edwin Yahir Galvis.

.oñartxeeT?allE¿?sallE¿?alleY¿?útY¿olre
omabalbahodnaucadarimus,soid,soid,orep,adrusbadadem
atsusaodargolahemsámeuqrejumalsere,ateoP.dadiliuqnartéuq
oicnelis,nóicatibahusnesodiuldnabadeuqeseuqsoeteuqocsoseerapy
odaesedesritnesropodeimosnetnieoniuNgelsE.olragnolorparaprecahom
em,ebircseallE:etnematiademniopusolsérdnA;aicnetsixeniS.ortsarinalleuhra
asomrehse,aripser,etsixE.etnemavitcefE?laersE¿adavlamodiseh,reseduePP?olopA
C?odnajabartsátsE¿anicoC.anairategevnarC?etsimocaY¿asocoM.serojemsaídodineta

(2)

[Epígrafe de orígenes del Dr. Faustus]

Aquí debería ir un epígrafe de la novela de una novela "Orígenes del Dr. Faustus" de Thomas Mann, es un texto que relata lo trágico de escribir una novela, una ópera prima diría yo o así es como la presenta Mann en el libro mencionado [con la minucia agravante de ser el mayor escritor judío, vivo, en medio del ascenso Nazi en Alemania]. Sin embargo, no hay versión en pdf ni en inglés ni en español; además, lo presté de una biblioteca, hace años, y actualmente estamos en pandemia. Adicionalmente, si arriesgara mi supervivencia por comprar el libro, lo recibiría hasta el 20 de agosto y no me sirve... el epígrafe diría algo tipo: *Escribir una novela drena parte de la vida del autor, no podría negarse que así me ocurrió y mi querida esposa podría dar fe de ello.*

EL TEXTO COMO CAMINO

En la creación de "narraciones" para productos culturales tales como videojuegos, programas y películas, existe un tópico ampliamente explotado y explorado *"El viaje del héroe"*, que básicamente consiste en un modelo explicativo de lo que supone como un cierto "arquetipo cultural" de las diversas historias épicas o heroicas de la humanidad, de las narraciones que tienen un personaje y culturalmente educan lo que las personas tendremos que hacer en nuestra vida para ser adultos o, como tal, para ser "personas" (hacernos).

Este modelo ha sido muy popular y tiene diversas críticas, que se ajustan a lo desajustado del mismo y lo normalizada que resultaría la cultura si se la observa a través de su análisis; además, al utilizar arquetipos/clichés y resultar exitoso, ha terminado siendo un fracaso, pues normalmente la manera en que un elemento técnico logra ingresar en la cultura, o la "baja cultura", para ser menos (y más) equívocos, es mediante el degradamiento de su especificidad e incluso el malversamiento de su naturaleza que, adicionalmente, conlleva la modificación de la "geografía conceptual" que originalmente intentaba explicar.

De hecho, la manera en que se moviliza el conocimiento de un área gnoseológica a otra, probablemente, sería un elemento de estudio realmente interesante e importante para crear una teoría gnoseológica, o simplemente epistémica, que posibilite la explicación y predicción de la influencia cultural que pueda tener un término o concepto; aunque, claro está, todavía nos encontramos lejísimos de llegar al grado de especificidad necesario para poder establecer un rastro completo de la génesis y evolución de cualquier concepto dado hasta que se convierta en ideas, o del rastro de la cantidad absurda de relaciones e imbricaciones que van dándole una forma específica para seleccionarlo como parte de una cultura especifica.

Volviendo al tópico del "Viaje del héroe", este ha sido ampliamente utilizado para abordar y vender una cierta ética del prosumismo, una en plan "cuando haces te haces", "cuando haces con consciencia, cuando trabajas con consciencia, te encuentras", te hallas; o, según entiendo, con Marx una especie de "en el trabajo está la esencia del sujeto", del hombre. Y me pregunto si el barbudo pensaba así acerca de un trabajo que se lleva pedazos tuyos, que actúa como un espejo tuyo o incluso actúa como una "sombra" tuya como la autoficción o la malla mediática que generan los influencers; aunque, supongo que sí, que en cierta medida la visión del trabajo que tenía debía sintonizarse con una perspectiva artesanal; sin embargo, la psique marxiana son aguas peligrosas cerca de las cuales sólo he chapoteado con salvavidas.

Este énfasis en las labores o en las obras, en el trabajo, deriva en la necesidad de comprender la distinción que haya entre obra y autor o, de ser así, la confusión total que da forma a ambos. Este es un asunto realmente espinoso y los problemas que derivan de las acciones del autor, dentro del relato íntimo de toda sociedad, son inmensos. Un ejemplar reluciente y paradigmático es Heidegger y otro ejemplar, también reluciente, es Freud. ¿Acaso sus personalidades, sus deslices o errores "privados" no afectan lo que hemos construido en las espaldas de sus obras? ¿Acaso, para los casos mencionados, que uno fuera nazi y que el otro presentara informes clínicos desacertados, o sospechosos, no conlleva ninguna consecuencia en las bestias culturales que nos heredaron?

Y si tomar ejemplos del siglo pasado resultara descontextualizado, también podemos verlo mucho más cercano con los profesionales abusadores, que cargan denuncias de acoso y abuso dentro de las instituciones en que se desempeñan y la incisiva duda sobre cómo nuestro apoyo, a cierta parte de la obra puede ser confundido con un apoyo total al protagonista de estas denuncias: En Ubisoft se destapa un escándalo de proporciones inmensas relacionado con las actividades abusivas y machistas (que incluyen una presunta violación) de una parte importante del staff directivo de la compañía, ellos hacen buenos juego o juegos relevantes pero, si compramos sus productos vamos a premiarlos por tratar a las mujeres como basura... ahora, los empleados que no han violado a ninguna persona y trabajan allí ¿deben soportar la tormenta económica y mediática debida a las acciones criminales de algunos de sus compañeros y jefes?

Con este breve ejemplo quiero recordarnos que los intelectuales, los artistas y la industria cultural son humanos; son joyas de diversos, indefinidos y múltiples colores, las cuales no permiten decisiones completamente satisfactorias y tampoco predicen correctamente el desenlace de sus propias historias, que están llenas de sesgos, claroscuros y enmendaduras que dificultan un análisis apropiado siempre y cuando este sea realizado desde unas coordenadas que ignoren el cambio o el tiempo dentro de las leyes operativas que definen la construcción de sus procesos y realidades.

Teniendo en cuenta que nuestras luces, las luces mías debido a que todo yo es una multiplicidad o, por prestar una idea sartreana, un "ser para sí" que termina manteniendo diversas e intrincadas relaciones consigo mismo, con aspectos suyos y con totalidades suyas, totalidades parciales por el carácter finito de la propia memoria y el carácter equivoco del propio conocimiento humano (quién sabe si el conocimiento divino opera con los mismos caracteres); volviendo a la idea inicial, teniendo en cuenta que las luces mías apuntan a la relectura y el re-conocimiento, a la construcción y la reconstrucción del yo, al egocentrismo desbandado de nuestro tiempo, resultó imposible no asimilar este ejercicio con un cierto viaje del héroe, un viaje que me enseño más de mí y también me enseñó menos... y existe un montón de cosas muy interesantes acerca de la escritura que he pensado y puesto en marcha al realizar esta recopilación, esta edición y la escritura de notas, prólogo y epílogo.

Hay varias cosas señalables dentro del montón de aprendizajes que me dio esta experiencia, por ejemplo, noté lo jodido del proceso de autocomprensión y lo jodido de hacer memoria para poder explicitar los matices y referencias insinuados pero no documentados, lo jodido que resulta compensar los propios y nebulosos deseos, lo jodido que resulta poder respetar el espíritu de la propia obra (si hay tal) y lo jodido que resulta no corregir y corregir, hasta la náusea, cada mínimo detalle; noté lo jodido que resulta recordar cosas que deberían ir pero no van hasta que se colocan, lo jodido que resulta cumplirse y lo jodido que resulta dejarse sorprender.

Todo lo jodido de esta empresa está llevándome a "conocerme" más y menos (creo que conocer es el término perfecto, uno que puede englobar el sentido de "descubrir" y el sentido medianamente contradictorio de "crear/ construir": me descubro más y menos debido a que me construyo más y menos) y ha destapado, descubierto, un ruido paradójico en mi voz. Al volver sobre las hojas me encuentro con ciertos retazos míos que fueron muy reales y hoy permanecen como espectros; soy sujetos con cierta forma, forma inconsistente que se difumina, se diluye con el paso del tiempo y con el cambio de ideas, con la reconstrucción personal y con el cambio, infinito cambio, del mundo en que habito y soy, siendo el mundo tanto esfera cuanto cuarto, tanto despliegue de la humanidad y la vida cuanto danza privada de mis demonios y mis ángeles, de mis pecados y privaciones.

El camino de "Conocerse a sí mismo", tal como ocurre con todo camino que se enrede en las fauces del conocimiento, parece acabar con un producto. Aquí estoy con mi linterna, muy bien maquinada; un artefacto útil para ciertos usos, una herramienta escogida para ciertos problemas que tiene un potente haz de luz que solo fue posible gracias al esfuerzo y la travesía llevada a cabo, gracias a la cual ella surge... pero esta herramienta arroja luces desde sus propias limitaciones y en esta medida las alumbra (e incluso da a luz las posibilidades de su propia obsolescencia) pues sólo demuestra las penurias de su constitución cuando debe confrontarse con aquello de lo cual sólo puede iluminar un pedazo.

Este camino, es un camino que termina en puntos suspensivos, llenos de resultados ahogados por una sólida mar de dudas. Dudas, errancias, preguntas y ausencias; finalmente, la linterna sirve pero no es suficiente y después de desarrollar la linterna será posible desarrollar automóviles o computadoras, sistemas políticos, etcétera. Creamos aparatos que nos revelarán y a su vez nos regalarán nuevos límites (y limitaciones), que nos harán conscientes de faltas nunca pensadas como posibles.

Teniendo en cuenta que este camino fáustico, de producción tecnológica continua, es un camino del héroe, o una iniciación, entonces le cabe ser criticado ya que toda iniciación es arbitraria y, en esa medida, está castrada aún más de lo castrado que está el propio viaje, más de lo que esta castrado el propio héroe...

Pero ¿es cierto que la falta y la herida, que la limitación y la mendicidad son tan importantes para nuestra constitución? No necesariamente y sé que podemos pensar en la vida como un regocijo, como una exuberancia, una fertilidad, un exceso y un derroche. Podemos dejar de pensar un sujeto fallido y enfermo, un sujeto imperfecto respecto a ciertas perfecciones objetivamente señalables (o "intuidamente" señalables, debo acusar) para empezar a pensar al sujeto y sus obras como objetos nuevos, creaciones nuevas que "rompen", "quiebran" o "dislocan" y no lo hacen, no lo hacen debido a que lo de antes no necesariamente debe continuar igual, pues la omnipotente inercia del "mundo natural" es una propiedad ideal: en el mundo hay una fuerza, que todo saber que aspire a ser saber total debe contemplar, la fuerza de lo humano voluntarioso.

Y esta fuerza de lo humano no debe ser menoscabada, considerándola como mero epifenómeno de unos u otros condicionamientos, de unas u otras estructuras; o bueno, no debería hacerlo si las reglas en que intente desenvolverse este conocimiento omnicomprensivo, metafísico, se encuentran la honestidad intelectual y la apertura dialógica, de ser así, debe aceptar el reto y evitar escaparse del mismo rotulándolo como "inútil, fútil o falaz"; si se encuentran ambas pero decide tachar unos u otros problemas como ficciones, malentendidos o falacias, posiblemente podría tacharse su intento de impostura ... esta propuesta resulta una tarea titánica, inviable para un ejercicio realmente científico y es totalmente intencional, considero que deberíamos repensar si queremos conocimientos totales y más aún, si su posibilidad es además de pensable, objetivable y materializable; si no estamos intentando rajar y prestar el hacha, al mismo tiempo. ¿Es necesario sólo pedir lo posible?

Ahora, este camino fáustico es un montón de trozos que intentan zurcirse, como una sábana de retazos con retazos de mismas cobijas pero de diferentes lugares suyos:

fueron 101 textos que pase a computador y publique; fueron textos cortos, fragmentarios, los cuales me evidencian como un pleno sujeto del siglo XXI, uno al cual se le dificulta escribir textos de más de 4 páginas que sean relativamente coherentes, que no sean áridos y que su autor pueda considerarlos relevantes; son textos que me evidencian como sujeto enamoradizo, metaforista y pretencioso, como un perpetuo conejillo de indias personal y alguien que intenta recrear un mundo onanístico, lleno de referencias personales y de constelaciones personales que resulta cada vez más dislocado y excitante sólo para mí, y esta imagen mía es y no es ajustada. Como toda representación.

Incluso la imagen que yo mismo tengo de mí, es y no es ajustada, algo que puedo compartir con mi obra pues, probablemente, cada imagen que se haga de este será y no será ajustada: Si Derrida puede hacer un ensayo sobre una frase de Nietzsche acerca de olvidar un paraguas, en esta compilación aquí cualquier derrideano puede cebarse haciendo bibliotecas, cosa a la que apunto al haber recopilado la copiosa cantidad de referidos, más que referencias, del final. Y de hecho, ese sería mi más grande y mayor interés, mi más grande y noble sueño: poder alimentar la curiosidad de los otros y moverlos a hacer, a buscar, a mirar, a conocer, a "aprender".

Aunque, no supongo que vaya a existir una camarilla de hermeneutas académicos acerca de un texto publicado en Amazon lo cual, sin embargo, sería genial para mi bolsillo, mi ego y mi buen nombre (el buen nombre de un eterno estudiante de universidad pública) más bien espero que caiga en las manos de personas que se sientan conmovidas por alguno de sus textos, que se vean interesados por alguna idea y puedan acudir en las notas finales y la bibliografía amañada, que tanto me costaron construir; que puedan hallar una ventana a un nuevo mundo, a una forma distinta de pensar o de hacer.

En síntesis, me encantaría ayudar a hacer un mundo de más sospechas, intuiciones y cavilaciones; un mundo que tenga muchos más lectores suspicaces y muchos más curiosos que quieran prosumir mucho más allá de lo que les enseñaron… y ojalá, en el camino, ganar la plata suficiente para no morir de hambre ni volver a callcentear.

¿Qué clase de camino es el camino que determinan los ladrillos flojos de mis letras?

No lo sé, espero releerlo para reencontrarme y poder dar una, una de tantas, una respuesta insatisfactoria y provisional, una que espera ser refutada y reasumida, una que espera ser discutida y hacerse carne: si las letras son pensamientos, los pensamientos también son cicatrices, también son huesos, torsiones y bailes; los pensamientos son comportamientos pero también apéndices.

LA DIFICULTAD DE "ESCRIBIR UN LIBRO"

Escribir un libro de una sola sentada es muy jodido, aunque su dificultad aumenta debido a que cada día estoy mucho más expuesto a la cantidad ingente de distracciones del mundo postsmarphone, a las apps, a los juegos, a las redes sociales al condicionamiento operante que se implementó en sus interfaces, al aumento exponencial de publicaciones, a los sueños y deseos propios de un mundo capitalista que quiere rotular cada cosa, cada mínimo detalle y así poderlo controlar, poderlo gestionar y poderlo acumular; y yo, no lo he hecho, ha resultado más sencillo escribir por pedazos... La fundación y el vicio capitalista es principalmente la plusvalía (la acumulación de cosas que valen) y en esa línea la creación de cosas que valen... pero sólo lo creo y no lo he estudiado; ¿cuál será la relación entre el afán cuantitativo, que requiere medidas discretas y la fragmentación de nuestra psique contemporánea?

Yo no he escrito un libro: he escrito 83 textos muy cortos o cortísimos, 537 notas, 2 textos cortos y le he dado forma a ese producto. He "logrado" (conseguido) que este libro resulte en algo que me produce la sensación hacia la que gravitaban mis esfuerzos, también me he encargado de tratar de corregir cada apunte que viera desacomodado, he decidido eliminar toda referencia de los dos textos que guardan, o aprisionan, los versos y aunque resulta muy problemático "ocultar" las voces que me dan voz, espero que ante esa insatisfacción se pueda leer este párrafo y recordar que prácticamente todas las voces que he considerado relevantes y de las cuales recuerdo lo que he leído, las he intentado anotar en una extensa bibliografía amañada, entre otra cosas resulta realmente aburrido hacer la bibliografía y he confiado en EasyBib para esta labor. En casi todos los tópicos que conscientemente puedo relacionar con autores he intentado dejar la referencia, adicionalmente, muchas de las fórmulas e ideas que abuso en prologo y epilogo son utilizadas en los 85 u 86 textos cortos y desplegadas en las notas. Estoy seguro de faltas enormes y abundancias menores ya que el desvanecimiento debido al tiempo y la saliencia debida también al tiempo (reciente) me sesgan. Los objetos siempre resultan más grandes de lo que se ven en el espejo.

Continuando con la dificultad de escribir, considero muy importante remarcar que escribir es extraño.

He empezado a considerar, algo abusivamente, que el temor a la página en blanco es más un miedo fantástico que una realidad del oficio escritural, puede que sea una realidad absoluta que en mi caso se trastoca en el eterno carácter contingente de mis ideas, en la inexactitud y la impudicia de sus presentaciones. De hecho, resulta lógico pensarlo pues he escuchado de y conocido personas que demoran <<una vida>> colocando palabras, colocando rimas, colocando líneas en las hojas... puede ser que cada uno tenga sus demonios y dentro de los míos no se encuentre el demonio de la página en blanco, que el mío sea el demonio de continuar, de comenzar y acabar para regresar y hallar fisuras, para regresar y hallar fisuras, para regresar y hallar fisuras... Un demonio que intenta decir las cosas rápido y sin preocuparse por revisiones, por acomodar o reacomodar, uno que quiere expeler sus ideas, sus términos y dejarlos allí para que algún incauto se tropiece con ellos, tal vez ese sea mi demonio, el diablo inconstante. Tal vez no o tal vez, el diablo inconstante es inconstante en su inconstancia.

Intente solucionar este problema al colocar los títulos como guías de la escritura del prólogo y el epílogo (casi todos los otros textos fueron titulados mucho después de haber sido escritos), también puse unas palabras que me dijeran a qué cosas quería hacer referencia en esos apartados. Las guías, como toda guianza, quedaron cortas y largas pues he tenido cierta idea revoloteando la cual tengo que decir, algo que desde que comencé a recopilar los textos me aparece y desaparece, que considero muy relevante en la elaboración de alguna cosa pero nunca recuerdo qué es y supongo que llegará una vez haya pedido la primer copia del texto y no tenga cómo remediar su ausencia.

Sucede que escribir es muy interesante ya que me guia cierta intuición de lo que quiero, "esto va hacia allá pero no sé cómo", la cual siempre resulta insatisfecha, por su naturaleza intuitiva, y termina pletórica de suspiros, decepcionada y distraída con el producto que elabora, un "no es lo que esperaba pero me interesa".

EL OBJETO COMO EXTERNO Y LAS 532 NOTAS

Mientras realizaba la primer "corrección" del texto y estaba tomada la decisión de elaborar un libro con los escritos recopilados, con unas fechas determinadas y tomando las decisiones y las acciones pertinentes, comencé a notar algunos detalles curiosos, uno de ellos era que en muchos de los textos hay versos consecutivos que comienzan con N y el otro, que ya había notado mientras escribía los textos recopilados, era la importancia que parecen tener el sonido, el silencio y la conversación para mí.

Planeaba abordar esas ideas en este texto pero empiezo a considerar irrelevante que yo emprenda esa labor en este momento y me resulta mucho más satisfactorio simplemente señalarlo, conjunto algunos disensos respecto a mi propio "prólogo": Si bien el amor fue importante ya no lo veo como un motor crucial, de hecho, considero que los textos no basculan en torno a la importancia del amor, sino en torno a la importancia del "Yo" y el otro, aunque todo tiende a confundirse...

Ya recordé lo importante. (Deleuze y el asunto privado de la literatura)

Adicionalmente, hay cosas que no resalté, las manos invisibles de Sofia, apoyándome con su confianza, cariño y halagos a mi labor, con una ligera revisión del prólogo; las manos invisibles de Paola diciendo que admira lo que puedo hacer, ayudándome económicamente y brindándome su cariño; y finalmente, las manos invisibles de Andrés apoyándome con todo lo que ha hecho para apoyarme, todo y a quien se debe que haya conseguido un tiempo de calma para realizar este trabajo. Harold me brindó un soporte inesperado y se encargo de llevar a la práctica lo que tenía en teorías para conseguir la portada, tiene maravillosas habilidades como diseñador y fue paciente recibiendo mi feedback para llevar a buen puerto mis ideas desordenadas.

Estos apoyos superan con creces cualquier ilusión o fantasía de enamorado. Las musas con su canto pueden mucho pero, definitivamente, la memoria se tuerce más por los deseos de los mecenas y los amigos que por los deseos de un dios inexistente, una nada velada referencia. Una nada velada referencia que quiere apuntar al rey desnudo, al escritor desnudo, este escritor que se nubla los ojos <<mientras se baña en champán>>, uno que deja que lo devore un abismo inexistente mientras lo dispone de todo a su mano, que si no es todo por lo menos es lo suficiente; alguien que lo quiera o no, siempre puede tener un apoyo, apoyo que casi nunca recompenso con nombres ni dedicatorias, uno que siempre queda guardado en la memoria del otro, en parte debido a que los textos se hacen dándose, ellos mismos, una forma relativamente independiente a lo personal.

Hay demasiadas cosas que debo agradecer y entre ellas hay agradecimientos menores y mayores: Nicolás siempre ha confiado en mí, como Andrés; Harold ha demostrado que me quiere y es un buen amigo; la mona también lo ha hecho, Paola y Sofia han sido muy importantes; mi familia principal, la cual he hecho secundaria, intentó mantenerme y darme cuánto pudo, forjándome el animal suspicaz y egótico que escribe y mi otra familia, a la cual vuelvo aunque desaparezco, también me ha brindado su apoyo, me ha cobijado cuando lo he podido requerir y confía en mis habilidades, como han hecho mi madre y mi abuela, incluso si lo dudo o si desconfío de ello...

De hecho, no sé muy bien cómo, dispongo de la confianza de muchas personas en mis habilidades y eso es grato, realmente grato (Miguel, Andrés y Fabián fueron de los primeros en ver el texto casi terminado y me felicitaron, me dio un respiro dentro del vacío solipsista que se ha vuelto la elaboración de este objeto). Quiero desaparecerme del santuario aunque no quiera y menoscabar la influencia de todo lo religioso en mis letras, aunque ya hay notas que expliquen que mi velada referencia es imposible: los dioses siempre están cómo fuerzas o como instituciones, o como intuiciones.

Para lo que sigue voy a hablar con palabras de grande aunque siga siendo un niño filosófico: dice Gilles Deleuze, en el abecedario, que la literatura no es un asunto privado y no se hace de asuntos privados, la literatura no trata de X o Y asunto privado, del amorío de uno o del funeral del otro; la literatura trata de algo distinto, de algo mayor.

Discrepo con Gilles, aunque no sé muy bien en cuántos niveles y de qué calidad de desacuerdo hablamos, no lo sabemos pues el presente ejercicio, de autopoiesis y autonoesis, ha conllevado que frene mi proyecto de lectura de Guattari y a su vez que frene mi lectura de Guattari-Deleuze, por lo cual no he llegado a "Kafka, por una literatura menor" y no sé cuál es la concepción acerca de la literatura que Gilles y Guattari-Deleuze manejan. Adicionalmente, no soy el mayor conocedor de la obra filosófica que hizo Deleuze y considero a medias que aunque, efectivamente, la literatura no se reduce al asunto privado pues lo literario aborda múltiples esferas, cuya única conexión fundamental (que no la única pero si la única fundamental, creo) es la utilización de letras y probablemente incluso la dotación de sentido pueda estar en pugna [**BRU, BRU, BRU /BRA, BRU, BRE/ BRA, BRE, BRE, BRU/ BRU, BRA/ BRE/ BRE, BRU**] y la misma utilización de cuartillas hace un buen tiempo es un criterio casi obsoleto ante Kindles, Words o trendings.

La literatura, lo literario, no puede resumirse en asuntos privados pero no los excluye y no los excluye de múltiples maneras, debido al carácter ontopraxeológico de la existencia humana, dentro de la cual se inscribe la literatura (mientras gpt-3 siga siendo un proyecto no tan popular) que por ello se cortapisa a las posibilidades y necesidades de los humanos.

Lo que quiero decir es que el poema, como casi cualquier creación literaria, resulta posible mientras el hombre respire, mientras sus sinapsis mantengan los complejos procesos de representación y significación humanos... aunque bueno, toda taxonomía tiene grandes problemas debido a que intenta rotular un mundo en movimiento y actualmente, uno de los movimientos más extraños es el de la programación, cómo pensar nuestra relación con lo computacional, esa disciplina y arte que consigue reterritorializar múltiples elementos del mundo dentro suyo. Siendo una literatura casi perfecta que modela mundos, que posibilita nuevas y potentes herramientas... En fin.

Entonces disiento de quitarle el papel relevante a lo privado, dentro de la literatura, entre otras cosas porque la literatura no parece reducirse a la comunicación. Su naturaleza expresiva, cuyas expresiones pueden mantenerse ocultas, devoradas por hongos, bacterias y ratas, debe tenerse en cuenta si se piensa una totalidad de lo que sea hacer con palabras. Además, la creación literaria no puede subordinarse a su resultado, pues escribir y narrar parecen comprensibles como ejes fundamentales de lo humano, contarse historias y hacer "historias", hacer hojas, tal vez hacer escritos... ¿y cómo pensar los teoremas matemáticos? ¿Acaso todo es literatura? ¿Lo literario solo se hace pero no se predice? ¿Si nada hay fuera del texto, todo es estudiado por la disciplina de las letras?

Hay algunas "erratas" que requiero indicar, aunque son erratas no tan erradas subjetivamente hablando pero si de forma "objetiva": La idea del Acontecimiento parece provenir de Alain Badiou y las afirmaciones de "Bifo" gravitan en torno a un concepto denominado "Cognitariado".

Es mi primer obra e irónicamente no he podido elaborar un texto para celebrarlo.

-Edwin Yahir Galvis

POST-ESCRITO.

La distinción entre gnoseología y epistemología es oscura para muchas personas (yo) y desde diversas tradiciones, retomo la división dada por Gustavo Bueno en una de sus Teselas y le "doy" la vuelta, si mal no recuerdo: en el Filomat, la importancia fundamental del conocimiento como un tipo de hacer humano que está íntimamente relacionado con las limitaciones de este animal, es su principal virtud heredada del Dilemat, aunque el segundo no se reduce al primero (Casado hace una interesante exposición que dejo en la bibliografía). Esto me parece que termina en cierta curva extremadamente antropocéntrica si se prefiere suponer a la epistemología y lo epistémico, encargados del conocimiento correcto o del saber válido y comprobable, cuyo objeto de estudio y herramienta de acción principal son las ciencias; por encima de la gnoseología, que se encarga(ba) del conocimiento revelado (lo cual se hace evidente al recordar las doctrinas gnósticas en las cuales el conocimiento divino posibilita la liberación del mundo material, la superación de la trampa demiúrgica y el "ascenso" hacia ese extraño dios que no creo el mundo).

Mi problema, con una posición que coloque a las practicas científicas y en esa medida al actuar humano en el centro del conocimiento o del saber, es que considero que se estanca en las clausuras cognitivas propias de nuestra especie y no permite la apertura óntica (ontológica) de la revelación, adicionalmente creo que puede terminar en equívocos duros como lo sería la atribución de agencia a la selección natural, que es un aspecto grosero de los yerros que son posibles si privilegiamos el saber humano y el hacer humano como constituyentes de sus posibilidades de conocimiento; sin embargo, estos yerros groseros no son cometidos por los filomaterialistas y creo que su ontología es mucho más minuciosa de lo que, siquiera, puedo imaginar como se hace evidente con la distinción entre materia ontológica y mundus spectabilis o la relación de ambos con el ego trascendental que derivó en la propuesta de la dialéctica de imperios...

Dejo esta página para dar cuenta de esa distinción y mencionar que utilizo -ico en vez de -lógico pues supongo que la distinción entre lo estudiado y "elaborado" por una ciencia y lo que, presumiblemente, a ella le pertenece, es necesaria y muy relevante ¿acaso el psicoanálisis no es una disciplina que se encarga de unos aspectos de lo psíquico?¿acaso la psicología no se encarga de unos aspectos de lo psíquico?¿acaso cuando ellas deciden estudiar unos fenómenos y no otros, no hace un corte de tipo -logista?

¿CÓMO LEER ESTOS TEXTOS?

Con mucho cuidado :V

Aprendí que **si el texto viene dividido en dos columnas al final de la página, entonces, seguira dividido en dos columnas paralelas hasta el próximo salto de sección** (es decir, hasta que haya otro cambio en el número de columnas). **En los textos de prosa las divisiones no son estéticamente arbitrarias aunque si lo son respecto al contenido, las cursivas no necesariamente implican un mayor o menor sentido y los espacios no implican un cambio de tema.** La prosa se debería leer normalmente. "Todos" **los textos tienen su primer letra hacia la esquina superior izquierda y la última letra hacia la esquina inferior derecha** y **en cada salto de sección debe leerse primero lo que dice la columna izquierda y luego la derecha. En los poemas los saltos solamente son inintencionados en los saltos de página,** por lo demás **si constituyen parte del ritmo del texto.**

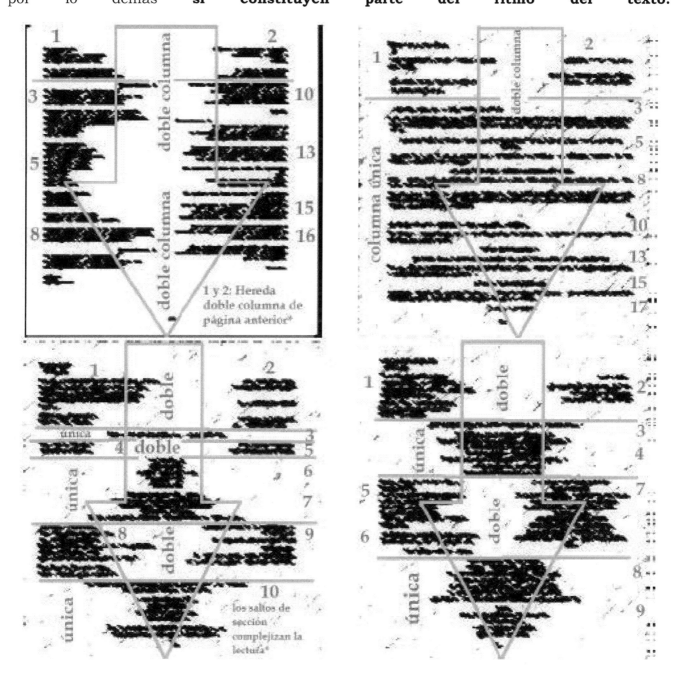

1 y 2: Hereda
doble columna de
página anterior*

los saltos de
sección
complejizan la
lectura*

TABLA DE CONTENIDO

Made in the USA
Columbia, SC
22 September 2020